KB142222

모든 비즈니스는 브랜딩이다

책으로 만나는 홍성태 교수의 브랜딩 특강

모든 비즈니스는
브랜딩이다

홍성태 지음

차례

어느덧 아들이 대학을 졸업하고 직장에 다니고 있습니다. 간혹 맥주 한잔하며 여자친구나 최근에 본 영화에 대한 이야기를 나누고 있노라면 마치 친구처럼 느껴집니다. 그런데 언제부턴가 업무와 관련된 이야기를 조금씩 꺼내더니, 제 전공분야인 마케팅에 대해서도 현업에서 느낄 법한 심도 깊은 질문들을 하더군요. 차근차근 답을 해주다 보면, 아무래도 직업이 교수이다 보니 금세 하나의 강의가 되곤 합니다.

그러던 중 제가 아들에게 조곤조곤 들려주던 작은 강의를 아예 책으로 써보면 어떨까 생각했습니다. 그 주제는 브랜드를 관리하는 과정을 일컫는 '브랜딩(branding)'입니다. 이제는 마케팅의 모든 활동이 브랜딩에 초점을 맞추어 이루어지고 있기 때문입니다. 예컨대 가격설정만 해도 원가에 이윤을 붙이는 방식이 아니라, 소비자들이 브랜드에 대해 갖게 될 이미지를 고려해 그에 걸맞은 가격을 매기게 됩니다. 제품구성은 물론이고, 광고나 판촉, 유통경로 관리 등은 언급할 필요조차 없습니다. 나아가 기업의 전반적인 전략도 마찬가지입니다. 장기적 비전을 제시할 때도 브랜드 컨셉과 일관성이 필요하며, 주인의식이란 용어조차 오너가 브랜드에 대해 갖는 생각(브랜드 컨셉)을 직원들과 공유하느냐의 문제로 볼 수 있습니다. 또한 브랜딩은 비단 소비재 품목뿐 아니라 금융 서비스나 비영리사업, B2B 비즈니스 등 어느 분야에서도 등한시해서는 안 될 비즈니스의 핵심 영역이기도 합니다.

결국 모든 비즈니스는 브랜딩을 해나가는 과정이 아닌가 싶습니다. 브랜딩을 이해하는 데 무엇보다 중요한 것은 브랜드가 명사가 아닌 동사라는 점입니다. 브랜드는 단순한 제품의 명칭이 아니라 '감정을 가진 생물'처럼 임직원 모두가 끊임없이 관리해줘야 할 대상이지요. CEO나 임원, 중간 관리자에서 말단 직원에 이르기까지 직급을 막론하고 누구나 전사적으로 동일한 목표를 공유해 소비자에게 한 목소리를 내는 데 꼭 필요한 요소인 것입니다.

물론 국내외에 브랜드 관리를 주제로 다룬 책들이 적지 않습니다. 하지만 출간된 책이 대부분 케빈 켈러 Kevin Keller나 데이비드 아커 David Aaker가 도식화해놓은 브랜드 자산의 체계를 따르고 있어, 마치 마케팅 담당자들에게만 해당되는 복잡한 개념으로 잘못 이해되곤 합니다. 브랜딩은 기업 구성원 모두에게 해당되는 내용인데 말입니다. 그래서 저는 이 책을 읽는 독자들과 직접 이야기를 나누듯 편안하게 다가가고 싶었습니다. 주변의 익숙한 사례들에서 시사점을 간추리는 방식으로 설명하였고, 어려운 개념은 비유를 들어 소개하였습니다. 머리로 이해하기보다 가슴으로 느끼는 책이 되기를 바라는 마음에서, 저자이기 전에 한 명의 소비자로서 제가 개인적으로 경험한 일들도 진솔하게 적어보았습니다.

이 책에서는 브랜딩을 브랜드의 '탄생'과 '체험'이라는 두 개의 축으로 나누어 살펴보고 있습니다. 즉 하나는 브랜드 컨셉을 어떻게 도출하느냐(conception)는 것이고, 다른 하나는 그 브랜드를 사용하는 동안 어떠한 체험을 하게 하느냐(experience)는 것입니다.

먼저 브랜드 '탄생'에서는 브랜드 컨셉의 도출과 활용방법에 대해 설명합니다. 앞에서 언급했다시피 브랜딩은 브랜드의 좋은 '품질'을 소비자에게 제대로 전달하기 위해 '이미지'를 만들어가는 과정입니다. 즉 브랜드가 하나의 제품을 넘어 소비자들에게 어떤 '의미'를 갖도록 할 것인지 고민해야 합니다. 그러려면 자신의 비즈니스를 기업이 아니라 철저하게 고객의 관점에서 바라볼 필요가 있습니다. 덧붙여 의미를 갖게 된 브랜드를 사외 및 사내에서 어떻게 활용해야 하는지를 설명했습니다.

브랜드 '체험'에서는 어떤 브랜드를 구매하려고 고심하는 동안, 그리고 구매 후 사용하는 동안 소비자가 느끼고 경험하는 과정을 어떻게 효과적으로 관리해야 하는지를 설명합니다. 그래야 재구매와 충성도를 높이고 입소문 효과도 올릴 수 있으니까요. 특히 체험의 과정에서는 제품의 기능적 효용에서 나아가 '재미'를 느끼도록 해주는 것이 핵심입니다. 이러한 시도의 일환으로 감성 마케팅, 공감 마케팅, 미학적 마케팅, 스토리텔링 마케팅, 엔터테인먼트 마케팅, 페르소나 마케팅 등 일일이 나열하기 힘들 만큼 용어들이 난무합니다만, 접근방식이 다를 뿐 모두 '브랜드 체험'이라는 하나의 맥락에서 출발한 것입니다. 이 책은 그러한 맥락에 대해 상세하게 설명하고 있습니다.

이해를 돕기 위해 책에 꽤 많은 사례들을 등장시켰습니다. 그런데 세상이 하루가 다르게 변하다 보니, 제가 수집한 성공사례 중 상당수가 책을 준비하는 사이에 더 이상 책에 싣기 어려워졌습니다. 트렌드라는 말조차 무색할 정도로 모든 것이 빠르게 변하는 지금, 마케팅이 됐든 브랜드가 됐든, 좀 떴다 싶으면 어느새 사람들의 뇌리에서 잊혀져갑니다. 이 문제에 대해 고민한 결과, 지난 50년 동안 가장 지속적으로 성공한 대표적인 브랜딩 사례만을 이 책에 싣기로 마음먹었습니다. 개중에는 하이트맥주나 맥도날드, 오리온 초코파이처럼 식상한 사례로 보이는 것들이 꽤 있습니다. 하지만 지나치게 잘 알려져 있다는 이유로 그 사례가 주는 의미와 교훈을 간과해서는 안 될 것입니다. 정작 중요한 점은 그 사례로부터 무엇을 배울 수 있느냐는 것이지, 가장 최신의 사례만이 유용한 것은 아니라고 봅니다.

그럼에도 최신 사례에 대한 갈증을 해소하기 위해 고심한 끝에, 이 책의 출간과 더불어 www.allthatbranding.com이라는 사이트를 개설하였습니다. 사이트는 이 책의 구성과 동일하게 7C와 7E라는 방으로 구성되어 있습니다. 독자 여러분이 각 방에 적합한 사례를 올리거나 명멸하는 사례에 대한 의견을 함께 나눌 수 있도록 마련한 공간이지요. 언젠가는 여러분이 제공한 정보와 사례를 모아 독자와 함께 쓰는 이 책의 속편을 꾸릴 수 있으리라 기대해봅니다.

일선 마케터의 실제적인 고민들을 반영하는 만큼 가벼운 내용의 책은 아닙니다. 그러나 전달방식만큼은 친근하고 쉬운 책을 표방하였고, 누구나 쉽게 이해할 수 있을 거라 감히 자부합니다. 따라서 마케팅 전문가뿐 아니라 일반 사원부터 CEO, 브랜딩에 관심이 많은 개인 및 마케팅을 공부하는 학생들까지, 이 책에서 자신에게 걸맞은 지혜를 얻을 수 있으리라 믿습니다.

브랜딩의 본질에 대해 쓴다고는 했으나 탈고를 하고 보니 저 또한 변죽만 울린 것이 아닌지 두렵습니다. 문득 "봄을 그리려 함에 버드나무나 복숭아꽃이나 살구꽃을 그리지 말지니, 그저 봄만을 그려라."라는 도원선사道元禪師의 말씀이 되새겨집니다.

여름의 문턱에서
저자 홍성태

어떻게 소비자의 마음에
들어설 것인가

오늘날은 마케팅 시대라 할 만큼 생활 곳곳에 마케팅이 깊게 자리하고 있습니다. 세일행사니 고객만족이니 하는 마케팅 용어들이 일상적으로 쓰이는 것은 물론이고, 초등학교에 입학하지도 않은 아이들마저 좋고 싫은 브랜드를 구별하는 세상이니까요. 도대체 마케팅이란 무엇일까요?

누구나 나름대로의 의견이 있을 겁니다. 그런데 이렇게 생각해보면 어떨까요. 마케팅이란 내가 다루는 브랜드의 좋은 '품질'을 소비자에게 '인식'시키는 과정이라고 말입니다.

마케팅, 품질이 아니라 인식의 싸움이다

그런데 여기서 한 가지 의문이 듭니다. 품질이 안 좋아도 인식, 쉽게 말해 이미지를 좋게 만들 수는 없을까요? 광고나 홍보, 이벤트 등을 통해 억지로 이미지를 만들어 소비자를 잠시 속이는 것은 가능할지 모르죠. 하지만 그것은 결국 '사기'를 치는 셈이겠지요.

몇 년 전 '빈센트앤코'라는 시계가 화제가 된 적이 있습니다. 다이애나 왕세자비가 차던 스위스산 명품이라는 소문이 돌면서 강남 부유층과 유명 연예인들이 앞다투어 구입한 시계인데요. 알고 보니 원가 10만 원도 안 되는 중국산 시계를 수천만 원짜리 명품으로 둔갑시킨 것이었습니다. 백화점에서 특별전도 열고 유명 인사들을 초청해 성대한 론칭쇼도 열었지만, 결국은 화려한 사기 마케팅이었음이 들통나고 말았죠. 당시 언론에서 "연예인도 부자도 가짜에 홀렸다"며 크게 보도했던 기억이 납니다.

이처럼 품질은 좋지 않은데 이미지만 억지로 만들려고 하는 것은 사기입니다. 일부 사람들이 마케팅에 대해 안 좋은 이미지를 갖는 것은 이런 '사기극'을 연상하기 때문이죠. 그러면 품질이 좋으면 이미지는 자연스레 좋아질까요?

반드시 그런 것은 아니죠. 그럴 수도 있고, 아닐 수도 있습니다. 예전에는 음료수라 하면 콜라나 사이다가 주를 이루었습니다. 그러다 게토레이란 제품이 나왔는데, 혹시 이를 처음 마셨을 때가 기억나시는지요? 그 맛이 어땠습니까? 톡 쏘고 달짝지근한 탄산음료에 길들여진 사람들에게 게토레이는 시큼털털하고 이상야릇한 맛이었을 겁니다. 품질만 생각하면 이온음료라 몸에 빨리 흡수되는 우수한 음료였지만 어쨌든 맛은 별로였죠. 그렇다고 언젠가는 소비자들이 진가를 알아주길 바라며 그냥 내버려뒀으면, 아무도 찾지 않는 맛없는 음료로 사라졌을지 모릅니다.

그런데 '달지 않아야 한다. 흡수가 빨라야 한다'는 광고를 하면서 게토레이는 주목받기 시작합니다. '달지 않아야 한다'는 말을 수도 없이 들은 사람들이 실제 게토레이를 마셔보고는 달지 않아서 좋다고 느끼게된 거죠. 또한 '흡수가 빨라야 한다'는 카피와 음료가 몸에 흡수되는 모습을 강조하는 애니메이션 광고 덕분에, 운동을 마친 후나 술을 마신 뒤 게토레이를 마시면 몸으로 바로바로 흡수되는 느낌을 받았고요. 그 결과 고전을 면치 못하던 게토레이는 이 광고로 1년 만에 시장 점유율 7%에서 33%로 올라섰습니다.

좋은 품질은 오늘날 당연히 갖춰야 할 필요조건입니다. 글로벌한 경쟁이 치열한 지금, 품질이 우수하지 않으면 예선조차 통과할 수 없습니다. 하지만 품질이 좋다는 것만으로는 '충분'하지 않다는 사실을 깨달아야 합니다. 그에 상응하는 이미지를 만들고 가꿔주어야 하는 거죠. 그러한 의미에서 마케팅은 단순한 '제품(product)'의 경쟁이 아니라, '인식(perception)'의 싸움이라고 볼 수 있습니다.

표 0-1 **마케팅 게임의 본질**

게임의 요소	승리의 조건	경쟁의 초점
품질	필요조건	제품
이미지	충분조건	인식

하이트맥주 | 다른 예를 들어볼까요? 아마 여러분이 귀아프도록 들었던 마케팅 사례 중 하나가 하이트맥주일 겁니다. 이 사례의 본질을 한 번 더 살펴봅시다. '하이트맥주' 하면 뭐가 떠오르시나요? 혹시 '150m 깊이에서 퍼 올린 천연암반수'라는 말이 생각나지 않으세요? 천연암반수로 만든, 맛이 깨끗하고 시원한 맥주 말입니다.

그런데 논리적으로 한번 생각해보십시오. 좋은 암반수일수록 물에 광물질이 많아서 잘 여과해야 한다고 합니다. 더구나 맥주를 만들려면 그물에 보리와 효모를 넣고 압력을 가해 펄펄 끓여야 하고요. 이렇게 여과하고 펄펄 끓인 후에도 천연암반수의 시원한 물맛이 남아 있을까요?

게다가 이 물을 그냥 마시는 게 아닙니다. 무려 20일 동안이나 숙성시켜야 한답니다. 약 40~42도의 온도에서 20일 이상 맛을 익히는 것이죠. 목욕탕 물만큼이나 뜨거운 상태로 3주나 있었는데 물맛이 여전히 시원할까요? 천연암반수가 맥주 맛을 크게 좌우하겠느냐 말입니다.

아직도 고개를 갸우뚱하시는군요. 그렇다면 전 세계에서 '가장 좋은 맥주를 만드는 나라' 하면 어디가 가장 먼저 떠오르십니까? 아마 독일일 겁니다. 그러면 독일 맥주는 왜 그렇게 유명할까요? 물이 좋아서일까요? 아니지요. 아시다시피 독일 물은 석회질이 많아서 그냥은 마실 수가 없습니다. 그래서 맥주가 발달했지요. 다시 한번 묻겠습니다. 맥주에서 물이 얼마나 중요할까요? 즉 천연암반수라는 게 얼마나 큰 의미가 있을까요?

결코 하이트맥주가 나쁘다는 얘기가 아닙니다. 하이트맥주를 만든 조선맥주는 기술개발을 위해 갖은 애를 써온 훌륭한 회사입니다. 크라운맥주라는 브랜드로 우리나라에 '슈퍼드라이 공법'을 처음 도입한 것도, '마일드 맥주'라는 것을 처음 시도한 것도 조선맥주였습니다. 하지만 아무리 좋은 제품을 만들어도 '인식'의 장벽 때문에 OB맥주의 아성을 깰 수가 없었죠.

생맥주는 24시간이 지나면 효모균이 부패하기 때문에 효모균을 끓여 없앤 후 병에 넣어 유통시켜야 하는데요. 조선맥주는 세라믹 필터링 공법을 통해 끓이지 않고 효모균을 걸러내는 방법, 즉 '비열처리 맥주'를 한국 최초로 만들어냅니다. 하지만 단순히 이런 특징만으로는 이길 수 없다는 것을 지난 수십 년간 뼈저리게 느끼고 있었죠. 그런데 마침 OB맥주를 만드는 두산 계열사에서 낙동강에 페놀이 유출되는 사고가 발생했습니다. 조선맥주는 이 천재일우의 기회를 놓치지 않고 물의 중요성을 어필하는 데 성공합니다. 비열처리라는 특징을 '150m 천연암반수'라는 인식으로 사람들의 마음에 심어준 것이죠.

좋은 품질은 기본적으로 갖추어야 할 필요조건이지 결코 충분조건이 아닙니다. 이미지를 통해 인식을 만들어주어야만 가치를 제대로 인정받을 수 있습니다.

맥도날드 | 누가 뭐라 해도 세계 넘버원 햄버거는 맥도날드죠. 그런데 문득 이런 의문이 듭니다. 햄버거를 만들 줄 아는 사람이 세계에 몇이나 될까요? 수백 명이요, 수천 명이요? 아니, 누구라도 햄버거 정도는 만들 수 있죠. 햄버거라는 것이 비행기나 자동차처럼 복잡한 기술이 필요한 것도 아닌데, 어째서 맥도날드의 아성을 깨지 못하는 걸까요? 그렇다고 맥도날드 햄버거가 세상에서 제일 맛있느냐 하면, 꼭 그렇지도 않습니다.

이야기가 나온 김에 맥도날드의 역사를 잠시 살펴볼까요? 맥도날드는 1940년대 맥도날드 형제가 캘리포니아에 세운 평범한 음식점에 불과했습니다. 그런데 레이먼드 크록Raymond Kroc이라는 밀크쉐이크 믹서기 판매업자가 우연히 맥도날드에 들른 것을 계기로 운명이 바뀌게 되죠. 당시만 해도 고기를 굽고 양파를 썰고 양념을 하는 등 햄버거를 만들어내는 데 5~10분씩 걸리는 게 당연했는데요, 그는 맥도날드에서 음식들을 순식간에 조리해내는 것을 보고 놀랍니다. 말하자면 맥도날드가 패스트푸드의 효시였던 셈이죠. 그는 사업의 성공을 예감하고 맥도날드 형제와 프랜차이즈 계약을 맺은 후 시카고 디플레인스에 1호점을 열게 됩니다. 그때 크록의 나이는 53세였습니다.

그는 72세가 되어 은퇴했는데, 당시 미국 전역의 맥도날드 매장은 이미 6,000개를 넘긴 후였습니다. 20년 동안 거의 하루에 하나씩 오픈한 셈이니까 크록이 모든 매장에 직접 가보진 못했겠죠. 은퇴한 후 그는 못 가본 매장들을 돌아다니며 직원들을 격려하는 일을 취미로 삼았습니다.

그는 자신을 반기는 직원들에게 덕담을 해주곤 했는데, 어디를 가든 항상 이 말로 끝을 맺었다고 합니다.

"Remember, we are not in hamburger business." 잊지 마세요. 우리는 햄버거 비즈니스를 하는 게 아닙니다라는 말인데요, 맥도날드가 햄버거 비즈니스를 하는 게 아니라니 그럼 뭐하는 곳이란 말입니까? "We are in show business." 쇼 비즈니스라는 겁니다. 쇼라니요? 맥도날드의 컨셉인 'QSC&V'를 분명하게 '보여주라(show)'는 겁니다.

Q는 Quick을 말합니다. 패스트푸드점이니 무조건 빨리 서비스하라는 게 아닙니다. 실제 몇 초 빨리 서비스했느냐가 중요한 것이 아니라 빨리 갖다주는 것처럼 보여주라는 말입니다.

S는 Service입니다. 단순히 좋은 서비스가 아니라 큰 소리로 인사하는 등 확실하게 대접받는 느낌을 주라는 말입니다.

C는 Clean입니다. 음식점의 테이블 위는 다른 식당들도 대부분 깨끗합니다. 그런데 맥도날드는 테이블 아래까지 깨끗해야 한다는 겁니다. 앉을 때 바지에 더러운 게 묻을 수 있으니까요. 또 햄버거를 먹으려면 입을 크게 벌려야 하는데, 그러면 눈이 천장의 조명을 향하게 되니 거기에 먼지가 쌓이면 안 된다는 겁니다. 화장실은 특히 깨끗해야 하죠. 그래야 보이지 않는 주방도 깨끗하다고 여길 테니까요. 크록은 "네가 잠시 기대어 쉴 틈이 있다면, 청소할 틈도 있는 것이다(If you have time to lean, you have time to clean)."라며 입버릇처럼 청결을 강조했다고 합니다.

V는 Value입니다. 미국 국민의 브랜드인 맥도날드는 결코 경쟁사보다 비싸게 판매하지 않습니다. 하지만 저렴한 티를 내지 않으려고 노력하죠. 예를 들면 햄버거를 아무 종이에나 싸주지 않고 맥도날드 심벌이 인쇄된 깨끗한 기름종이로 포장해줍니다. 내가 먹는 햄버거가 가격 대

비 가치(value)가 있다고 느끼게 해주는 거죠.

크록은 햄버거 비즈니스를 '맛의 경쟁'으로 대하면, 승부의 끝이 나지 않을 거라는 사실을 간파했습니다. 햄버거 맛이 승리의 필요조건이 될지는 몰라도 충분조건이 될 수는 없다고 본 거죠. 그래서 QSC&V라는 네 가지 목표에 집중해 고객들에게 맥도날드의 특성을 '보여주라'고 주문한 겁니다. 여러분의 회사는 어떤 '쇼 비즈니스show business'를 하고 있으신가요? 한번 곰곰이 생각해보시기 바랍니다.

VTR 기기인 베타맥스와 VHS 중 어느 것이 더 우수한 기종인지는 누구나 다 압니다. VHS는 화질이 떨어지므로 방송국에서는 배타맥스 필름이 아니면 쓸 수가 없습니다. 그럼에도 전 세계 가정에 있는 VTR은 모두 VHS입니다. 가격도 큰 차이가 없는데 말입니다.

PC를 볼까요. 애플의 맥Mac과 마이크로소프트의 윈도우즈Windows 중 어느 쪽이 더 우수한 운영체제(OS)라 생각하십니까? 실제 맥의 운영체제가 훨씬 우수합니다. 디자인이나 광고, 출판 등 전문작업을 하는 곳에서 거의 맥을 쓰는 것만 봐도 알 수 있지요. 하지만 대부분의 사람들은 윈도우즈가 탑재된 PC를 씁니다.

이러한 사례들이 무엇을 말해줍니까. 기본적으로 품질이 좋아야 하지만 '품질의 우수성이 반드시 성공을 보장하지는 않는다'는 점을 의미하죠. 이것이 바로 마케팅의 본질입니다. 결국 마케팅을 잘하려면 소비자의 인식을 잘 관리해야 하는데, 여기서 인식이란 구체적으로 '어떤 브랜드'에 대한 인식을 뜻합니다.

요즘 웬만한 제품들은 기술 수준이 엇비슷해서 차별화할 거리가 별로 없습니다. 텔레비전만 해도 LG든 삼성이든 큰 차이가 없지요. 냉장고든 자동차든 비슷한 가격대에서는 품질에 큰 차이가 없습니다. 그런데 어떤 건 잘 팔리고 어떤 건 안 팔리는 이유는 뭘까요? 바로 브랜드에 대한 '인식' 때문입니다. 즉 브랜드의 컨셉을 설정하고 그 브랜드를 통해 고객들이 어떠한 체험을 하게 하느냐가 중요한 거죠. 이처럼 소비자에게 브랜드에 대한 인식을 심어가는 과정을 '브랜딩(branding)'이라 일컫습니다. 저는 이 책을 통해 브랜드 '컨셉'을 만들고 브랜드 '체험'을 관리하는 데 중요한 각각의 일곱 가지 요소를 설명하려 합니다.

브랜딩, 의미를 부여하고 재미를 만끽하게 하라

먼저 브랜드 컨셉을 만들어가는 과정을 '컨셉션(conception)'이라고 합니다. 컨셉션은 '잉태'라는 뜻인데요. 단지 뱃속에 생명체를 갖는 것뿐 아니라 생각이 머리에서 생겨나고 자라는 것도 컨셉션이라 하지요. 이 과정은 1부에서 다음과 같은 일곱 가지 요소를 바탕으로 설명합니다. 즉 사업의 컨셉을 설정하기 위해 갖춰야 할 고객 지향성(customer-orientation), 브랜드의 컨셉과 특성을 한마디로 집약한 응축성(condensation), 브랜드 컨셉을 가장 효과적으로 표현하기 위한 창의성(creativity), 고객에게 컨셉을 꾸준하게 전달하는 지속성(continuity), 하나의 브랜드를 구성하는 다양한 제품들 간의 조화성(combination), 브랜드 내의 모든 조직이 하나의 목표를 향해 일사불란하게 움직이게 만드는 일관성(consistency), 브랜드 구성원끼리 서로의 역할을 보완하는 보완성(complementary)에 관해 상세히 살펴볼 것입니다.

2부에서는 소비자가 특정 제품을 구매하기 위해 고심하거나 마침내 구매해 사용하는 동안, 브랜드를 구체적이고 효과적으로 체험하도록 돕는 일곱 가지 방법을 제안합니다. 제품의 물리적 속성과 상관없이 브랜드 구매에 지대한 영향을 미치는 비본질적 요소(extrinsic elements), 소비자의 행동에 가장 직접적인 영향을 미치는 감성 요소(emotion), 소비자의 마음을 읽고 다가가는 데 필요한 공감 요소(empathy), 브랜드 컨셉을 지각 가능한 형태로 만드는 데 중추적인 심미적 요소(estheics), 브랜드와 관련된 이야기를 통해 호감을 이끌어낼 스토리 요소(episode), 소비자와 함께 호흡하며 그들의 라이프스타일에 효과적으로 접근하는 엔터테인먼트 요소(entertainment), 마지막으로 브랜드에 인성人性을 심어주는 자아 요소(ego)를 이용한 방법입니다.

컨셉을 만드는 것은 브랜드에 '의미'를 부여하는 과정이라 볼 수 있습니다. 반면 체험은 그 브랜드를 사용하면서 느끼는 '재미'라 할 수 있겠죠. 찰리 채플린의 무성영화가 오랫동안 사랑을 받아온 이유는 인생과 사회에 대한 의미가 담겨 있을 뿐 아니라 재미가 가미되어 있기 때문이 아닐까요. 브랜드도 마찬가지입니다. 어떠한 브랜드가 소비자들을 감동시키려면 의미와 재미라는 두 가지 요소를 모두 갖추어야 할 것입니다.

표 0-2 **브랜딩의 두 가지 축**

브랜드 컨셉(CONCEPTION)의 일곱 가지 요소	브랜드 체험(EXPERIENCE)의 일곱 가지 요소
의미를 부여하는 과정	재미를 부여하는 과정
· 고객 지향성 CUSTOMER ORIENTATION	· 비본질적 요소 EXTRINSIC ELEMENTS
· 응축성 CONDENSATION	· 감성 요소 EMOTION
· 창의성 CREATIVITY	· 공감 요소 EMPATHY
· 지속성 CONTINUITY	· 심미적 요소 ESTHETICS
· 조화성 COMBINATION	· 스토리 요소 EPISODE
· 일관성 CONSISTENCY	· 엔터테인먼트 요소 ENTERTAINMENT
· 보완성 COMPLEMENTARITY	· 자아 요소 EGO

1부

브랜드 탄생

제품에 의미를 입히다

앞에서 다양한 사례를 살펴보면서 성공적인 마케팅을 위해서는 브랜드에 대한 소비자의 인식을 잘 관리해야 한다고 말씀드렸는데요. 그렇다면 대체 브랜드는 왜 그렇게 중요할까요? 브랜드 가치나 순위 때문일까요, 아니면 브랜드명 때문일까요?

세계적인 브랜드 컨설팅 회사인 인터브랜드Interbrand는 2011년 코카콜라의 브랜드 가치가 718억 달러에 달한다고 발표했습니다. 이 수백 억 달러가 가치를 발휘하는 순간은 언제일까요. 아마 다른 회사가 코카콜라를 인수할 때 지불해야 할 보이지 않는 가치, 즉 무형자산이 브랜드 가치일 겁니다. 하지만 브랜드를 처분할 때 값을 더 받으려고 브랜드를 관리하는 건 물론 아니겠죠.

그렇다면 브랜드 순위는 어떤 의미를 가질까요? 우리나라에서도 브랜드파워 인덱스 등으로 브랜드 가치의 순위를 매기곤 하는데요. 소비자 조사를 통해 각 브랜드가 갖고 있는 인지도나 영향력을 지수화한 K-BPI(Korean Brand Power Index)가 바로 한 예입니다.

$$K\text{-}BPI = 1000(0.4X_1 + 0.2X_2 + 0.1X_3 + 0.3X_4)$$

(X_1: 최초인지도, X_2: 비보조 총인지도, X_3: 보조인지도, X_4: 브랜드 로열티)

그런데 이때 각각의 변수에 따르는 가중치를 얼마로 하느냐에 따라 브랜드 순위가 달라집니다. 가령 최초인지도에 대한 가중치는 0.4인데, 나름대로 조사한 결과겠지만 왜 0.4여야 하는지에 대한 논리는 뚜렷하지 않습니다. 0.3, 0.35, 0.358… 그 가중치에 따라 순위가 미세하게 달라질 수 있는데 말이죠. 인지도나 브랜드 로열티 등을 계산하는 방식도 객관적이기 어렵습니다. 브랜드 순위는 몇몇 기업에 심리적 만족은 줄 수 있을지 몰라도 마케팅 활동을 하는 데 전략적인 지표가 되지는 않습니다. 브랜드 자산(brand equity) 구성요소상의 약점을 보강하는 데 사용될 순 있겠죠. 간혹 숫자에 불과한 지수에 연연하며 지수를 높이는 게 브랜드 관리라고 착각하는 기업을 보면 안타까울 뿐입니다.

브랜드 가치나 브랜드 순위 때문이 아니라면, 브랜드명은 어떨까요. 물론 기왕이면 다홍치마라고 브랜드 이름을 잘 지어서 덕을 본 회사도 여럿 있습니다. 그 예로 '풀무원'을 들고 싶습니다. 풀무원은 제품을 잘 만들기도 하지만, 10여 명의 작은 규모로 출발했음에도 사람들의 관심을 금세 끈 데는 무엇보다 브랜드명의 역할이 컸다고 생각됩니다.

하지만 브랜드명을 잘 지어서 마케팅이 다 잘될 것 같으면 얼마나 좋겠습니까. 가령 '청량리'라는 말을 들으면 어떤 이미지가 가장 먼저 떠오르시나요. 아마 청량리역 근처의 윤락가를 떠올리시는 분들이 많을 겁니다. 예전에는 커다란 정신병원도 있었고요. 무엇을 떠올리든 간에 안타깝게도 청량리라는 이름은 그리 좋은 이미지를 주지 못합니다. 그런데 원래 청량리는 '맑고 시원한 마을'이라는 의미입니다. 얼마나 푸르고 깨끗한 동네였으면 청량리라고 이름을 지었겠습니까. 제품은 물론 동네 이름도 브랜드가 될 수 있다는 점을 고려해보면 청량리는 브랜드명을 잘 지은 사례라 할 수 있지요. 그러나 오늘날 청량리에 대한 일반인들의 이미지는 동네명(브랜드)과는 아무런 상관도 없어 보입니다.

결국 브랜드에서 중요한 것은 브랜드 순위나 이름이 아니라 브랜드에 숨어 있는 '의미', 심리학적 용어로 사람들의 인식(perception)이 뭐냐는 것입니다. 이러한 의미 내지 인식을 마케팅적 관점에서는 브랜드 컨셉(brand concept)이라 합니다. 따라서 마케팅 능력이란 곧 브랜드 컨셉을 관리하는 능력이라 해도 과언이 아닙니다.

앞에서 간략히 언급했다시피 브랜드 컨셉을 제대로 도출하고 활용하려면, 고객 지향성, 응축성, 창의성, 지속성, 조화성, 일관성, 그리고 보완성이라는 일곱 가지 요소(7C)를 고려해야 합니다. 지금부터 그 요소들을 한 가지씩 함께 알아보도록 하겠습니다.

1장

업의 본질,
고객의 관점에서 바라보라

CUSTOMER ORIENTATION

브랜드 컨셉을 잘 도출하려면 우선 '고객 지향적' 관점에서 생각해야 합니다. 마케팅에 관심이 있는 사람이라면 아마도 이 말을 귀에 못이 박히도록 들었을 것입니다. 하지만 정작 이 말의 의미를 진지하게 생각해본 적은 별로 없을지도 모릅니다.

우리는 지금 무엇을 팔고 있는가

'고객 지향적'이란 말은 내가 하는 비즈니스가 고객의 관점에서 어떤 비즈니스인지를 알아야 한다는 뜻입니다. 우리 회사가 어떤 사업을 하는지(What business are we in?)를 고객의 시각에서 바라보는 거죠. 말하자면 "당신 기업의 정체(CI : Corporate Identity)가 뭐냐?"는 건데요. 다른 말로 '업業의 본질' 혹은 '업의 개념'이라고 하며, 사업을 할 때 제일 먼저 점검해야 할 요소입니다.

가령 동일한 브랜드의 상품은 어디서 팔든 다 똑같습니다. 그러므로 백화점을 단순히 상품을 판매하는 기업이라고 본다면 이렇다 할 차별성은 없는 셈입니다. 그래서 현대백화점의 경우 업의 개념을 단순한 '상품 판매업'이 아니라 '생활제안업(life stylist)'으로 정하였습니다.

상품의 관점에서만 보면 백화점은 사양산업입니다. 그런데 생활에 초점을 맞추면 무궁무진한 성장산업으로 보입니다. 사람들의 생활이 지속적으로 발전하고, 향상되고, 성장하기 때문이지요. 현대백화점은 직원들에게 '생활제안 기업'이란 말을 주지시키면서 '지금보다 향상된 삶을 살고자 하는 사람들을 돕는 기업'으로 업의 개념을 설파하였습니다. 관점을 바꾸자 사람들의 삶을 향상시킬 새로운 아이디어들이 샘솟았습니다. 새로운 라이프스타일을 제공해주는 백화점으로 지명도를 확보한 현대백화점은, 압구정점 등 대부분이 통행이 활발한 지하철 2호선에서 다소 떨어져 있다는 불리한 입지조건에도 불구하고 선전하고 있습니다.

어떻습니까. 여러분의 회사는 지금 어떤 업의 본질을 추구하고 계십니까. 다음에 나오는 사례들을 통해 업의 본질에 대해 좀 더 생각해보기로 하죠.

앰트랙 │ 1830년 즈음 미국에서 처음 시작된 철도산업은 서부개척시대부터 미국의 발전과 함께 성장해왔습니다. 마차를 타고 다니던 사람들이 기차가 생기니까 좀 좋았겠습니까? 아마 기차의 도움이 없었다면 미국의 서부가 그렇게 빨리 개척되지 못했을 겁니다. 기차는 19세기 후반부터 화물과 승객 수송을 독점하다시피 했지요.

20세기가 되어서도 철도는 계속 깔려나갔습니다. 마치 오늘날 랜LAN망이 곳곳에 설치되는 것처럼 말이죠. 1930년대에는 고속도로가 생겨났지만 철도와는 워낙 기능이 달랐던 탓에, 경쟁자라기보다 서로 보완하는 형태로 철도망은 계속 뻗어나갔습니다.

그러다 1950년대가 되자 철도운송의 강력한 경쟁자가 나타납니다. 바로 비행기입니다. 2차대전으로 항공술이 발달하고 항공운송이 점차 일반화되면서 웬만한 소도시에도 비행장이 들어서기 시작했습니다. 철도사업자들은 항공산업과의 차별화를 위해 되도록이면 공항에서 멀리 철도를 깔아나갔습니다.

그러나 철도산업이 계속 하향세를 보이자 미국정부는 1970년에 사기업 형태로 운영되던 철도회사들을 앰트랙Amtrak이라는 이름으로 묶어 공기업화합니다. 그럼에도 앰트랙은 1998년 도산 위기를 맞게 됩니다. 앰트랙이 망하면 미국의 철도망이 마비될 것을 우려한 미국정부는 공적 자금을 투여해 겨우 앰트랙을 살려냈습니다. 이후 조금 나아지긴 했지만, 근본적인 치유가 되지 않은 탓에 아직도 고전하고 있는 상황입니다. 그렇게 잘나가던 철도산업이 왜 이 지경이 되었을까요? 원인은 여러 가지가 있겠지만, 무엇보다 그들이 무슨 비즈니스를 하는지를 심각하게 생각해보지 않은 탓이라 할 수 있습니다.

우리가 사업을 정의할 때는 '기업과 제품' 면에서 바라볼 수도 있지만, '시장과 고객'이라는 측면에서도 바라봐야 합니다. 쉽게 말해서 시장의 고객들이, 그러니까 마차 타고 다니던 사람들이 '왜' 기차를 타느냐는 겁니다. 빠르고 편리하니까 타겠죠. 따라서 앰트랙은 단순한 철도사업이 아니라, '빠르고 편리함을 제공하는 사업'을 한다고 봐야 합니다. 이처럼 고객의 관점으로 보면 사업의 본질을 되돌아볼 수 있게 됩니다.

그런데 비행기하고 기차하고 어느 게 더 빠르고 편리합니까? 당연히 비행기죠. 그러면 항공산업이 본격화되었을 때 철도사업자들은 어떻게 해야 했을까요? 먼저 '기업의 정체성(CI)'을 재정립해야 했습니다. '느리지만 저렴한' 운송수단을 내세워 효율적인 화물운송 서비스 회사로 나서든지, 낭만적인 기차여행이나 가족여행을 즐기려는 관광객을 공략했어야 했겠죠. 앰트랙이 만약 '빠르고 편리한 교통수단을 제공하는 회사'라는 정체성을 꼭 유지하고 싶었다면 어떻게 했어야 할까요? 비행기보다 더 빠르고 더 편리한 운송수단을 제공한다는 목표로 고속철을 놓든 지, 철도역을 되도록 시내 중심에 짓든지 했어야겠죠. 아니면 아예 앰트랙 에어라인을 만들어 철도와 연결시켜야 했을지 모릅니다. 뉴욕의 케네디 공항에 내리든, 도쿄의 나리타 공항에 내리든, 공항이 종착지인 사람은 아무도 없습니다. 어디든 시내로 들어가야 하는데 대부분 교통편이 불편합니다. 만일 앰트랙 에어라인이 공항까지 철도를 깔아서 비행기에서 내린 후 원하는 곳까지 앰트랙 철도로 남들보다 '더 빠르고 더 편하게' 갈 수 있도록 했더라면 얘기는 달라졌을지 모릅니다.

하버드 대학의 테오도르 레빗Theodore Levitt 교수는 이미 1960년 철도산업의 이러한 문제점을 예견하고, '마케팅의 근시안적 관점(marketing myopia)'에서 벗어나라고 경고했습니다. 업의 개념을 기업의 관점에서만 규정하면 제품에 대한 고정관념에서 벗어나지 못하게 된다는 겁니다. 그러므로 초점을 기업이 무엇을(what) 파느냐에만 둘 것이 아니라 고객들이 왜(why) 사느냐의 관점에서 보라는 것이지요. 여러분도 앰트랙을 거울삼아 우리 회사가 어떤 사업을 하는 회사인지를 고객의 관점에서 진지하게 생각해보시기 바랍니다.

디즈니 | 이번에는 영화산업을 살펴볼까요? 미국의 콜롬비아나 MCA 같은 영화사들이 급성장한 데는 이유가 있습니다. 미국에서는 불경기가 되면 사람들을 가차 없이 해고한답니다. 그렇게 해고당한 사람들이 뭘 하면서 시간을 보내겠습니까? 집에서 놀기도 하고 공원에도 가겠지만, 특히 극장에 많이 갑니다. 그래서 불경기에도 경기를 안타는 사업은 영화산업밖에 없다고들 하지요. 그 결과 미국에서 '할리우드'로 대변되는 영화산업은 꿈과 번영의 상징이 된 겁니다.

그런데 1970년대에 접어들면서 이렇게 승승장구하던 콜롬비아와 MCA에 막강한 위협요소가 나타났습니다. 바로 '비디오'가 출현한 것이죠. 사람들은 이제 극장에 가지 않고 집에서 비디오로 영화를 보기 시작했습니다. 영화사들은 비디오를 보는 사람들을 다시 극장으로 끌어들이려고 안간힘을 썼지만, 콜롬비아와 MCA 모두 1990년에 주인이 바뀌고 말았습니다.

그렇다고 그들이 그냥 앉아서 당한 건 아닙니다. 나름대로 마케팅이란 것도 하고, 살아보려고 애쓴 흔적들이 남아 있습니다. 관객들이 왜 극장에 안 오고 비디오를 빌려다 조그만 TV 화면으로 보는지 파악하려고 밤낮으로 고민했겠지요. 당시 극장에는 대형 스크린이 하나밖에 없었습니다. 그런데 〈벤허〉나 〈사운드 오브 뮤직〉처럼 히트하는 영화는 몇 달씩 상영을 했지요. 말하자면 비디오는 원하는 영화를 골라 볼 수 있는데 극장에 가면 선택의 여지가 없었던 겁니다. 그래서 그들은 스크린 크기를 줄이고 극장을 여러 방으로 나누어 고객들에게 선택의 여지를 줍니다. 멀티플렉스multiplex, 즉 복합상영관이 등장한 거지요.

그랬더니 사람들이 왔을까요? 여전히 안 왔습니다. 요즘은 할리우드에서만 1년에 600편이 넘는 영화가 제작되지만, 그때는 200편도 채 되지 않았습니다. 그러니까 스크린 수만 늘어났지 선택의 폭은 여전히 넓지 않았던 겁니다.

영화사업자들은 어떻게 하면 사람들을 극장으로 끌어들일 수 있을지 계속 고민했습니다. 그들도 마케팅이라는 것을 해보려 애썼죠. 마케팅 교과서에서 소비자를 관찰하라고 하니까 비디오 보는 사람들의 행동을 면밀히 들여다보았습니다. 집에서 비디오를 볼 때 사람들이 어떤 자세로 봅니까. 공부하는 것처럼 반듯하게 앉아서 보는 게 아니라 편안하게 앉아서 보거나 누워서도 보지요. 결국 영화를 볼 때 내용만 중요한 게 아니라 편안하게 볼 수 있어야 한다는 데 생각이 미칩니다. 그래서 극장들을 대대적으로 보수합니다. 퀴퀴한 냄새도 나고 바퀴벌레도 돌아다니던 더러운 극장을, 두꺼운 카펫도 깔고 의자도 멋있는 것으로 바꾼 겁니다.

그랬더니 사람들이 구름같이 몰려왔을까요? 여전히 안 왔습니다. 왜 그랬을까요? 사람들이 추구하는 편안함이 단지 시설의 안락함을 의미하는 게 아니기 때문입니다. 그래서 또 고민을 시작합니다. 어떻게 하면 사람들을 끌어들일 수 있을까 하고요.

미국 사람들은 영화를 볼 때 습관처럼 팝콘을 먹습니다. 집에서도 영화를 볼 때는 팝콘을 튀겨 먹곤 하죠. 그런데 집에서 튀기는 팝콘은 이상하게 극장 팝콘만큼 맛이 없어요. 왜 그렇습니까? 극장에 가면 어떤 설렘이나 낭만이 있는데, 집에서는 그런 분위기가 안 나는 겁니다. 그래서 이것만은 비디오가 못 쫓아오겠지 하고 극장의 스낵코너를 대대적으로 개발합니다. 예전의 작았던 스낵코너와 달리 식음료 서비스를 제공하는 컨세션concession이라는 구내매점에 별의별 스낵들을 많이 구비해놓았습니다. 과연 효과가 있었을까요? 아니요. 이러한 활동이 극장의 수익증대에는 도움이 되었겠지만, 영화산업의 본질은 아니었으니까요.

이들이 뭘 잘못한 걸까요? 이들은 마케팅을 한다면서 정작 변방만 기웃거린 겁니다. 우리나라 기업들도 판매가 부진하면 마케팅의 본질은 놔둔 채 표면적인 것들, 가령 판촉활동이나 세일, 각종 이벤트, 소셜 미디어 활동에 몰두하는 경우가 많습니다. 마케팅의 기본은 내가 대체 무슨 비즈니스를 하는지를 '고객의 관점'에서 보는 건데 말이죠.

다시 영화 얘기로 돌아가보시죠. 사람들은 영화를 '왜' 볼까요? 재미

있으니까 보는 거겠죠. 즉 그들은 '즐거움'을 주는 사업을 하는 겁니다. 그렇게 생각한다면 그들은 비디오가 나왔을 때 두손 들고 환영했어야 합니다. 즐거움을 줄 수 있는 또 다른 기회가 생겼으니까요. 그런데 그건 생각지 못하고, 어떻게 '극장'을 살릴 것인지, 보이는 데만 신경을 썼던 겁니다. 업의 본질에 대해서는 생각하지 않은 거죠.

이러한 사실을 가장 먼저 깨달은 회사는 콜롬비아나 MCA 등의 전통적인 영화사가 아니라, 바로 '디즈니'였습니다. 디즈니는 테마파크에서 나오는 안정적 수입으로 별 어려움은 없었습니다만, 입장고객 수에 한계가 있다 보니 성장이 부진한 상태였습니다. 테마파크 매출이 전체의 80%였고, 라이선스 수입은 19%, 영화 수입은 1%에 불과했으니까요.

그들은 성장의 돌파구를 찾기 위해 1983년 파라마운트사의 사장이던 마이클 아이즈너 Michael Eisner를 CEO로 영입합니다. 아이즈너는 영화사 출신이라 오자마자 "디즈니도 영화를 만들었지 않소? 그것들 좀 가져와보시오."라고 했답니다. 디즈니에도 〈백설공주〉나 〈신데렐라〉처럼 히트 친 영화가 있었으니까요. 〈백설공주〉가 언제 만들어졌는지 아십니까? 1937년입니다. 75년 전인데 정말 잘 만들었지요. 〈신데렐라〉는 1950년입니다. 그 옛날에 어떻게 그렇게 훌륭한 만화영화를 만들었는지 신기할 따름입니다. 여하튼 아이즈너가 오더니, 낡은 필름들을 리터치해서 재개봉하라고 지시합니다. 그러고는 대대적인 홍보를 한 후에 며칠 만에 영화를 내립니다. 엄마, 아빠들이 어릴 때 생각이 나서 애들 데리고 가면 벌써 끝나버린 거죠. 그럼 어떻게 하라는 겁니까? 비디오로 만들었으니 보고 싶은 사람은 비디오를 사서 보라는 거죠. 영화 보는 '즐거움'은 극장에서만 누리는 것이 아니란 겁니다.

곧이어 그는 뛰어난 영화제작자인 카젠버그 Jeffrey Katzenberg를 영입해

〈라이온 킹〉이나 〈미녀와 야수〉 등, 다분히 비디오를 의식한 애니메이션 영화들을 만듭니다. 이러한 신작들에 힘입어 〈신데렐라〉, 〈피터팬〉, 〈정글북〉 등 디즈니의 고전들까지 비디오로 무섭게 팔려나갑니다. DVD가 보급되고 어른들도 영화를 소장하기 시작한 후부터 좀 달라지긴 했지만, 1996년까지 전 세계 비디오 테이프 판매량을 나열하면, 1위부터 10위 중 9개가 디즈니 작품이었습니다.

비디오 판매만이 아닙니다. 관점을 바꾸자 영화와 관련된 테마파크 공연, 영화를 소재로 한 놀이기구, 영화음악 판매, 디즈니 TV채널에서의 자료 활용, 캐릭터나 출판 비즈니스, 식품이나 음료수의 브랜드 사용허가, 게임업체의 캐릭터 이용에 대한 로열티 등, 사람들을 '즐겁게' 만들 아이디어가 무궁무진해졌습니다.

아이즈너의 등장 이후 디즈니의 수익은 10년 만에 40배가 증가합니다. 미국 경제지에서는 해마다 미국 CEO의 연봉순위를 조사해 발표하는데, 1990년대 후반까지는 아이즈너가 미국에서 가장 연봉을 많이 받는 CEO로 늘 화제가 되었습니다. 그는 왜 그렇게 높은 연봉을 받았을까요? 그것은 바로 자신이 무슨 사업을 하는지 고객의 관점에서 주시한 데 대한 보상입니다.

소니 | 소니는 제품 면에서 보면 무슨 사업을 하는 회사입니까? 전자 사업이지요. 그렇다면 시장과 고객 면에서 볼 때 소니는 업의 개념을 어떻게 잡으면 좋을까요? 말하자면, 사람들은 왜 워크맨을 듣거나 텔레비전을 보는 걸까요? 드라마나 오락 프로그램 등은 왜 봅니까? 재밌으니까 보지요. 그럼 소니는 무슨 사업을 하는 겁니까? 예, '즐거움을 주는 사업'입니다.

영화사업을 하는 콜롬비아와 전자사업을 하는 소니는 '기업과 제품' 면에서 보면 전혀 다른 사업이지만, '시장과 고객' 면에서는 동일한 사업을 하는 셈입니다. 1990년에 소니는 무려 48억 달러나 주고 콜롬비아를 인수했는데요, 소니는 왜 그렇게 거액을 주고 콜롬비아를 샀을까요. 즐거움을 주기 위한 하드웨어는 잘 만들 자신이 있는데, 소프트웨어는 갖추지 못했으니 할리우드 기업을 매수한 겁니다. 결국 하드웨어와 소프트웨어를 다 쥐겠다는 야심찬 전략이지요.

실제 소니 홈페이지(www.sony.com)의 첫 화면을 보면 한눈에 사업 내용을 파악할 수 있습니다. 사업은 네 가지 영역으로 나뉘는데요. '전자제품(Electronics)'만 있는 게 아니라, '음악과 영화(Music & Movie)', '플레이스테이션(Play Stations)', '온라인 게임(Online Game)' 등, 한마디로 엔터테인먼트 비즈니스를 표방하는 것입니다. 미래를 내다봤을 때 하드웨어만으로는 안 되겠다는 걸 일찍 간파한 거죠. 그렇게 생각한 것까지는 좋았는데, 소니가 엔터테인먼트 사업의 운영방식을 이해하지 못하고 기술력으로 사업을 밀고나가다 어려움을 겪고 있는 것은 아이러니입니다. 이 문제는 지금 얘기하는 주제에서 벗어나긴 하지만, 무관하지는 않으니 잠깐 언급하겠습니다.

엔터테인먼트 사업을 업의 개념으로 정하고 하드웨어와 소프트웨어를 둘 다 장악하겠다는 야심까진 좋았는데, 소니는 이를 추구하는 과정에서 잘못을 범하게 됩니다. 소프트웨어, 즉 콘텐츠를 '소유'하려고 했기 때문입니다.

반면 애플은 콘텐츠 자체를 소유하려 하지 않고 '중개'만 하고 있습니다. 애플은 하드웨어 아이팟iPod을 뒷받침할 수 있는 소프트웨어 아이튠즈iTunes를 개발해 불법 다운로드를 막음으로써, 콘텐츠 제공자들의 불만을 잠재웠을 뿐 아니라 음악 외에 도서, 공연, 건강, 라이프스타일과 관련된 제품 등을 중개판매해 수익을 올리고 있지요. 이제는 각종 앱 Apps까지 판매하고 있고요. 그들은 콘텐츠를 소유하지 않고도 2011년 아이튠즈 관련 분야에서만 64억 5,000만 달러를 벌었습니다.

소니의 사례는 고객의 관점에서 본다는 이유로, 컨셉을 과도하게 확장해 핵심역량이 없는 분야로 어설프게 발을 디뎌서는 안 된다는 중요한 교훈을 줍니다. 엔터테인먼트 사업의 환경이나 본질을 충분히 파악하지 못한 상황에서 자신의 기술력만을 과신한 채 참여한 것이 실패의 원인이 된 것이죠.

21세기에 들어서면서 소니는 다시 'Network Solution Company'로 업의 개념을 바꾸는데, 지나치게 욕심을 내어 반도체와 모바일을 강화하는 것은 물론, 컴퓨터 게임에서부터 결제 및 금융서비스까지 엮으려 합니다. 그러나 게임기 분야만 해도 소니의 플레이스테이션은 '화려한 그래픽과 기술력'에 자만하다 '누구든 쉽고 간편하게 즐기는' 닌텐도에 뒤지고 있는 형국입니다. 또한 금융사업을 한다고 부동산 등 관계없는 영역에까지 곁눈질을 하다 큰 손실을 보고 손을 털기도 했죠.

갈팡질팡하던 소니는 세계를 제패했던 워크맨과 같은 혁신제품을 내놓지 못한 채 표류하다, 2011년 회계연도에 5,200억 엔(7조 3,000억 원)의 적자를 내고 말았습니다. 4년 연속 적자인 셈입니다. 이처럼 고객의 관점에서 잘못 보면, 자칫 자신의 역량을 과신하여 과욕을 부리고 싶은 유혹에 빠질 수 있습니다. 같은 선상에서 고객의 관점을 지나치게 철학적으로 해석하는 것도 경계해야 합니다. 고객의 행복을 추구하느니, 사랑을 전달하느니 하는 형이상학적 컨셉은 마케팅 활동의 구심점을 제공하지 못한 채 효율을 떨어뜨리게 됩니다.

레블론 | 화장품 회사인 미국 레블론Revlon의 본사 입구에는 크게 다음 세 단어가 써 있다고 합니다. "We Sell ____."

빈칸에는 과연 뭐라고 쓰여 있을까요? Cosmetics라고는 안 쓰여 있겠죠. Beauty요? 네. 매우 그럴듯한 대답입니다. 여기서 미국 사람들의 속성을 한번 생각해보시죠. 미국 사람들은 별일도 아닌 것 갖고 소송을 걸곤 하잖아요. 만약 호박꽃 같은 여성이 '아하, 레블론이 아름다움을 파는구나…' 하면서 얼굴에 발랐는데 장미꽃처럼 안 되면, 그걸 가지고 소송을 할지도 모릅니다. '아름다움'을 판다면서 왜 아름다워지지 않느냐고 소송을 걸면 큰일이니까요.

이 회사 입구에는 "We Sell Hope."라고 쓰여 있답니다. '기대와 희망'을 판다는 얘기죠. 레블론에서는 판매원이 화장품이라는 '화학약품'을 판다고도, '아름다움'을 판다고도 생각지 않습니다. "이 제품으로 마사지하고 주무신 다음, 아침에 일어나보세요. 얼굴이 얼마나 매끈매끈하고 젊어 보이는지 아세요?"라며 '기대와 희망'을 팔지요. 이렇듯 사업의 본질을 고객 관점에서 규정해주면, 제품을 판매하는 직원들의 마음가짐부터 달라집니다.

에주어 시즈 | 우리나라에도 요새 크루즈 여행 붐이 일고 있지만, 미국의 경우에는 1980년대 중반부터 크루즈 여행 바람이 불기 시작했습니다. 크루즈 여행이 인기를 얻으면서 여행사들도 크루즈 여행으로 점차 영역을 넓혀가고 있었습니다.

그런데 크루즈 배는 설계가 굉장히 어렵습니다. 일반적으로 커다란 선박들은 배 밑의 용골이라는 불룩한 부분에 화물을 실어 중심을 잡습니다. 그런데 크루즈 배는 배 밑에 실을 게 별로 없어 용골이 작은 반면,

고객 동선은 매우 복잡합니다. 배 밑은 평평한데 위로는 고객 선실이 높아서 물리적으로 불안정할 수밖에 없지요. 사람이 그렇게 많이 타는데 배가 불안정하면 큰일 아닙니까? 그래서 크루즈 배를 설계하기가 까다롭습니다.

1990년대 초만 하더라도 크루즈 배를 설계할 수 있는 나라가 노르웨이와 이탈리아밖에 없었습니다. 대부분의 배가 노르웨이에서 수입되는 겁니다. 그래서 너도나도 노르웨이에서 배를 수입해 사업을 했는데, 1990년대 중반에는 여러 회사 중에서 에주어 시즈Azure Seas가 단연 앞서나가게 됩니다. 다 같이 비슷한 배로 시작했는데, 왜 에주어 시즈가 두드러진 성과를 내게 되었는지 궁금하지 않습니까?

에주어 시즈는 처음부터 자기들이 무슨 사업을 하는지를 '고객의 관점'에서 정의(define)했습니다. 여러분이 만일 크루즈 여행사를 한다면 무얼 판다고 하겠습니까? 물론 정답이 따로 있는 게 아닙니다. 마케팅은 상상력과 창의력이 중요하니까 만일 여러분이라면, 'We Sell ____'라고 주창할지 생각해보세요. Romance, Freedom, Love 등등 멋진 대답이 가능하겠죠. 'We Sell Fantasy'도 환상적인 답이 되겠습니다.

어쨌든 에주어 시즈는 'We Sell Memories', 즉 '우리는 추억을 파는 회사입니다'라고 정했습니다. 그런데 컨셉을 뭐라고 정하든 그보다 더 중요한 건, 컨셉을 고객들로 하여금 피부로 느끼고 체험하도록 만드는 거겠죠.

제가 에주어 시즈를 알게 된 건 1997년입니다. 안식년을 맞아 캐나다의 한 대학에 연구하러 갔는데, 몇 년 전까지 들어보지도 못한 이 회사가 교과서에도 나오고 마케팅 업계에서 화제가 되어 있더군요. 이게 뭐하는 회사인지, 이름을 어떻게 발음해야 할지도 잘 모르겠는데, 'We

Sell Memories'라는 슬로건으로 경영을 잘한다는 겁니다. 책을 읽어봐도 왜 그런지 이해가 잘 안 돼서 한번 타봐야겠다고 마음먹었죠.

그런데 문의해보니까 값이 꽤 비쌌습니다. 카리브해 4박 5일은 약 3,000달러나 하고, 알래스카 5박 6일은 더 비쌉니다. 크루즈를 타고 전 세계를 여행하는 프로그램도 있더군요. 저는 공부 삼아 타는 거니까 가장 저렴한 2박 3일짜리 여행을 하기로 하고 표를 주문했지요. 어느 날 드디어 티켓이 왔습니다. 반가운 마음에 우편물을 받자마자 뜯어보았는데, 글쎄 4시 반까지 타러 오라는 겁니다. 그런데 새벽 4시 반이 아니라 오후 4시 반이라서 얼마나 화가 났는지 모릅니다. '2박 3일'이면 아침부터 태워줘야지, 저녁이 다 되어서 태워주고 2박 3일이라니 기분이 상하지 않겠습니까?

좌우간 당일이 되어 크루즈를 타러 갔는데, 생각보다 배가 무지하게 크더군요. 4시가 채 안 됐는데도 사람들이 벌써 줄을 쫙 서서 기다리고 있었습니다. 뙤약볕이 강하니 좀 일찍 태워줘도 좋으련만, 정확히 4시 반이 되어서야 팡파르를 울리고 색종이를 날리면서 탑승을 시키는 겁니다. 우리나라 사람들은 놀러가서도 늘 '빨리빨리'잖아요. 그런데 줄이 너무 느려서 짜증이 났습니다. 겨우 막 배에 오르는데 스피커에서 "Smile, Freeze(웃으세요. 움직이지 마시고요)." 하더니 플래시가 번쩍합니다. 왜 그렇게 탑승이 느렸나 했더니 승선하는 사람마다 기념으로 사진을 찍어주느라 그랬던 겁니다.

하여간 투덜거리며 제 방을 찾아갔습니다. 그런데 방 번호가 837호였는데, 아무리 돌아보아도 820호까지만 있는 거예요. 마침 승무원이 오길래 제 방을 찾을 수 없다고 했더니, 표를 보고는 엘리베이터 G를 타라고 합니다. 그 배에 엘리베이터가 열 대도 넘는데, 위치에 따라 타야 할 엘리베이터 알파벳이 다르다는 겁니다. 제가 승무원에게 처음 타는 승객이 어느 엘리베이터를 타야 할지 어떻게 알겠냐고 불평했더니, 싱긋 웃으며 티켓과 함께 보내준 설명서에 크게 쓰여 있었을 거라더군요. 저는 DVD 같은 기계를 살 때도 설명서를 잘 안 읽는데, 놀러가면서 그런 걸 일일이 읽었겠습니까. 어쨌든 다시 내려와서 G호 엘리베이터를 타고 올라가서야 제 방을 찾을 수 있었습니다.

방은 공간을 절약하기 위해 구석구석 디자인을 잘했더군요. 벽의 버튼을 누르니 '턱~' 하고 침대가 펴져요. 방에 동그란 유리창이 있어서 내다보니 '붕~' 하는 기적소리가 나면서 벌써 배가 미끄러지듯 항구를 떠나고 있었습니다. 짐을 풀고 이것저것 살펴보다 복도로 나갔습니다. 가운데가 맨 위층까지 뻥 뚫린 배였는데, 맨 아래층을 내려다보니 중간에 파라솔이 몇 개 있고 거기서 기념품을 팔고 있더군요. 그런데 사람들이 기념품보다는 벽에 낙지처럼 붙어 무언가를 찾고 있었습니다. 내려가보니 아까 1시간쯤 전에 배를 탈 때 찍은 사진을 벌써 인화해서 고무줄 사이에 죽 끼워놓은 겁니다. 저도 벽에 달라붙어 제 사진을 찾았죠. 이럴 줄 알았으면 웃고나 찍을걸 하며 사진을 보고 있는데, 밖에서 쿵작쿵작 무슨 소리가 나더라고요. 그래서 나가보니까 고적대가 등장했더군요. 큰북과 나팔 등 고적대 음악소리를 들으면 괜히 신나잖아요? 어릴 때 작은 키로 한번 보려고 발돋움하는 사이에 벌써 지나가버리던 그 고적대가 배에서 연주를 하고 다니는 거예요. 크루즈 배는 여러 층으로 되어 있어서, 어떤 때는 쿵작거리며 위층으로 지나가고, 또 조금 있으면 쿵작쿵작 발 아래로 지나가고…. 재미있었지요.

그러는데 방송이 나와요. "Ladies and gentlemen, I'm Captain Jeff Thomson…." 선장인데 목소리가 그야말로 캡이더군요. 선장은 배의 구조가 어떻고, 2박 3일 동안 일정은 대략 어떻다는 내용을 다정하고 친절한 목소리로 1~2분간 설명했습니다. 그러더니 맨 나중에 승선 기념으로 선물을 줄 테니 각층의 뒷부분으로 가라더군요. 선물을 놓치지 않으려고 서둘러 배 뒤쪽으로 갔습니다.

여러분, 바다에서 해 뜨는 거 본 적 있으시지요. 그런데 혹시 해 지는 걸 본 적은 있으신가요? 말 그대로 망망대해로 해가 떨어지는 겁니다. 하루 종일 지친 해가 바다를 벌겋게 물들이며 가라앉는데 그야말로 그런 장관이 없습니다. 그 배에 약 1,200명이 탔는데, 누구 하나 입도 뻥긋 안 하고 해지는 광경에 넋을 잃고 있었습니다.

저는 그제야 무릎을 탁 쳤습니다. 이 회사는 사람들에게 매 순간 '추억거리'를 선사하기 위해 초시계로 재가며 일정을 기획해놓은 겁니다. 바다의 일몰을 선물로 보여주려고 오후 4시 반에 배에 태워 시간을 정확히 맞춘 거지요. 해가 아물아물 물속으로 쑤욱 빠지고 나니까 조용하던 사람들이 "와~"하면서 박수를 쳤습니다. 누구 들으라고 치는 박수인지 모르지만, 덩달아 박수를 쳤습니다.

그리고 나니까 여자 승무원의 아리따운 목소리로 저녁을 먹으라는 방송이 나옵니다. 크루즈 배에서의 식사는 늘 뷔페인데, 저는 어느 뷔페에 가든 경영학 박사답게 먼저 한 바퀴 돌면서 원가를 계산합니다. 뷔페에 가서 그 흔한 김밥을 여러 개 갖다 먹는 사람이 제일 이해가 안 돼요. 그날도 한 바퀴 돌면서 봤더니 싱싱한 랍스터를 삶아서 산더미처럼 쌓아 놨더군요. 몇 마리를 갖다 먹든 누가 뭐라고 안 합니다. 저는 맥주랑 그것만 배 터지도록 먹었습니다.

식당에서 나오니까 9시 반이에요. 사람들이 어디를 몰려가기에 물어보니까 극장 구경을 간다는 겁니다. 배에 극장이 다 있습니다. 그것도 세 개나요. 한 군데는 무희들이 다리를 쫙쫙 올리면서 캉캉 춤을 추고 있고, 한 군데는 뮤지컬을 하고 있었습니다. 또 다른 곳으로 갔더니, 아이들이 노래를 부르며 재롱을 부리고 있었습니다. 이 극장, 저 극장 기웃거리다 보니 어느새 11시 반이 됐어요. 그런데 사람들이 또 어디론가 몰려가는 분위기예요. 물어보니 배 꼭대기의 전망대로 간다는 겁니다. 그곳에 올라가니 넓은 홀 한쪽에 춤추는 무대가 있더군요. 서양 사람들은 언제 들고 왔는지 턱시도로 갈아입고 춤을 추는데, 보기만 해도 좋았습니다. 그때 저는 한국에 돌아가면 반드시 댄스를 배우리라 결심했죠. 아직 시작도 못했지만요. 혹시 크루즈 여행에 관심이 있는 독자라면 댄스를 꼭 배워놓으시기 바랍니다.

와인을 마시며 춤추는 걸 구경하다가 창밖을 보니 밤하늘에 별이 총총이 쏟아져내리고 있었습니다. 제가 열 살이 되기 전에 은하수를 보고는 태어나서 두 번째로 은하수가 흘러가는 걸 봤습니다. 잊을 수 없는 밤이었죠. 에주어 시즈는 말로만 추억을 파는 게 아니라, 한순간도 쉬지 않고 제게 그야말로 '추억거리'를 만들어주었습니다.

1시가 넘어서 방에 돌아와 씻으려고 보니, 샤워실이 겨우 몸 하나 들어갈 만큼 작더군요. 그런데 들어가보니 비누는 없고, 크루즈 배랑 똑같은 모양과 색깔의 작은 플라스틱 배가 있는 겁니다. 그게 바로 비눗갑이더군요. 예쁜 비눗갑 밑에 'Compliments of Azure Seas'라고 적혀 있었어요. 사은품이니까 원하면 가져가라는 말이죠. 저는 잊어버릴까 봐 일단 비누를 빼고, 사은품을 챙겨왔습니다.

저희 집에 아직도 그 비눗갑이 있습니다. 가끔 손님들이 오시면 손 씻고 나오면서 센스 있는 분들은 물어봐요. "욕실에 있는 배 모양의 비눗갑 예쁘네요. 어디서 산 거예요?" 그러면 저는 갑자기 신이 납니다. "제가 별의별 크루즈를 다 타봤는데(실은 한 번밖에 안 타봤으면서), 다음에 크루즈 여행하려면 에주어 시즈 타세요. 그게요⋯." 하면서 밤을 새워도 얘깃거리가 끊이지 않습니다. 그 회사는 저에게 평생의 추억을 남겨준 것이지요.

브랜드 컨셉을 정할 때는 '판타지'든 '로맨스'든 뭐든 좋습니다. 다만 무엇으로 정했든 진지하게 판타지를 체험하게 해주고, 철저하게 로맨스를 느끼게 해줘야 합니다. 그냥 컨셉을 주창하는 게 아니라, 브랜드를 사용하는 사람이 컨셉을 피부로 느끼게 해줘야 하는 거죠. 이게 바로 '브랜드 체험(brand experience)'입니다. 그저 샘플 한번 써보도록 하는 게 아니라, 제품을 사용하거나 서비스를 받는 동안 지속적으로 브랜드 컨셉을 느끼게 해주는 것을 의미합니다.

'무엇'을 사는지가 아니라 '왜' 사는지를 생각하라

지금까지 소위 '업의 개념'을 기업과 제품 면에서만 볼 것이 아니라, 시장과 고객 면에서 봐야 하는 이유에 대해 말씀드렸습니다. 그 이유를 다음 페이지의 표 1-1로 정리해보았습니다.

표 1-1은 중요한 도표이므로 여러 각도에서 살펴보겠습니다. 많은 경우 '기업과 제품'의 관점에서 보게 되므로 하드웨어가 먼저 보이죠? 그러나 '시장과 고객' 관점에서 보면 서비스 상품을 포함한 모든 제품은 소프트웨어입니다. 하드웨어를 본다는 것은 'what?'을 보는 것이고, 소프트웨어를 본다는 것은 'why?'를 보는 것입니다. 이제는 고객들이 '무엇을 사는가?'에만 초점을 둘 것이 아니라 '왜 사는가?'에 관심을 기울여야 한다는 말입니다.

표 1-1 **관점에 따른 업(業)의 개념**

	기업과 제품의 관점	시장과 고객의 관점
앰트랙	철도	빠르고 편리함
콜롬비아	영화	즐거움
소니	전자제품	즐거움
레블론	화장품	기대감
에주어 시즈	크루즈 여행	추억

소프트웨어의 관점에서 보려면 마케팅의 근시안적 관점을 벗어나는 것이 대단히 중요합니다. 미국 통신시장을 독점하며 1인자로 군림하던 AT&T는 무선통신시대가 도래하자 서서히 무너지고 맙니다. 근시안적 관점에 사로잡혀 유선 전화기의 하드웨어 형태를 벗어나지 못했기 때문이지요. 마찬가지로 일명 휴대폰이라 일컫는 피쳐폰feature phone 시장을 주름잡던 노키아도 스마트폰 시대가 되자 날개없는 추락을 하고 있지요. 노키아는 전화기에 인터넷이 접합된 스마트폰 시대를 예측했지만, 그저 터치 스크린폰 정도의 변화를 생각하고 있었던 것입니다. 근시안적 관점을 벗어나지 못해 하드웨어에만 매달리다 보니, 각종 앱으로 무장한 아이폰에 무참하게 공격당하게 되었고, 한때 47.50유로까지 치솟았던 주가는 2012년 5월 현재 2.27유로로 토막나고 말았습니다.

표 1-1을 또 다른 각도에서 보겠습니다. IBM의 회장이었던 루 거스너 Louis Gestner는 업의 개념을 제대로 꿰뚫어보았습니다. 그가 쓴 《코끼리를

모든 비즈니스는 브랜딩이다

춤추게 하라(Who Says Elephant Can't Dance)》라는 책에는 다음과 같이 인상적인 구절이 나옵니다.

"아마도 그(IBM의 선대 회장이었던 토머스 왓슨)의 리더십이 남긴 가장 소중한 유산은 단 세 단어로 요약할 수 있을 것입니다 : IBM은 서비스를 뜻합니다(Perhaps the most important legacy of his leadership can be summarized in just three words : IBM means service)."

이때 서비스란 단순히 고객을 시중들거나 돌본다는 의미가 아니라, 고객이 제품을 구매해 문제를 해결하고 가치를 유지하도록 돕는 과정을 말합니다. 즉 그의 말은 "컴퓨터를 팔면서 단순히 기계(product)를 판다고 생각하지 마라. IBM을 사는 사람들은 회계처리를 효율적으로 하거나 재고를 원활히 관리하는 해법(solution)을 사는 것이지 기계덩어리를 사려는 것이 아니다."라고 해석할 수 있겠죠.

IT 산업의 선봉에 서 있는 기업이 이렇게 생각한다면, 여러분이 어떤 제품을 판매하든 솔루션을 판매하는 거라고 관점을 바꾸어볼 만하지 않을까요. 1993년 81억 달러의 손실을 기록한 IBM은, '컴퓨터 회사'가 아니라 '솔루션 회사'로 업의 개념을 바꾸면서 2010년에는 148억 달러의 이익을 남기는 회사로 변모할 수 있었습니다.

마지막으로 표 1-1을 한 번 더 보면, '기업과 제품'의 관점에서는 시스템이 중시되고 '시장과 고객'의 관점에서는 체험이 중시됩니다. 체험이라는 것은 시험 삼아 한번 사용(trial)해보는 것과는 다릅니다. 고객이 우리 브랜드를 사용하는 동안 끊임없이 브랜드 컨셉을 몸으로 체험하도록 해줘야 한다는 얘기입니다. 체험에 대해서는 2부에서 자세히 다룹니다.

다음 장으로 넘어가기 전에 마이클 르뵈프Michael LeBoeuf 교수의 《새 고객을 평생 고객으로 삼는 법(How to win customers and keep them for life)》이라는 책에 나오는 글을 읽어보겠습니다.

내게 옷을 팔려고 하지 말아요.
대신 세련된 이미지와 멋진 스타일, 그리고 매혹적인 외모를 팔아주세요.

내게 보험상품을 팔려고 하지 말아요.
대신 마음의 평화와 내 가족을 위한 안정된 미래를 팔아주세요.

내게 집을 팔 생각은 말아요.
대신 안락함과 자부심, 그리고 되팔 때의 이익을 팔아주세요.

내게 책을 팔려고요? 아니에요.
대신 즐거운 시간과 유익한 지식을 팔아주세요.

내게 장난감을 팔려고 하지 말아요.
대신 내 아이들에게 유쾌한 순간들을 팔아주세요.

내게 비행기 티켓을 팔려고 하지 말아요.
대신 제 시간에 안전하게 도착할 수 있다는 약속을 팔아주세요.

내게 물건을 팔려고 하지 말아요.
대신 꿈과 자부심과 좋은 느낌과 일상의 행복을 팔아주세요.
제발 내게 물건을 팔려고 하지 마세요.

모든 비즈니스는 브랜딩이다

어떻습니까. 고객의 기대가 무엇인지 느껴지십니까? 여러분의 회사에서 다루는 제품이 무엇이든, 기업의 관점에서만 보지 말고 고객이 '무슨 체험'을 기대하는지를 잘 살펴보시기 바랍니다.

2장

응축해야
핵심이 보인다

CONDENSATION

본론에 들어가기 전에 초콜릿 얘기를 잠깐 해볼까 합니다. 여러분은 어떤 초콜릿을 좋아하십니까? 신기하게도 나라마다 사람들이 좋아하는 초콜릿이 제각기 다릅니다. 미국 사람들은 목에 넘기기도 힘들 만큼 아주 달고 색이 까만 초콜릿을 선호합니다. 반면 유럽 사람들은 부드러운 맛과 연한 빛깔의 초콜릿을 좋아하지요. 우리나라 사람들은 어떻겠습니까. 한국 사람들에게 어떤 초콜릿이 고급 같은지 물어보면 의외로 약간 쌉쌀한 맛이라고 대답합니다. 쌉쌀해야 카카오 원료를 많이 넣었다고 생각하지요. 그리고 갈색 톤이 나는 초콜릿을 고급스럽다고 여깁니다.

그렇다고 새로 초콜릿을 출시하면서 '갈색 톤의 쌉쌀한 초콜릿'이라고 광고하면 팔리겠습니까. 안 팔리겠죠.

브랜드 컨셉을 도출하기 위한 두 번째 조건은, 브랜드에 대한 정보를 나열하지 말고 응축해야(condense) 한다는 겁니다. 머릿속의 '차가운 컨셉'을 응축하면, 마음속의 '따뜻한 메타포(metaphor, 은유적 표현)'가 됩니다. 다시 말해 직접적이고 현실적인 묘사(description)가 아니라 무언가를 암시(suggestion)할 때 사람들의 가슴에 더 와 닿습니다.

갈색, 쌉쌀함… 하면 뭐가 연상되십니까. 한번 컨셉을 응축해보세요. 아마 가을, 커피, 고뇌, 낙엽… 등이 떠오르실 겁니다. 그걸 더 응축하면 '외로움'이나 '고독'이 되겠죠. 혹시 국산 초콜릿이 언제부터 인기를 얻었는지 아십니까? 예전에는 외국 초콜릿에 밀려 우리 초콜릿은 거들

떠보지도 않았는데 말이죠. '고독의 맛, 가나초콜릿'이라는 명카피가 소비자의 마음을 파고들면서, 가나초콜릿은 단숨에 시장의 선두주자가 됩니다. 이처럼 컨셉이란 응축될수록 힘을 발휘합니다.

임팩트 있는 '한마디'를 찾아라

몇 해 전 어느 호텔의 리노베이션을 기념하는 파티에 초대받은 적이 있습니다. 서양식 칵테일 파티처럼 모두 서서 인사를 나누며 신기한 음료를 대접받았습니다. 그러더니 러시아 무용수들의 공연과 함께 처음 보는 진귀한 음식들을 스탠딩 뷔페의 형태로 내오더군요. 갖가지 핑거 푸드를 이것저것 맛보는 사이 이번에는 당시 유행하던 〈오페라의 유령〉 주연배우 세 명이 나와서 노래를 불렀습니다. 다음에는 늘씬한 미녀들이 디저트를 멋진 그릇에 담아 손님들에게 일일이 가져다주더군요. 좌우간 돈을 아주 많이 들인 티가 나는 파티였지요. 피날레는 레이저쇼였습니다. 리노베이션한 호텔의 컨셉을 표현하는 영어단어들을 멋진 음향과 함께 레이저로 호텔 벽을 향해 쏘아 올리더군요.

'파푸~' 하면서 레이저 글자가 하늘을 왔다갔다 한참 춤을 추더니 벽에 'Fantasy'라고 쓰니까 사람들이 "와~" 하는 함성과 함께 큰 박수를 보냈습니다. 이번에는 '쿠쿵~' 하는 멋진 효과음을 내면서 'Trendy'란 글자가 나옵디다. 손님들은 또 박수를 쳤지요. 밥값을 해야 할 것 아닙니까. 글자가 하나씩 보여지기까지 각기 족히 30~40초는 걸리는 것 같았습니다. 그다음에는 '쿠쿵~' 하면서 'Sexy'가 나오고, 'Luxury', 'Unique'…. 그렇게 끝없이 글자를 쏘는데, 뒤로 갈수록 박수소리가 시들해지더군요. 열댓 개의 단어들을 쏘아올린 것 같습니다. 그러다 마지막에는 화려한 불

꽃을 요란하게 한참 터뜨리더니, "감사합니다. 여러분."이라는 싱거운 멘트를 남기고 끝났습니다.

좋다는 단어들을 잔뜩 보여줬지만, 정작 이 호텔의 컨셉이 뭔지는 알 수 없었습니다. 하고 싶은 말은 다 했지만, 손님들 머릿속에 남은 게 없으니 돈만 낭비한 셈이지요. 그 개념들을 임팩트 있는 한마디로 응축했어야 합니다. 포도를 따서 발로 으깨고, 그 즙을 숙성시켜 1년이 지나고, 2년이 지나고, 5년이 지나 거르고 걸러야 포도주가 되는 거잖아요. 한 방울의 맛있는 와인이 될 때까지 응축이 되어야 하는 겁니다.

미소주 │ 브랜드 컨셉은 '하나'로 응축되는 게 원칙입니다. 하나의 브랜드에 여러 컨셉이 나열되어서는 안 됩니다. 혹시 '미소주'라는 술을 기억하십니까? 이 술의 특징이 뭡니까. 일반 소주와 달리 쌀(米)로 만든 고급 소주죠. 품질이 좋아서 쉽게 변질되지 않는다는 걸 보여주려고 병도 투명하게 만들었습니다. 스펠링도 'XOZU'라고 쓰면서 젊은 층을 겨냥했는데 결국 시장에 발도 못 붙이고 사라졌습니다. 미소주는 왜 실패했을까요?

아무리 좋은 제품이라도 제대로 된 마케팅이 따라줘야 합니다. 미소주는 대표적인 마케팅 실패작이에요. 미소주 광고를 한번 보시죠. '아름다울 미美, 맛 미味, 쌀 미米…' 우리에게 어떤 소주라고 얘기하고 있습니까? 미, 미, 미 자로 끝나는 말은 모두 모아놨습니다. 응축해서 보여줘야지, 이렇게 나열하는 건 컨셉의 올바른 전달방식이 아닙니다.

LG생활건강 | LG생활건강은 페리오, 죽염치약, 엘라스틴, 큐레어샴푸, 세이, 드봉비누, 자연퐁, 슈퍼타이 등, 약 40여 종의 생활용품과 오휘, 후, 이자녹스 등 화장품을 취급하는 회사입니다. 그런데 대다수가 성숙기 제품이라 가격경쟁이 심하고, 슈퍼마켓, 할인점 등 유통업체에 휘둘려 성과가 기대만큼 나오지 않아 힘들어하고 있었습니다.

그러던 중, 2005년 1월에 차석용 사장이 새로 부임합니다. 차 사장은 미국 생활용품 회사인 P&G에서 20년 넘게 근무한 마케팅계의 베테랑입니다. 2002년 해태가 부도났을 때 사장으로 부임해 해태를 회생시킨 것으로도 유명합니다.

그런 마케팅 전문가가 부임하니, 직원들이 기대도 하고 긴장도 했겠죠. 그런데 막상 별로 밀어붙이는 기색은 없고, 각 브랜드 매니저(BM : Brand Manager)들에게 2월말까지 브랜드별 컨셉을 잡아오라는 지시를 하더랍니다. 직원들은 염려했던 것보다 어렵지 않은 일을 시킨다 생각하고, 컨셉이라고 생각한 것들을 가져갔답니다. 그런데 BM들이 나름대로 제품의 특징 등을 나열하며 설명하면, "그렇게 생각해볼 수도 있겠군요. 그런데 그 컨셉은 경쟁사 제품에 적용해도 그대로 맞겠네요.",

"그런 기술적 용어는 고객이 어렵게 느끼지 않겠어요?", "그 컨셉에는 전달하려는 내용이 너무 많지 않아요?" 등등의 이유로 계속 되돌려주더라는 겁니다. 그러니 BM들이 죽을 맛이었겠지요. 가져가기만 하면 이런저런 이유로 퇴짜를 맞으니, 도대체 자신이 다루는 제품이 무엇인가에 대해 별의별 생각을 하지 않을 수 없었다고 합니다.

두 달 동안 노이로제가 걸릴 정도로 브랜드 컨셉과 씨름을 하고 난후, 드디어 2월말이 되어 마케팅 담당 상무가 정리된 컨셉을 취합해 가져갔답니다. 그 상무도 머리에 쥐가 날 지경이었으니 오늘 제출하고 나면 내일부터는 머리 아픈 일에서 벗어나겠다 싶었겠지요.

그런데 정리된 파일을 제출하니까 차 사장이 "그게 뭡니까?" 하더랍니다. "네, 오늘까지 완성하라던 브랜드별 컨셉을 정리한 겁니다."라고 했더니, 그 서류파일을 보지도 않고 돌려주더랍니다. 그러면서 "P&G가 지난 백년 넘게 해온 일 중에 제일 중요한 게 브랜드 컨셉 잡는 거거든요. 중요한 건 컨셉을 정하는 게 아닙니다. 지난 두 달 동안 각자가 맡은 브랜드에 대해 고민했듯이, 앞으로 BM을 그만두는 날까지 밤낮으로 끊임없이 브랜드의 컨셉에 대해 생각하는 습관을 가지라는 뜻입니다."라고 했답니다.

브랜딩은 컨셉을 단정적으로 정하는 일이 아니라, 컨셉에 대해 고민하는 과정이기에 중요합니다. '만들어놓는 것'이 아니라 '만들어가는 것'이기에 브랜딩(branding)이라고 동명사로 표현합니다.

브랜드 컨셉에 대해 고민하는 습관을 키운 LG생활건강의 시가총액은 4,000억 원에서 5년 만에 8조 원을 넘겨 거의 20배가 되었습니다. 여러분의 브랜드도 고객들에게 '한마디'로 무슨 컨셉을 전달하고 있는지 수시로 점검해봐야 하지 않겠습니까.

짧게 줄인다고 응축은 아니다

오바마 대통령의 취임사를 작성한 인물은 조 파브로라는 27세 청년이었습니다. 그는 오바마의 심중을 간결한 표현으로 응축해내는 탁월한 능력으로 널리 알려졌는데요. 오바마를 승리로 이끈 구호 "아무렴, 우린 해낼 수 있어요(Yes, We Can)."도 그의 작품입니다.

아칸소 주지사였던 빌 클린턴이 1992년 대통령 선거에서 아버지 부시와 겨룰 때 수석 전략가였던 제임스 카빌의 일화는 유명합니다. 그는 3개월간 전국을 돌며 1만 명을 대상으로 여론조사를 한 다음 워싱턴에 나타나서는 조사결과를 단 세 마디로 압축해 말했다고 합니다. "문제는 경제야, 바보들아!(The economy, stupid.)"라고요. 말하자면 "이 바보들아, 내가 딱 세 단어로 정리해줄게. 지금은 클린턴이란 사람이 적어도 경제만큼은 잘 챙길 대통령이라는 이미지만 만들면 돼."라는 뜻이겠죠. 이 촌철살인의 한마디가 시골 출신인 클린턴이 현직 대통령인 부시를 이기도록 만드는 구심점 역할을 한 것입니다.

기업은 늘 고객들에게 브랜드에 대해 많은 걸 이야기하고 싶어합니다. 하지만 선거캠페인의 짧고 강력한 슬로건처럼 브랜드 컨셉은 응축되어야 합니다. 혹시 《스틱》이라는 책 보셨나요? 이 책에서는 단순한 메시지가 사람들의 뇌리에 꽂히는 현상을 '스틱stick'이라 부르는데요. 이와 관련된 역사적이고 의미 있는 사례들을 상세하게 소개하고 있으니 꼭 한번 읽어보시기 바랍니다.

이때 염두에 둬야 할 것이 있습니다. 응축이란 단순히 짧게 줄이라는 게 아니라 '핵심'을 찾으라는 말입니다. 뛰어난 웅변가였던 미국의 28대 월슨 대통령은 다음과 같이 말했습니다.

"한 시간의 스피치에는 별 준비가 필요 없다. 20분의 스피치에는 두 시간 정도의 준비가 필요하다. 그러나 5분간의 스피치를 위해서는 하룻밤을 준비해야 한다." 이 말은 생각을 응축하려면 핵심을 분명히 파악하는 노력이 필요함을 말해줍니다.

애플 │ 애플의 광고를 본 적이 있으실 겁니다. 애플의 광고에는 간디, 에디슨, 아인슈타인, 피카소 등 다소 유별난 천재들이 등장하는데, 슬로건은 언제나 'Think Different'입니다. 짧지만 번역하기 쉽지 않습니다. 동사 뒤에 부사가 오는 게 아니라 형용사가 오기 때문에 '다르게 생각해보십시오(Think differently)'라는 의미가 아닐 것입니다. 아마 '다름에 대해 생각해 보십시오(Think (about being) different)'로 해석해야 하지 않을까 싶습니다. 이 말은 그들의 철학이 녹아든 '미친 자들에게 바치는 시(Here's to the crazy ones)'라는 시를 줄이고 줄여 뽑은 두 단어입니다.

부적응자, 반역자, 말썽꾸러기들
그들은 세상을 다르게 보는 사람들입니다.
The misfits. The rebels. The troublemakers.
The ones who see things differently.

그들은 규칙을 좋아하지 않습니다.
현재의 상황에 대한 존중심도 없습니다.
They are not fond of rules.
And they have no respect for the status quo.

여러분은 그들을 칭찬할 수도 있고, 다른 의견을 가질 수도 있습니다.

그들의 말을 인용할 수도 있고, 믿지 않아도 좋습니다.

그들을 칭송하거나 아니면 비방할 수도 있습니다.

You can praise them, disagree with them, quote them, disbelieve them,

glorify or vilify them.

다만 한 가지, 그들을 무시할 수는 없습니다.

왜냐하면 그들은 세상을 바꾸는 사람들이기 때문입니다.

About the only thing you can't do is ignore them.

Because they change things.

그들은 발명하고, 상상하고, 치유하고,

탐험하고, 창조하고, 영감을 줍니다.

그들은 인류를 앞으로 나아가게 하는 사람들입니다.

They invent. They imagine. They heal.

They explore. They create. They inspire.

They push the human race forward.

혹자는 그들을 미친 사람이라고 볼지 모르지만

우리는 그들에게서 천재성을 엿봅니다.

While some see them as the crazy ones, we see genius.

세상을 바꿀 수 있다고 생각할 만큼 충분히 미쳤기에,

그들이야말로 세상을 바꾸는 것입니다.

Because the people who are crazy enough to think they can change the world, are the ones who do.

다름에 대해 생각해보십시오.

Think different.

맨 나중 말인 'Think different'에는 애플의 철학이 응축되어 있습니다. 이처럼 응축된 단어를 찾기 전에 여러분의 회사 또는 제품 뒤에 숨어 있는 철학은 무엇인지 먼저 생각해보시기 바랍니다.

3장

꽃은 보이지 않는 뿌리에서 생겨난다

CREATIVITY

컨셉을 응축했다고 끝이 아닙니다. 도출된 컨셉은 소비자들에게 '창의적'인 표현으로 전달되어야 합니다. 창의성에 대해서는 밤을 새워 얘기해도 모자랍니다. 광고나 판촉물, 상점의 디스플레이, 각종 이벤트까지, 창의적인 마케팅 사례는 너무도 많으니까요. 한 가지 광고를 예로 들어보겠습니다.

이제는 우리나라에도 전 세계 각종 자동차들이 다 들어와 있습니다. 그 많은 자동차들 중에서 '가장 안전한 자동차' 하면 어떤 브랜드가 떠오르십니까? 아마 속으로 '볼보'라고 답하신 분들이 꽤 많을 겁니다. 그렇습니다. 볼보는 안전한 자동차의 대명사처럼 여겨집니다.

그런데 혹시 볼보를 타보셨습니까? 볼보가 튼튼하고 안전하다고 말하려면, 볼보를 수년 동안 타고 다녔다는 것만으론 부족하죠. 큰 사고를 당하고도 멀쩡하게 살아남은 사람들이나 볼보가 정말 안전하다고 말할 자격이 있는 것 아닐까요? 그러나 볼보를 한번 타보지도 않은 사람들조차 '안전한 자동차' 하면 볼보를 떠올리곤 합니다. 왜 그럴까요?

다음 페이지에 나오는 사진은 미국광고대행사협회(4A's: American Association of Advertising Agencies)에서 선정한 20세기의 가장 크리에이티브한 인쇄광고 중 하나입니다. 광고 어디에도 볼보라고 쓰지 않았는데, 보기만 해도 볼보인지 압니다. 디자인 아이덴티티가 뚜렷하기 때문이지요. 또한 다른 광고 같으면 여기다 '세상에서 가장 안전한 차(The

크리에이티브의 정수
말로는 안 했어도,
하고 싶은 말을 다 했죠?

most safe car in the world)' 같은 말을 썼을 겁니다. 그런데 이 광고에는 말 한마디가 없어요. 그저 저 튼튼함을 보고 느끼라는 겁니다. 이런 게 정말 크리에이티브한 광고죠.

전략이 크리에이티브를 리드해야 한다

이처럼 고객들에게 '무엇'을 말해줄 것이냐(what to say)도 중요하지만, 그걸 '어떻게' 창의적으로 말해줄 것이냐(how to say)도 대단히 중요합니다. 여기서는 창의성에 대해 직접적으로 얘기하기보다 '컨셉의 근거'인 전략과 '컨셉의 표현'인 크리에이티브의 관계에 대해 말하려 합니다.

우선 강조하고 싶은 것은 전략이 크리에이티브를 이끌어야지, 거꾸로 끌려다니면 안 된다는 점입니다. 간혹 기업에서는 CI작업의 일환으로 심벌마크나 로고를 바꾸곤 합니다. 수개월에 걸쳐 조사를 하고 기획을 하여 '전략적 컨셉'을 도출하지요. 그러고는 디자인 업체에 로고 디자인을 의뢰합니다. 디자인 업체는 도출된 전략적 컨셉을 이해하기보다 뭔가 심미적으로 눈을 끄는 '디자인 컨셉'에 빠져 A, B, C 안을 가져옵니다. 의뢰한 기업은 전략적 컨셉은 이미 잊어버리고, 디자인 자체에 현혹되어 의사결정을 합니다. 그리고 그 선택된 디자인에 거꾸로 전략적 의미를 부여해, 다시 말해 꿈을 억지로 해몽하여 CI랍시고 발표합니다. 크리에이티브가 전략의 방향을 흔드는 순간입니다. 지금 이 순간에도 많은 기업의 홈페이지에 가보면, 자기 기업의 CI를 그럴듯하게 해석해놓았는데 억지스러워 보이는 경우가 적지 않습니다.

어느 광고대행사의 기획자에게서 들은 말입니다. 클라이언트(광고주) 기업의 사장이 외국에 출장갔다가 호텔 TV에서 우연히 본 광고가 좋았던 모양입니다. 그러더니 그 광고의 녹화 테이프를 대행사에 가져다주면서 자기 회사의 광고도 이것처럼 해달라고 부탁하더랍니다. 이렇게 전략은 잠시 잊어버리고 크리에이티브만 흉내 내려는 경우를 드물지 않게 봅니다. 그러다 보면 마케팅이 방향을 잃고 표류하게 되지요.

사람들의 입에 오르내리는 멋진 광고나 제품 디자인, 히트 친 모델 등은 사람들의 눈을 끄는 아름다운 꽃과 같습니다. 그런데 그 꽃이 아름답다고 똑같이 흉내내어 만들면, 그건 죽은 조화造花에 불과하겠죠. 꽃은 어디에서부터 생겨납니까? 보이지 않는 뿌리에서 생겨납니다. 꽃은 그 표현, 즉 크리에이티브입니다. 뿌리는 전략이고요. 사람들이 무슨 생각으로 그렇게 했는지 하는 전략은 벤치마킹할 수 있어도 크리에이티브를 모방해서는 성공할 수 없습니다.

현대카드가 카드회사로서는 생각지 못했던 디자인이란 이슈를 들고 나오자, '디자인 경영'이란 이름 아래 많은 회사들이 모방하려 했습니다. 그러나 '왜 그렇게 했을까?'에 대한 이해 없이 흉내만 내서는 성공할 수 없습니다. 가령 카드들을 왜 알파벳·숫자·컬러로 나눴을까에 대한 고민 없이 그들의 크리에이티브만 모방하려 드는 기업들을 보면 안타깝습니다.

CEO가 좋아하는 특정 연예인이나 운동선수를 모델로 내세우는 기업들도 있습니다. 마케팅 담당자는 그 모델을 기용한 이유를 열심히 설파합니다. 그러나 전략적 근거 없이 선정한 모델이 나오는 광고를 본 소비자들은, 광고에 출연한 모델은 기억하지만 무슨 제품의 광고였는지 기억하지 못하는 경우가 비일비재합니다.

우리나라 국민이면 누구나 좋아하는 김연아 선수를 저도 무척 좋아하고 자랑스럽게 생각합니다. 그런데 김연아를 모델로 한 광고들, 은행, 휴대폰, 자동차, 커피, 에어컨, 제과점, 화장품, 요구르트, 운동화, 생리대, 반창고, 할인매장, 의류, 우유, 섬유유연제, 액세서리…. 이 중에서 브랜드가 기억나는 광고가 몇 개인지 꼽아보세요. 그리고 김연아에 의해 그 브랜드의 어떤 특징이 잘 설명되고 있는지 생각해보세요. 제품의 특성과 어떻게 매치되는지와 상관없이 그냥 대세에 휩쓸려 모델을 선정하는 경우가 은근히 많습니다.

아이맥 | 퇴근 후 빈 사무실을 한번 훑어보십시오. 책상마다 컴퓨터 모니터가 한 대씩은 있을 겁니다. 요즘이야 LCD 모니터로 대체되어 좀 나아지긴 했지만, 커다란 박스 형태의 모니터들이 사무실에 죽 놓여 있는 모습은 눈에 꽤 거슬립니다. 애플의 디자이너 조너선

히트친 누드 디자인
혹시 다른 제품도 이 제품처럼 속이 보이게 디자인한다면, 성공할 수 있을까요?

아이브Jonathan Ive는 이 불투명 플라스틱 덩어리를 속이 들여다보이는 투명체로 바꾸었습니다. 바로 아이맥iMac의 '누드 디자인'입니다. 그런데 이 제품이 화제가 되자, 너도 나도 휴대폰이나 계산기, 심지어 핸드백마저 속이 다 들여다보이도록 만들어 한때 누드 열풍이 일어났습니다. 그런데 아이맥 외에 막상 누드 디자인으로 성공한 제품이 있습니까? 없습니다. 껍질만 흉내 냈기 때문입니다.

스티브 잡스는 신제품을 발표할 때마다 예의 그 검은색 폴라티셔츠와 청바지를 입고 무대에 올랐습니다. 복장마저도 미니멀을 추구하는 컨셉을 잘 보여주려고 연출한 겁니다. 사람들은 그가 등장하기만 해도 열광했고, 세세한 것 하나도 놓치지 않은 그의 완벽한 프레젠테이션은 감동적이기까지 했습니다.

모 경쟁기업은 이런 행사까지 모방하려는 듯 신제품 발표회에서 사업부장은 물론 협력업체의 CEO들까지 노타이 차림으로 함께 무대에 올랐습니다. 하지만 무대 등장만 흉내 냈을 뿐, 거기에는 진정한 열광도 감동도 없었죠. 표현만 남을 따라 하는 것으로는 진정한 일류기업이라 할 수 없을 것입니다.

창의성을 원한다면 정석부터 익혀라

앞에서 말씀드린 것처럼, 창의력 자체에 대한 논의는 이 책의 주제를 벗어납니다. 여기서는 컨셉을 도출할 때 창의성을 어떻게 개선할지에 대해서만 간단히 말씀드리려 합니다. 창의성을 키우려면 일단 고정관념 없이 있는 그대로 바라볼 수 있는 통찰력과 지적 기반이 필요합니다. 그리고 이러한 능력은 학습(discipline)과 몰입(commitment)을 통해 얻을 수 있습니다.

학습 | 여러분이 잘 알고 계신 아르키메데스 얘기를 잠시 해볼까 합니다. 시라쿠사의 왕 히에론 2세는 이웃나라에서 황금 왕관을 선물받았는데, 왕관에 은이 섞였다는 소문을 들었습니다. 그러자 왕은 아르키메데스를 불러 왕관에 흠집을 내지 말고, 이를 감정하라고 명합니다. 고민하던 아르키메데스는 목욕을 하려고 욕조에 들어갔다 물이 넘치는 것을 보고는, "유레카(알았다)!"라고 외치며 욕조 밖으로 뛰쳐나갑니다. 물체의 체적과 유체의 밀도와의 관계를 깨달은 순간이죠. 그리하여 유명한 아르키메데스의 원리를 발견하고, 왕관의 비중을 재어 순

금이 아님을 밝혀냈다고 합니다.

그런데 '유레카'가 갑자기 무無에서 유有를 창조하듯 생겨난 건 아니었겠죠. 아르키메데스는 당대 최고의 물리학자였습니다. 이처럼 창의력을 발휘하기 위해서는 많은 정보와 지식이 무의식의 세계에 저장되어 있어야 합니다. 뉴턴이 떨어지는 사과를 무심코 바라보다 만유인력을 생각해내지는 않았을 것입니다. 오히려 만유인력에 대해 연구하고 고심하던 중 떨어지는 사과를 보고, '아, 저것이 좋은 증거다'라고 생각했을 겁니다.

우선 기본을 익혀야 창의성을 발휘할 수 있습니다. 진정한 의미의 창의성이란 정석이 몸에 배고 난 뒤의 자유로운 응용이 아닐까요? 타고난 창의력도 갈고 닦지 않으면 임기응변적 순발력 수준에 머물 뿐입니다. 다시 말씀드리지만, 꽃은 보이지 않는 뿌리에서 생겨납니다. 그러니까 뿌리가 되는 철학과 논리, 이론과 분석에 따른 전략이 있어야 좋은 크리에이티브가 나옵니다.

수준이야 천차만별이겠지만 누구라도 골프를 칠 수 있듯이, 누구라도 마케팅을 할 수는 있습니다. 예컨대 동네 구멍가게에서도 나름대로 마케팅을 하니까요. 하지만 오늘날 마케팅은 단순한 기법(art)이 아니라, 과학(science)이 되어야 합니다. 시장의 상황과 동향을 파악해내는 조사 능력을 키워야 경쟁자를 이길 수 있겠고요, 인간의 심리를 학문적으로도 잘 이해해야 소비자의 마음에 다가가 그들의 행동에 영향을 미칠 수 있습니다. 요즘 잘나가는 경영자들이 심리학이나 역사, 철학 등의 인문학 공부에 열심인 것도 이와 같은 맥락이 아닐까요?

소비자의 라이프스타일이 급변하면서 그에 대응하는 우리의 마케팅 수준도 과거보다 현격히 높아졌습니다. 사람들의 의식주와 사상, 언어의 변화 등에 대해 치밀한 논리로 대응하 l 않으면, 경쟁사를 뛰어넘는 창의적인 마케팅을 해나갈 수 없습니다.

이러한 측면에서 현대카드의 정태영 사장이 하는 말을 귀담아 들을 필요가 있습니다. "우리가 원하는 창의성이란 엉뚱함이 아니라 수학적인 논리입니다. 논리가 뒷받침되어야 산만함으로 안 튀고 현대카드에 필요한 정제된 크리에이티브로 갈 수 있지요." 그들이 자사의 마케팅 철학을 '금융공학(financial engineering)'이라고 내세우는 것은 눈여겨볼 대목입니다.

언젠가 TV에서 판소리 명창 신영희 씨가 제자들에게 득음得音에 대해 가르치는 것을 본 적이 있습니다. 제자들이 음을 제대로 익히기도 전에 멋부터 부리는 것을 경계하며, "소리를 내기 전에 흥이 나면 안 돼."라고 혼을 내는 모습이었습니다. 먼저 정석에 충실해야 한다는 의미겠죠.

그런데 역설적이지만 정석은 배우고 나면 곧 잊어버려야 합니다. 정석에 대해 생각하지 않으면서 실행할 수 있어야 하겠죠. 초보자는 골프를 칠 때 머릿속으로 자신에게 온갖 주의를 다 줍니다. 백스윙을 하는 동안 공에서 눈을 떼지 않고 왼팔을 곧게 펴되 골프채가 뒤로 젖혀지지 않도록 한 상태에서 정점에 갔다가 똑같은 속도로 부드럽게 내려오면서…. 과정을 일일이 생각하며 힘껏 칩니다. 그러나 복잡한 생각 끝에 친 볼은 뜻하지 않은 곳으로 날아가곤 하죠. 행동으로 옮길 때까지 복잡한 생각을 끌고 가서는 안 된다는 것을 보여줍니다.

정석을 배운 후에 잊어버리라는 건 배운 내용이 필요없었다는 뜻이 아니겠죠. 오히려 잘 배우고 충분히 연습해서 무의식 중에도 정석대로 할 만큼 몸에 익어야 한다는 의미일 겁니다. 창의적인 아이디어는 정석이 몸에 배어야만 자연스럽게 생겨나는 거니까요.

몰입 | 물이 0°C에서 어는 모습을 고속촬영해보면, 점차적으로 얼음으로 변하는 게 아니라, 어느 순간 갑자기 결정화됩니다. 즉 물속의 이물질을 핵으로 하여 얼음의 결정이 형성되는데, 이를 화학용어로 '핵성장 메커니즘(nucleation growth mechanism)'이라 합니다.

창의적인 아이디어도 이와 유사한 게 아닌가 싶습니다. 곰곰이 몰입하다 보면 무질서하고 혼돈된 상황에서, 어느 순간 핵심정보를 중심으로 전략적인 아이디어가 결정화되면서 통찰력이 생겨나는 거죠.

아이디어가 떠오르지 않아 밤새 고민하다 새벽녘에 불현듯 생각난 경험이 있으실 겁니다. 이처럼 '결정화'를 경험하려면 먼저 전략을 수립하는 과정에 푹 빠져야 합니다. 전략의 본질에 대해 고민하고 또 고민하고 흠뻑 빠져들어야만 아이디어가 결정화됩니다. 광고대행사의 광고기획자들이 클라이언트 업체의 임직원보다 광고기법에서 앞서긴 해도 뭔가 흡족하지 않은 제안을 하는 경우를 흔히 봅니다. 너무 바쁜 나머지 충분히 몰입하지 못하고 표현적인 면에 주로 치중하기 때문이지요. 창의적인 아이디어를 내놓기 위해서는 일단 제품에 철저하게 몰두해야 합니다.

이는 개인 차원의 창의성뿐 아니라 집단의 사고에서도 마찬가지입니다. 창의력 컨설턴트인 팀 허슨Tim Hurson에 의하면, 쓸 만한 아이디어는 사고의 3단계에 도달해야 나온다고 합니다. 예컨대 브레인스토밍을 할 때 첫 단계에서는 누구라도 한번쯤 생각해봤을 법한 평범한 아이디어들이 제시된답니다. 두 번째 단계에서도 범위가 넓어지긴 하지만, 여전히 이제껏 체득해온 지식과 상식의 테두리를 벗어나지 못하는 사고가 이어진다는 것이죠. 그러다 회의가 더 진행되면서 "아, 이제 아이디어가 말랐는데, 더 나올 게 없는데…."라며 어깨 힘이 빠지는 순간이 비로소 좋은 아이디어가 생기기 시작하는 순간인 것입니다. 이 단계에 이르러서야 구태의연한 생각들이 씻겨나가고, 약간은 논점에서 벗어난 듯한 아이디어들이 다른 새로운 아이디어를 자극하고 연상시키기 때문입니다. 그래서 아이디어가 고갈되었다고 좌절하는 때야말로 기발한 아이디어가 탄생하는 '기적의 순간(miracle of third-third thinking)'인 것이지요. 세 단계를 세 번 거치며 탈진할 때까지 생각하라는 의미입니다.

많은 이들이 자신은 그리 창의적이지 못하다고 말합니다. 창의적인 사람은 분명 높은 지능의 소유자라 생각하기 때문입니다. 하지만 지금껏 어떤 조사에서도 지능과 창의력의 상관관계는 밝혀진 바 없습니다. 창의력은 몇몇 선택된 사람들에게만 주어진 신의 선물이 아니라, 살아남기 위해 인간이 갖게 된 특혜입니다. 창의적인 사람과 그렇지 않은 사람의 차이는 끊임없이 새로운 시도를 하느냐의 여부일 것입니다. 그들이 이루어낸 성공은 바로 그들이 맛본 참담한, 그리고 수많은 실패 덕분이라 해도 과언이 아닙니다. 이 책을 읽는 여러분도 실패를 두려워하지 않는다면, 그래서 지치지 않고 몰입할 수 있다면 언제 어디에서든 창의성을 발휘할 수 있으실 겁니다.

4장

낙수가 바위를 뚫는다

CONTINUITY

3장에서 볼보를 한 번도 타보지 않은 사람조차 가장 안전한 자동차로 볼보를 꼽는 이유는 창의적인 광고 덕분이라 했습니다. 하지만 아무리 광고가 뛰어나다 해도 사람들의 인식이 하루아침에 생겨난 것은 아니겠죠. 볼보는 지난 40여 년간 지속적으로(continuously) '안전성'에 대한 광고를 해왔습니다.

한번 정한 컨셉은 끈기 있게 밀고 가라

'낙수가 바위를 뚫는다'는 게 무슨 말입니까? 쏟아지는 물이 아니라 똑똑 떨어지는 물방울이 바위를 뚫는다는 겁니다. 뭐가 됐든 오랜 세월 똑같은 걸 끊임없이 지속할 수 있을 때 힘을 발휘하는 것 아닐까요.

넥스맥주 │ 혹시 넥스맥주를 기억하십니까? 넥스는 OB가 하이트의 대항마로 1996년에 출시한 맥주입니다. OB가 심혈을 기울인 끝에 장장 10만 명을 대상으로 테스트를 해서 만든 맥주입니다. '부드러운 맛'을 주장하는 하이트를 깨려고 소비자의 관점을 고려해 더 부드럽게 만들었죠. 1996년 9월에 나왔는데, '소비자의 선택'이라는 게 핵심 컨셉이었습니다. 광고 카피는 '소비자가 원하는 맛, OB가 찾았습니다'였고요.

그런데 정작 광고를 본 사람들이 "소비자가 원하는 맛이라고? 나는 원한 적 없는데…."라는 반응을 보였습니다. 10만 명이나 조사했다지만 대한민국 인구가 5,000만 명이라면 500명 중 1명이니까, 그 엄청난 조사결과도 어필하지 못한 모양입니다.

넥스는 매출이 안 오르니 '소비자가 원하는 맛'이 무슨 맛인지 구체적으로 설명하려고 한 달 만에 컨셉을 바꿉니다. 하이트가 '부드러운 맛'을 주장하니, 넥스는 '깨끗한 맛'을 내세웠지요. 그래서 정우성을 광고모델로 기용합니다. 당시 배우 정우성이 데뷔한 지 얼마 안 되었을 때인데, 정우성 이미지가 깨끗하잖아요. 광고를 보면 정우성이 샤워를 마치고 나와서는 웃통을 벗은 채로 맥주를 땁니다. 그리고 벌컥벌컥 마신 다음, "음~ 넥스, 나는 넥스~, 깨끗하니까~"라고 합니다. 그런데 술이나 맥주는 누가 주로 마십니까? 남자들이잖아요. 혹시 여배우가 그리고 나왔으면 히트쳤을지 모른다는 우스갯소리만 남기고, 매출은 여전히 안 올랐습니다.

그래서 한 달 만에 컨셉을 또 바꿉니다. "지금 우리 문제가 뭐냐면… 맛보다도 OB가 오래 돼서 좀 늙어 보이잖아. 그러니까 넥스만큼은 젊다고 하자!" 그래서 '젊은 맥주'라는 컨셉이 나옵니다. 광고 컨셉을 한 달 만에 바꾸니 광고대행사도 환장할 노릇이었겠죠. 젊은 맥주를 어떻게 표현할 길이 없어서 급한 대로 전 세계 경치 좋은 곳들을 편집해서 보여줍니다. 그냥 보여주면 머쓱하니까 병뚜껑이 음악에 맞춰 날아다니다가 '젊은 맥주, 내 기분은 넥스~'라는 멘트로 끝이 납니다. 사람들의 반응은 어땠냐고요? "저기 뭐가 날아다녀, UFO야?", "아니, 병뚜껑이래.", "병뚜껑이 왜 날아?", "몰라." 여전히 소비자들한테 와 닿지 않았습니다.

그러다 12월이 되었습니다. 송년회 등 모임이 많은 달이니 맥주회사에

표 1-2 **넥스맥주 광고 컨셉의 표류**

컨셉	헤드라인
소비자의 선택	소비자가 원하는 맛, OB가 찾았습니다
깨끗한 맛	나는 넥스, 깨끗하니까
젊은 맥주	젊은 맥주, 내 기분은 넥스
좋은 보리	맥주의 맛, 보리가 결정합니다
해링톤 보리	캐나다 대평원 해링톤 보리로 만든 맥주, 넥스
맛이 바뀐 맥주	넥스의 맛이 바뀌었습니다

게는 대단히 중요하죠. 여기서 밀리면 큰일난다는 비장한 각오 아래, 이번에는 애매모호하지 않게 구체적으로 확실한 차이점을 보여주자고 합니다. 맥주에서 구체적으로 내세울 요소가 뭐가 있겠습니까. 물, 보리, 효모가 전부지요. 근데 효모를 주장하기는 마땅치 않고(나중에 좋은 효모를 강조한 '카프리'라는 맥주를 만들긴 합니다), 물은 하이트가 꽉 쥐고 있으니까 보리를 내세우기로 합니다. 그래서 잡은 컨셉이 '좋은 보리'입니다. 헤드카피가 '맥주의 맛, 보리가 결정합니다'예요. 그러고는 엄청나게 광고를 해댔습니다. 그런데 사람들은 "그래, 보리가 중요하지. 누가 뭐래?" 하면서 여전히 경쟁사 맥주를 마셨습니다. 결국 연말에 참패를 했지요.

다음 해 1월이 되었습니다. OB맥주는 있는 대로 열을 받은 상황이니 사활을 걸고 모든 일간지에 전면광고가 아니라 아예 양면광고를 퍼붓습니다. 이제 막연하게 보리가 좋다고 주장하기보다, 좋은 보리품종인 해링턴 보리를 사실적으로 표현합니다. 신문 양면에 광활한 보리밭을 보여주고, 오른쪽 하단에 맥주병 사진과 함께 '캐나다 대평원 해링턴 보리로 만든 맥주, 넥스'라고 실었습니다. 그런데 맥주는 어느 나라 맥주가 유명합니까. 독일, 덴마크, 이런 데죠. 세상에 캐나다 맥주가 좋다는 말 들어보셨습니까? 캐나다하고 맥주는 별로 연상되는 점이 없지요. 소비자들이 냉소를 보냈습니다.

2월에는 '맛이 바뀐 맥주'가 컨셉이 되었습니다. 넥스의 맛을 바꾸었다는 겁니다. 6개월 전에 소비자가 원하는 맛을 찾았다더니, 이제 그 맥주 맛을 바꾸었다고 광고를 합니다.

이렇게 우왕좌왕하다가 결국 접고 말았습니다. 당시 광고와 판촉비(샘플로 나눠준 맥주도 부지기수입니다) 등으로 700억 원이나 썼다고 합니다. 그런데 지금은 흔적도 없습니다. 왜 그렇게 됐습니까? 컨셉이 흔들리니까 그렇죠. 좋은 컨셉을 가지고 밀어붙이는 게 제일 좋습니다. 그러나 조금 시원찮은 컨셉이나 디자인이라도 우왕좌왕하기보다는 끈기 있게 밀고 나가는 기업이 결국엔 이깁니다.

《위대한 상인의 비밀(The greatest salesman in the world)》이라는 책을 보면 성공에 이르는 방법이 열 개의 두루마리로 등장합니다. 그중 세 번째 두루마리에 다음과 같은 글이 나옵니다.

"수천 걸음을 내디딘 후에도 효과가 없는 것으로 생각하여 포기할 수 있다. 그러나 성공은 바로 그다음 길모퉁이에 숨어 있는 것이다. 내가 그 모퉁이까지 한 발자국 더 가지 않는 한, 성공에 얼마나 가까이 왔는지 알 수 없다."

코너만 돌면 성공이 바로 거기에 있는데, 사람들이 인내하지 못하고 바로 앞에서 멈추니까 노력이 열매를 맺지 못하고 끝나는 경우가 태반이라는 거죠. 끈질기게, 지속적으로 몰고 가는 것이 중요합니다만 사실 어지간한 뚝심이 아니고는 굉장히 어려운 일입니다. 사장이나 마케팅 담당자, 심지어 광고대행사의 담당자만 바뀌어도, 또는 시장 상황이나 경쟁자의 전략변화에 따라서도 대번에 바꾸고 싶어지는 것이 브랜드 컨셉입니다.

LG 심벌마크가 처음 나왔을 때 얼마나 이상해 보였습니까. 또 금성사나 Goldstar란 명칭에 익숙하던 시절에 'LG전자'라는 새 사명社名에 대해 얼마나 비난이 거셌는지 아십니까? 삼성전자야 반도체로 시작했으니 전자라 해도 되지만, 금성사는 세탁기나 냉장고처럼 생활가전을 팔아야 하는데 '전자'라는 이름으로 어떻게 팔라는 거냐는 영업사원들의 반발이 만만치 않았습니다.

그러나 무수히 노출되다 보니 대단히 아름다운 심벌마크는 아니라도, 이제는 낯설지 않습니다. 'LG전자'라는 사명도 마찬가지고요. 오히려 '금성사'라는 사명이 어색하지요. 'Goldstar'도 촌스럽게 들리고요. 좋고 나쁘고는 차라리 둘째 같습니다. 지속적으로 밀고나가는 기업이 성공합니다. 물론 처음부터 좋은 컨셉이나 디자인을 뽑아낼 수 있다면 시간과 비용도 적게 들고 금상첨화겠지요.

선마이크로시스템스Sun Microsystems의 CEO인 스콧 맥닐리Scott McNealy의 말을 귀담아두시기 바랍니다.

"잘못된 전략이라도 제대로 밀고나가면 성공할 수 있다. 반면 뛰어난 전략이라도, 꾸준히 밀지 못하면 반드시 실패한다."

기본은 유지하되, 끊임없이 변신하라

다만 여기서 한 가지 유념할 것이 있습니다. 기본 컨셉을 유지하라는 것이지, 표현까지 동일하게 가져가라는 것은 아니라는 겁니다. 전략의 틀을 바꾸는 것을 실질변형(substantive variation)이라 하고, 그 컨셉의 표현을 다양하게 바꾸는 것을 장식변형(cosmetic variation)이라 합니다. 적절한 장식변형은 소비자를 지루하지 않게 하기 위해 꼭 필요합니다.

포르쉐Porsche의 디자인 철학은 '바꿔라, 그러면서 바꾸지 마라(Change it, but do not change it.)'입니다. 즉 세태에 맞는 변신은 계속하되, 근본이 되는 프로토타입(prototype, 원형原型)은 바꾸지 않겠다는 거죠. 늘 새로운 디자인을 추구하면서도 '포르쉐다움'이라는 차별성을 유지하는 이유입니다.

세계적인 명품을 만드는 에르메스Hermes의 모토는 이렇습니다. '모든 것은 변합니다. 그러나 근본은 변하지 않습니다(Everything changes, but nothing changes).' 멋지죠? 유행에 뒤처지지 않으면서 기본은 지켜나가려는 정신이 엿보입니다.

앱솔루트Absolut보드카의 '결코 달라지지는 않겠지만, 늘 변화합니다 (Never different, but always changing).'라는 슬로건도 같은 맥락이겠죠. 앱솔루트는 마케팅의 차별화 포인트로 독특한 병 모양을 지속적으로 활용하지만, 광고 등에 나오는 병의 디자인은 결코 지루하지 않고 탄성이 나올 만큼 다채롭습니다.

아이팟은 셔플, 미니, 나노, 3세대, 터치까지 계속 진화하면서도 동일한 디자인 플랫폼을 기반으로 합니다. 각기 달라 보이지만 동일한 디자인 정체성을 추구하면서 '아이팟다운' 차별성을 유지하는 거죠. 그 연장

선상에서 아이폰과 아이패드까지 만들어낸 것을 보세요. 대단한 디자인의 연속성입니다.

세계적인 브랜드의 유일한 공통점은 한번 정한 브랜드 컨셉을 계속 끌고 나간다는 점입니다. 그 컨셉은 유통이든, 가격이든, 광고든, 디자인이든 모든 마케팅 속에 녹아 있습니다. 벤츠나 BMW에는 50년 전이나 지금이나 한눈에 알아볼 수 있는 그 '무엇'이 있습니다. 그것이 비단 겉모양만은 아닐 겁니다. 오랜 세월 동안 꾸준히 지켜온 컨셉이 혼(spirit)이 되어 제품과 경영활동의 곳곳에 배어 있는 게 아닐까요.

5장

햄버거로 유인하고
콜라를 판다

COMBINATION

전 세계 120여 개국에 3만 개가 넘는 매장을 보유한 맥도날드의 대표적 상품은 뭐니뭐니해도 햄버거입니다. 그러나 그들은 햄버거를 맛의 경쟁으로 몰아갔다가는 끝이 없을 거라는 걸 잘 알고 있습니다. 또한 햄버거의 품질을 표준화하기가 너무 힘들다는 것도 압니다. 정작 맥도날드의 특색을 더 잘 살린 것은 프렌치프라이입니다. 프라이는 세계 어딜 가든 제일 좋은 맛으로 균일하게 표준화할 수 있으니까요. 맥도날드는 균일한 맛을 유지하기 위해 사전에 현지조사를 치밀하게 하는 것으로 유명합니다. 한국 상륙과정에서도 마찬가지였습니다. 맥도날드가 한국 시장에 본격적으로 관심을 가진 것은 1981년인데, 88년 서울올림픽이 열리기 직전에야 1호점을 열었습니다.

맥도날드가 한국에 상륙할 때 가장 큰 문제로 대두된 것은 미국산 원부자재 수입이었습니다. 당시 외국 농산물은 수입할 수 없다는 우리나라의 법령 때문이었는데요. 고기뿐 아니라 맥도날드에서 가장 중요한 메뉴의 하나인 프렌치프라이의 원료도 문제였습니다.

맥도날드가 원료로 쓰는 미국산 아이다호 감자는 수분함량이 낮고 길이가 길어 막대기 모양으로 잘라 튀겨내기가 좋습니다. 그런데 한국산 감자는 길이가 짧고 울퉁불퉁해서 절단 시 손실이 많을뿐더러, 수분이 많아 쪄 먹기는 좋아도 프렌치프라이용으로는 적합하지 않다는 겁니다. 결국 맥도날드 측은 강원도 일대의 감자 농가 500여 곳을 일일이 돌아다니며 시제품을 수거하고 계약재배를 시키는 등 치밀한 사전 준비를 거쳤습니다. 요구되는 원부자재의 규격을 얻어내려고 600여 명의 조리화학 전문가를 한국에 거주시키며 실험과 분석을 거듭할 정도였지요.

엄청나게 많은 햄버거를 파는 맥도날드에서 고작(?) 프렌치프라이 때문에 이 고생을 하다니, 선뜻 이해가 되시나요? 하지만 어떤 고생에든 이유가 있는 법입니다. 이제 그 이야기를 해볼까 합니다.

어떤 비즈니스든 품목간 조화가 필요하다

브랜드를 관리하는 가장 큰 이유는, 브랜드 가치를 높임으로써 동일 브랜드를 공유하는 신제품의 성공확률을 높이려는 것입니다. 이를 브랜드 확장(brand extension)이라 하지요. 그 결과, 같은 브랜드를 쓰는 제품이 많아지면 그에 따른 포트폴리오를 짜야 합니다. 즉 균형 있게 품목을 배치해야 하는데 표 1-3에서 보듯이, 품목들은 전시성과 수익성의 높고 낮음으로 나눠볼 수 있습니다. '전시성'이란 고객들이 우리 제품을 사용할 때 다른 사람들에게 보여지는 전시효과가 얼마나 되느냐는 것이고, '수익성'이란 기업의 입장에서 얼마나 실속이 있느냐는 것이죠.

표 1-3 **맥도날드 품목들 간의 포트폴리오**

전시성 \ 수익성	높음	낮음
높음	판매용(프렌치프라이)	홍보용(햄버거)
낮음	수익용(음료수)	구색용(샐러드)

수익성은 낮지만 전시성이 높은 제품은 이른바 홍보용 제품입니다. 맥도날드의 경우엔 햄버거가 그렇습니다. 이런 광고, 기억나십니까? "요즘 1,000원이면… 참기름은 요만큼, 갈비는 냄새밖에 못 맡지만, 맥도날드에 오시면 100원이 남아요!" 하면서 100원짜리 동전이 땡그랑 떨어집니다. 다른 상점에서 보통 2,500~3,000원 하는데 맥도날드에서는 햄버거가 900원밖에 안 한다는 겁니다. "1,000원에 2개 드립니다."라는 캠페인도 있었죠. 맥도날드는 햄버거로 돈을 벌려는 게 아닙니다. 이걸로 손님을 끌겠다는 겁니다. 홍보용이에요, 다른 말로 '간판 제품'이라고도 하죠.

맥도날드에 가서 주문하면, 점원들이 "감사합니다."라고 응대합니다. 감사를 표하면 호의적인 반응이 오기 때문이죠. 그래서 "햄버거 하나 주세요." 하면 "감사합니다."라면서 연이어 "프라이는요?" 하고 묻죠. 그럼 대부분이 프라이도 시킵니다. 이 프렌치프라이가 바로 판매용 제품이지요. 맥도날드의 대표제품이라 전시성도 높지만 수익성도 높습니다.

프렌치프라이를 시키면 또 "감사합니다. 음료수는요?" 그럽니다. 패스트푸드 업체의 음료수는 원가가 낮습니다. 음료수는 맥도날드를 상징하는 전시효과는 없지만 이익률은 아주 높은 수익용 제품이죠.

한편 햄버거 먹으러 맥도날드에 가자고 하면, 어떤 애들은 "우리 엄마가 소고기 버거 같은 거 먹지 말래." 이럽니다. 그럼 다른 애들이 뭐라고 합니까? "그럼 피시필레(생선버거) 먹어. 아니면 샐러드 먹든지." 그럽니다. 이런 제품은 수익성도 낮고 전시성도 별로 없는 구색용이에요.

이처럼 어떤 제품은 사람들을 끌어오려는 목적으로 밑지고도 파는 반면, 어떤 제품은 알게 모르게 진짜 돈을 버는데 이런 균형을 잘 맞춰야 됩니다.

샤넬 | 성공적인 브랜드라면 어느 상품 카테고리에서건 포트폴리오의 균형을 볼 수 있습니다. 샤넬을 예로 들어볼까요. 의류에는 오트 쿠튀르haute couture라는 맞춤복이 있습니다. 디자이너가 시즌마다 독창적 아이디어로 디자인한 작품복으로 한 벌에 수만 달러나 합니다. 해외 토픽에서 사진으로나 볼 법한 그런 옷들은 평소에 입고 다니기엔 개성이 강하고 비싸서, '저런 옷을 어떻게 입고 다니지?' 하는 생각이 절로 듭니다. 이런 옷은 많이 팔려는 게 아니라 어디까지나 컨셉카처럼 이번 시즌 유행의 방향을 알려주는 옷입니다. 홍보용 제품이고 간판 제품이지, 오트 쿠튀르를 팔아서 큰 이익을 남기려는 건 아니죠.

실제로는 프레타 포르테prêt-à-porter라는 기성복이나 핸드백 등이 샤넬의 전시효과와 수익효과를 높이는 판매용 제품입니다. 샤넬의 상징인 퀼팅백이나 구두 등이 이에 해당합니다.

그렇다면 샤넬의 수익용 제품은 무엇일까요? 화장품이나 향수입니다. 화장품이나 향수는 사용한다고 해도 샤넬이라는 브랜드를 보여주는 전시효과는 낮지만, 수익률은 대단히 높습니다.

샤넬에서는 헤어밴드나 휴대폰 고리 같은 액세서리도 파는데요. 판매도 그다지 많지 않고 상대적으로 저가라 큰 수입원은 아닙니다. 그저 머리에서 발끝까지 샤넬로 치장하라고 만든 구색용 제품이죠.

백화점 | 포트폴리오의 균형은 어떤 비즈니스에도 적용할 수 있습니다. 가령 서비스업으로 판매수수료를 수입으로 삼는 백화점도 마찬가지입니다. 백화점 판매수수료는 일반적으로 매출의 30~40%인데, 수입 명품업체들로부터는 9% 이하의 수수료를 받습니다. 해외 명품 브랜드는 수수료 면에서는 이익률이 높지 않지만, 백화점의 품격

을 과시하기 위한 홍보용으로 고객의 통행량이 가장 많은 1층에 배치됩니다.

여성용 의류나 명절선물 등은 판매용 제품입니다. 백화점을 상징하는 제품일 뿐 아니라 수익의 많은 부분이 여기서 발생합니다. 고객들을 끌어들이는 것은 1층 매장이지만, 더 활발한 판매는 2층과 3층의 여성복 매장에서 이루어집니다. 잡화나 주얼리, 영 캐주얼 등은 수익용 제품입니다. 전시효과는 낮지만 짭짤한 수입원이 되기 때문입니다.

그 밖에 문구나 완구, 가전제품은 간혹 찾는 손님들을 위해 갖춰놓은 구색에 불과합니다. 백화점 입장에서 보면 수익성이 높은 것도 전시성이 높은 것도 아니지만, 막상 제품이 없으면 고객들이 불평할 테니까요. 그래서 빼지는 못하는 구색용입니다.

온라인 사업 이번에는 온라인 사업을 잠시 볼까요. 미국의 대표적인 컴퓨터 메이커였던 DEC(Digital Equipment Corporation)의 켄 올슨Ken Olson 회장은, 1977년 애플이 PC를 만들자 "어느 누구도 개인이 자기 집에 컴퓨터를 사놓을 이유는 없다."고 잘라 말했습니다. 가계부를 쓰는 데 컴퓨터가 필요할 만큼 돈을 많이 버는 사람이 몇이나 되냐며 비아냥거린 거죠. 훗날 DEC는 컴팩에 팔려갔다가 휴렛패커드에 인수되고 말았습니다.

IBM의 프랭크 캐리Frank Cary 회장도 별반 다르지 않았습니다. 1979년 하버드 비즈니스 스쿨에서 강의를 마친 그에게, 한 학생이 "애플이란 회사에서 개인용 컴퓨터라는 걸 만들었는데 IBM에서는 PC를 만들 예정이 없느냐."는 질문을 던졌습니다. 그때 캐리 회장이 뭐라고 답했는지 아십니까? "집에서 쓰는 컴퓨터요? 우리는 세탁기 만드는 회사가 아닙니다."라고 코웃음을 쳤다지요. PC의 중요성을 간과한 그는 1981년 CEO의 자리에서 물러납니다.

그런데 이 분야의 대가들이 왜 잘못된 판단을 했던 걸까요? 아마도 컴퓨터(computer)라는 말 때문인 것 같습니다. 컴퓨트(compute), 즉 컴퓨터를 계산해주는 기계라고만 생각한 겁니다. 그러니 가계부 말고는 개인이 집에서 컴퓨터를 쓸 이유를 못 찾은 거죠.

그런데 지금은 집집마다 컴퓨터 없는 집이 없잖아요. 왜 그렇습니까. 컴퓨터가 계산의 용도보다 커뮤니케이션의 용도로 쓰이니까 그렇죠. PC를 계산하는 데 쓰는 사람은 많지 않습니다. 그걸 커뮤니케이션하는 데 쓰면서 지금의 정보혁명이 일어난 게 아닙니까(개인적인 생각이긴 하지만, PC를 personal computer의 약자라고 할 게 아니라, personal communicator의 약자라고 해야 할 것 같습니다).

온라인 사업에도 물론 포트폴리오 구성이 필요합니다. 온라인 시장에서는 4C를 잘 이해해야 하는데요. 커뮤니케이션communication을 처음에는 1대 1로 하죠? 그러다가 1대 n으로 하고, n대 n으로도 합니다. 그러다 보면 커뮤니티community가 형성됩니다. 커뮤니티가 형성되면, 그것을 바탕으로 커머스commerce가 시작됩니다. 커뮤니티가 형성되지 않고서는 제대로 된 커머스가 형성될 수 없습니다. 그중에서도 진짜 큰돈을 버는 것은 B2B의 커넥션connection이지요.

이제 온라인 사업의 포트폴리오를 짜볼까요? 이 사업에서 전시성이 높고 수익성이 낮은 홍보용 서비스는 커뮤니티입니다. 수익성은 낮아도 사람들에게 자꾸 알리는 게 중요하니까요. 그래서 포털이나 웹진 등으로 사람들을 모읍니다. 그 사람들을 기반으로 본격적인 B2C 사업을 시작하면 판매용 사업, 즉 전자상거래가 이루어집니다. 수익용 사업은 커넥션입니다. B2B로 대량판매를 하거나 윈윈하기 위해 공동마케팅co-marketing을 하거나, 관련 사업들과 컨소시엄을 형성해 사업을 하는 겁니다. 끝으로 이메일 서비스 등 커뮤니케이션은 구색용 서비스죠. 직접 수익이 발생하지는 않지만, 이메일 서비스를 해주어야 구색을 갖출 수 있으니까요.

표 1-4 **온라인 사업의 포트폴리오**

전시성 \ 수익성	높음	낮음
높음	판매용 COMMERCE	홍보용 COMMUNITY
낮음	수익용 CONNECTION	구색용 COMMUNICATION

이해를 돕기 위해 예를 들어보겠습니다. 김치로 온라인 사업을 한다고 합시다. 우선 홍보용으로 커뮤니티를 만들어야겠죠. '김치 클리닉'이라는 걸 만든다고 해보죠. 새댁이 김치를 담가 처음 먹을 때는 맛있었는데 냉장고에 넣어두었다가 꺼내 먹으니 맛이 이상해졌다고 하소연을 하면, 김치 닥터가 조언해줍니다. 그럼 다른 사람들도 와서 Q&A 게시판을 들여다봅니다. 또는 '먹거리 동아리'를 만듭니다. 김치전은 어디가 맛있냐는 등 서로 물어보고 답을 해주는 과정에서 사람들이 자꾸 모여듭니다. 커뮤니티(community)가 형성되는 거죠. 참가자나 회원수가 많아지면 각종 김치 광고도 하고, 김치를 팔기도 합니다(commerce).

그런데 사람들은 왜 김치를 사먹는 걸까요? 궁극적으로는 한 끼 식사를 맛있게 먹기 위해 김치를 먹는 거겠죠. 그렇다면 토털 솔루션을 제공하는 게 어떻겠습니까. 가령 밑반찬이나 찌개거리 등을 이 사이트에서 모두 판매하는 겁니다. 물론 이런 식품을 전부 생산하는 게 아니라 각각의 것들을 가장 잘 만드는 회사와 공동 마케팅을 계획하면 되겠지요 (connection). 물론 이 사이트에서 이메일 서비스(communication)도 제공해주면 더욱 좋고요. 결국 어떤 비즈니스를 하든지 균형 잡힌 포트폴리오를 만들어낼 수 있어야 합니다.

브랜드 확장은 컨셉을 기반으로 하라

혹시 '사자' 하면 어떤 이미지가 떠오르십니까? 대부분의 사람들이 사자라고 하면 갈기를 휘날리며 사냥하는 모습을 먼저 떠올립니다. '독수리'라고 하면 언제나 힘차게 날아다니는 것을 연상하는 것처럼요. 하지만 사자는 거의 하루 종일 잠을 잡니다. 깨어 있을 때조차 대부분 어슬렁거리다가 사냥할 때 잠깐 뛸 뿐입니다. 독수리도 날 때보다 앉아 있을 때가 훨씬 더 많습니다. 하지만 사람들이 떠올리는 이미지는 다릅니다. 이처럼 사람들은 특징을 잡아 기억하기를 좋아합니다.

브랜드도 마찬가지입니다. 강한 브랜드가 되려면 사람들의 머리에 간판 제품의 특징을 심어주어야 합니다. 사람들은 그 간판 제품의 컨셉, 즉 홍보용 제품의 이미지로 그 브랜드를 기억하기 때문입니다. 오리온이 제과업체로서 굳게 뿌리를 내린 데는 초코파이의 공이 큽니다. '정情'이라는 이미지의 후광으로 제품품목을 확장(brand extension)시켜 지금은 스낵류, 비스킷, 초콜릿, 캔디, 치클껌 등 다양한 품목들이 오리온이라는 브랜드를 달고 잘 팔려나갑니다.

브랜드 확장에서 조심할 점은 간판 제품의 '컨셉'이 이미지로 전달되어야지 제품의 '형태'로 굳어지면 안 된다는 점입니다. 두산의 종가집은 된장, 고추장, 식혜 등 다른 전통식품을 시도하였으나 이미 김치의 이미지가 굳어져, 소기의 성과를 내지 못하고 결국 김치부문만을 대상에 넘기고 말았습니다.

반면 에디슨전등회사를 모태로 하는 GE는 간판 제품의 컨셉을 이미지로 전달하는 데 성공했습니다. GE는 텅스텐으로 필라멘트를 만들어 수명이 '오래 가는(durable)' 전구로 유명했는데, 내구성이 강하다는 이미지가 그 후 출시된 냉장고, 에어컨, 세탁기 등 가전제품들로 이어져 막강한 브랜드가 된 것이죠.

이미 여러 번 말씀드렸다시피, 브랜딩은 컨셉을 관리하는 과정입니다. 컨셉이 불분명한 상태에서의 브랜드 확장은 동일한 브랜드를 공유할 뿐, 브랜드 확장의 혜택을 보지 못하는 경우가 많습니다. 그럼에도 자사 브랜드의 컨셉을 진지하게 고민하기보다 몸집을 불리는 데만 여념이 없는 국내 기업들을 종종 볼 수 있습니다. 서로 다른 컨셉의 제품이나 사업을 동일한 브랜드 바스켓에 담는 것이죠. 지금까지는 몰라도, 세계적인 브랜드들과 경쟁해야 할 글로벌 시대에는 더 이상 통하기 어려운 방식입니다.

6장

컨셉은 비즈니스의
정신적 나침반이다

CONSISTENCY

흔히 '컨셉'이라 하면 제품이나 특정 브랜드의 컨셉을 떠올리기 쉽습니다. 하지만 컨셉은 마케팅 전략뿐 아니라 기업 전체를 일사불란하게 이끌어나가는 데도 반드시 필요합니다. 조직을 효율적으로 운영하려면 구성원들이 공유할 구심점이 있어야 하니까요. 이때 컨셉은 기업이 추구하려는 공통된 목표나 역할을 의미하게 됩니다.

아시다시피 기업이 하는 업무, 즉 기본적인 기능은 소위 4M이라 일컫는 생산관리(Manufacturing), 인사관리(Men), 재무관리(Money), 마케팅관리(Marketing)로 나뉩니다. 그리고 그 아래 또 하부구조가 존재합니다. 예컨대 마케팅의 하부기능으로는 제품관리(Product), 유통관리(Placing), 가격관리(Pricing), 판촉관리(Promotion)라는 4P가 있지요. 마케팅의 각 부문에는 하부기능 조직이 있는데 가령 판촉관리 밑에는 홍보, 인적판매, 세일즈 프로모션, 광고가 있습니다. 광고에는 다시 모델 선정에서부터 매체 선정에 이르기까지 각종 하위 업무가 존재하고요.

물론 생산이나 인사, 재무부서에도 그 밑에 하부기능 조직이 있기는 마찬가지입니다. 이때 기업에서 전사적으로 추구하는 업무의 성격과 목표에 맞는 확고한 컨셉을 정해 하부조직에 일관되게(consistently) 전달한다면 더 큰 시너지 효과를 만들어낼 수 있습니다.

계량적 목표는 비전이 아니다

컨셉을 구성원들의 마음속에 심어주는 데 성공한 회사로 일본의 자동차 회사인 혼다를 들 수 있습니다. 혼다는 1960년대 베트남에서 오토바이를 판매해 큰돈을 번 것을 기반으로 자동차 시장에 뛰어듭니다. 1970년대 초에는 소형차 시빅Civic으로 미국에 진출했지만 눈길을 끌지는 못합니다. 그런데 1973년 오일쇼크가 터지는 바람에 석유값이 1년 만에 4배 가까이 폭등하자, 소형차 시빅은 갑작스레 관심을 끌게 됩니다. 작기는 하지만 고장이 잘 나지 않는, '믿을 만한(reliable)' 자동차라는 이미지를 남기게 되죠.

혼다는 곧이어 업그레이드 모델을 만드는 데 총력을 기울였고, 그렇게 탄생한 것이 어코드Accord입니다. 어코드는 곧바로 미국 최고의 베스트셀러가 됩니다. 그러나 혼다는 여기에 안주하기는커녕, 성공에 도취되는 순간이 진짜 위기라고 선언합니다. 그리하여 포뮬러 원(Formula One : F-1)대회의 우승에 도전하겠다는 새로운 비전을 제시하지요. F-1은 고성능 자동차들의 경주이므로 감히 혼다가 넘볼 만한 수준의 대회는 아니었습니다. 그럼에도 1983년부터 F-1에 참가한 혼다는 1980년대가 다 가기 전에 세 차례나 우승을 합니다.

진정한 비전은 '점유율 1위 달성'이나 '매출액 성취'와 같은 계량적 목표가 아니라, 가슴 설레는 꿈의 형태로 보여줄 수 있어야 합니다. 혼다가 F-1에서 일등을 했다고 실익이 있는 것은 아닙니다. 그러나 조직 전체가 마음으로 염원하는 공통된 목표를 제시하는 효과가 있지요. 혼다는 F-1 대회 우승을 전사적 목표로 함으로써, 조직원들에게 경주 정신(racing spirit)을 일깨우게 됩니다. 어떤 문제든 '시간' 단위가 아니라 '분'

단위로 해결해야 한다는 긴박감과 강력한 팀워크를 심어주어 경쟁력을 향상시킨 것이죠. 뚜렷한 비전은 기업 구성원의 커뮤니케이션과 운영체계의 중심이 되고, 사기를 높일 뿐 아니라 행동에 일관성을 부여해 시너지 효과를 냅니다.

혼다가 일견 자동차와는 아무런 상관이 없어 보이는 로봇 아시모Asimo 프로젝트에 열심인 것도 미래지향적인 비전인 'Power of Dreams'를 조직에 깊게 뿌리내리기 위해서입니다. 그들은 그러한 비전을, 업의 개념을 중심으로 'Honda DNA'라는 용어를 쓰면서 혼다만의 혈통을 만들어가고 있습니다.

이 대목에서 생텍쥐페리가 한 말이 생각납니다. "배를 제대로 만들고 싶으면, 일꾼들에게 목재를 이리 옮기고 저리 옮기도록 일일이 지시하거나 일감을 배분하지 마라. 대신 저 끝없는 바다에 대한 동경심을 품게 하라." 여러분의 회사에서는 이루고자 하는 사업의 목표를 구성원들에게 어떠한 꿈의 형태로 보여주고 있습니까?

좋은 비전은 개념을 담고 있다

공통된 목표나 비전을 제시하는 것은 기업뿐 아니라, 국가의 지도자에게도 대단히 중요합니다. 그중에서도 미국은 그들만의 비전을 공유하고 실현하는 데 성공한 국가가 아닐까 싶습니다.

미국인들이 아메리카라는 거대한 대륙을 불과 백년 만에 개척한 것은 대단히 놀라운 일입니다. 딱히 기후가 좋은 것도 아니고, 이름 모를 질병과의 싸움이나 원주민들의 저항 등 장애물이 한두 개가 아니었을 텐데 말이죠. 그 결과 미국인들의 DNA에는 그러한 어려움을 극복해낸 억척

스러움이 존재합니다. 이를 개척정신, 혹은 프론티어Frontier 정신이라 하는데, 훗날 미국에 벤처 기업이 많이 생겨난 것도 이 때문인 듯 싶습니다.

어쨌든 미국은 1, 2차세계대전을 거치며 정치적으로나 경제적으로나 가장 영향력 있는 나라가 되었습니다. 아마 1950년대는 미국인들이 가장 안정되고 풍요로운 삶을 누리던 시기일 겁니다.

그런데 1957년 소련이 세계 최초로 스푸트니크Sputnik라는 무인 우주선을 띄웁니다. 나태해져 있던 미국은 충격에 휩싸여 우주선 개발에 박차를 가했고, 1958년에 무인 우주선 익스플로러Explorer를 쏘아올립니다. 그 후 미국과 소련은 유인 우주선 경쟁에 돌입하는데, 이번에도 소련이 선수를 칩니다. 유리 가가린이라는 우주비행사를 1961년에 먼저 우주로 올려보낸 것입니다. 미국인들은 다시 당황하고 갈팡질팡합니다. 하지만 당시 막 대통령이 된 존 에프 케네디는 위기를 기회로 바꿀 줄 아는 사람이었습니다. 그는 소련과의 경쟁에서 뒤지고 있다는 좌절감에 빠진 국민들에게, 1960년대가 끝나기 전에 인간을 달에 올려놓겠다는 비전을 제시하지요.

"미국이 소련한테 잠시나마 밀린 것은 거대한 아메리카 대륙을 백년 만에 개척해낸 조상들의 개척정신을 잃어버렸기 때문입니다. 이제 우리는 새로운 개척지를 향해 나아갈 것입니다. 저 넓은 우주가 우리 앞에 기다리고 있습니다."라고요. 이것이 바로 뉴 프론티어New Frontier 정책입니다. 그는 10년 내에 소련보다 먼저 달을 선점한다는 목표를 국가경영의 중심 컨셉으로 삼고, 국방, 교육, 산업 등 모든 정책을 달 착륙에 집중시키기 시작했습니다.

사막이나 극지에서 사람들이 북극성을 향해 간다고 말할 때, 그것은 실제 북극성에 도달하려는 게 아니라 북극성을 방향의 지표로 삼는 것을 의미합니다. 마찬가지로 케네디 대통령에게는 달에 가는 것 자체보다 국가의 운영방향을 한 곳으로 집중시킬 구심점이 필요했던 것입니다. 달 착륙이라는 가슴 뛰는 비전은 미국이 일사불란하게 움직이도록 하는 중심축의 역할을 하여 소련을 다시 앞서는 원동력이 되었습니다.

이처럼 리더는 구성원에게 계속해서 비전과 희망을 주어야 합니다. 브랜드 매니저가 됐든, 기업의 수장이 됐든 마찬가지입니다. 비전과 희망을 담은 리더의 상상력과 그 상상력을 실천으로 옮기는 리더의 모습은 구성원들을 이끄는 가장 큰 힘입니다.

넬슨 만델라는 1994년 남아프리카공화국에서 실시된 최초의 평등선거에서 흑인으로서는 처음 대통령에 당선되었습니다. 그는 27년을 감옥에서 보낸 인권 운동가였지만, 대통령에 당선된 후 백인들에게 일체의 정치보복을 가하지 않고 '화해와 관용의 정치'를 시도했습니다. 하지만 빈곤과 질병에 뿌리 깊은 인종문제까지, 사분오열된 국민의 뜻을 하나로 합쳐 나아가기에는 너무도 역부족이었지요.

그때 만델라 대통령이 국민 모두를 뭉치게 할 화합의 도구로 찾아낸 것이 스프링복스Springboks라는 국가대표 럭비팀입니다. 이 이야기는 존 칼린이 7년간 관련자들을 인터뷰해 쓴 책《인빅터스(Invictus)》에 잘 나와 있습니다. 클린트 이스트우드가 감독을 맡은 영화도 있으니 꼭 한번 보시기 바랍니다.

만델라 대통령은 대부분이 백인으로 구성된 스프링복스 팀과 영국과의 경기에서, 남아공의 흑인 국민들이 상대팀인 영국을 응원하는 것을 목격합니다. 자국 내 백인을 얼마나 싫어하는지를 단적으로 드러내는 모습이었죠. 이에 만델라 대통령은 스포츠를 통해 온 국민의 마음을 하나로 묶겠다고 결심하고, 연이은 패배로 지쳐 있던 팀을 직접 접촉해 1995년 자국에서 열릴 럭비 월드컵에서 우승하도록 설득하고 끊임없이 독려합니다.

우리나라가 2002년 월드컵 축구에서 그러했듯이, 온 국민의 염원 속에 스프링복스 럭비팀은 남아공 국민에게 기적 같은 우승을 선사합니다. 월드컵 기간 동안 피부색과 상관없이 온 국민이 하나가 되어 응원을 하였고, 서로의 벽을 허무는 역사적인 계기가 마련된 것이죠. 이처럼 조직의 모든 구성원이 하나의 비전을 향하여 나아갈 때, 기적에 가까운 힘을 발휘해 위기를 기회로 전환할 수 있게 됩니다.

위기는 기업을 움직이게 하는 필수 요소입니다. 그러나 비전이 함께 제시되지 않는다면 위기감의 조장은 피곤을 가중시킬 뿐입니다. 컨셉이 있는 비전은 살아 숨쉬는 영혼과 같아서 사람의 능력을 최대한, 또는 그 이상 발휘하게 해줍니다.

만델라 대통령이 감옥에 투옥되어 있을 동안 늘 암송했고, 럭비팀 주장을 감동시켜 기어코 우승하고 말겠다는 투지를 불태우게 한 〈인빅터스〉라는 제목의 시로 이 장을 마무리할까 합니다. 인빅터스는 '정복되지 않는(unconquered)'이라는 의미의 라틴어입니다. 이 시를 쓴 영국 시인 윌리엄 헨리(William Ernest Henley, 1819~1903)는 열두 살에 결핵에 걸렸는데 몇 년 후 균이 뼈에 전이되어, 25세의 나이에 다리를 절단합니다. 이 시는 그가 26세 때 침상에 누워 쓴 것이고, 그 후 53세까지 꿋꿋하게 많은 활동을 하다 숨을 거두었습니다.

〈굴복치 않으리 Invictus〉

나를 감싸고 있는 밤은

Out of the night that covers me,

구덩이 속같이 어둡다.

Black as a pit from pole to pole,

어떤 신神에게라도

I thank whatever Gods may be

정복되지 않는 영혼을 내게 주심에 나는 감사하리라.

For my unconquerable soul.

가혹한 상황의 손아귀에서도

In the fell clutch of circumstance

나는 움츠러들거나 소리 내어 울지 않으리.

I have not winced nor cried aloud.

운명의 막대기가 날 내려쳐

Under the bludgeoning of chance

내 머리가 피투성이가 되어도 나는 굽히지 않으리.

My head is bloody but unbowed.

분노와 비탄 너머에

Beyond this place of wrath and tears

어둠의 공포만이 거대하고

Looms but the horror of the shade

절박한 세월이 흘러가지만

And yet the menace of the years

나는 두려움에 떨지 않으리.

Finds and shall find me unafraid.

지나가야 할 문이 얼마나 좁을지

It matters not how straight the gate,

얼마나 가혹한 벌이 기다릴지는 문제되지 않는다.

How charged with punishments the scroll,

나는 내 운명의 주인이며

I am the Master of my Fate

나는 내 영혼의 선장이다.

I am the Captain of my Soul.

7장

확고한 컨셉이
주인의식을 낳는다

COMPLEMENTARITY

앞에서 말한 일관성과 짝을 이루는 개념으로 '보완성(complementary)'을 들 수 있습니다. 기업에는 각 기능별로 하부조직이 있는데, 그 하부조직들 간에 상호보완이 필요합니다. 위에서 아무리 죽어라고 '일관성 있는 비전'을 제시해도 정작 구성원들끼리 뭉치지 못하면, 즉 서로 업무를 보완해주지 않으면 아무런 소용이 없을 테니까요.

컨셉이라는 큰 그림을 그려주어라

광고를 잘해서 성공한 제품으로 어떤 것들이 있습니까? 아마 머리에 딱 떠오르는 제품들이 있을 겁니다. 그럼 광고는 잘했는데 실패한 경우도 있을까요? 실은 엄청나게 많습니다. 광고는 잘해서 사람들의 관심은 끌었는데, 유통이 받쳐주지 못해 제품공급이 안 된다든지 급하게 물량을 대느라 품질이 기대에 못 미친다면 어떻게 되겠습니까? 더 빨리 망하겠죠. 광고, 유통, 품질, 가격, 홍보, 판촉 등이 서로 도우며 이끌어주어야, 즉 보완이 되어야 성공할 수 있습니다. 그래서 보완의 역할은 성패를 좌우하는 핵심이 됩니다.

NASA의 청소부 존 고든이 지은 《에너지 버스》라는 책에서 읽은 내용입니다. 미국항공우주국(NASA)을 처음 방문한 존슨 대통령이 로비를 지나다 우연히 바닥을 열심히 닦고 있는 청소부를 보았답니다. 그는 세상에서 가장 즐거운 일이라도 하는 듯, 연신 콧노래를 흥얼거리며 신나게 바닥을 닦고 있었습니다. 대통령은 그에게 다가가 무엇이 그리 흥이 나는지 물었습니다. 그랬더니 "각하, 저는 일개 청소부가 아닙니다. 저는 인간을 달에 보내는 일을 돕고 있어요."라고 대답했답니다.

똑같은 일을 하더라도 어떤 마음가짐으로 하느냐에 따라 일의 결과가 달라지지 않겠습니까? 그런 마음가짐은 일에 대한 큰 그림을 그릴 수 있어야 생기는 것이겠죠. 즉 내가 다른 일을 보완해 어떤 큰일을 하고 있다는 것을 깨달아야 가능한 것입니다.

직장에서 '주인의식'을 가지라는 말을 종종 듣게 됩니다. 또 그런 말을 여러분이 구성원들에게 하고 싶을 때도 있을 거고요. 그런데 주인의식이란 게 뭡니까?

주인의식은 주인의 관점에서 전체를 바라보는 눈을 가지라는 말이겠죠. 구멍가게라도 주인은 전체적인 그림을 머릿속에 그릴 줄 압니다. 반면 번듯한 대기업에 다녀도 큰 그림은 없이 주어진 일만 잘하면 된다고 생각하는 사람이 많습니다. 이때 우리 회사가 대체 무얼 하는 회사인지 공유할 컨셉은 안 주면서 주인의식만 가지라고 백날 얘기해봐야 헛일입니다. 우리 회사가 이러이러한 회사라는 컨셉을 확고히 심어 전체적인 관점에서 볼 수 있도록 해줘야 합니다. 그러한 컨셉이 공유되어야 전 직원의 마음을 하나로 묶을 수 있기 때문입니다.

번개 | '번개'라는 이름을 한 번은 들어보셨을 겁니다. 혹시 모르시는 분들을 위해 간단히 설명하자면, 그는 고려대학교 앞 설성반

점이라는 중국집에서 짜장면을 배달하던 사람이었습니다. 어찌나 빨리 배달하는지 고려대학교 학생들과 교수들이 번개라는 별명을 붙여주었죠. 그가 이런 사랑을 받게 된 데는 다 이유가 있습니다.

어느 날 번개가 어떤 교수님 연구실에 짜장면을 배달하고 와서 바로 또 배달을 갔더니 아까 배달한 연구실의 바로 옆방이더랍니다. 그래서 배달하고 나오면서 옆방의 빈 그릇을 가져오면 되겠다 싶어 가봤더니, 20분 전에 갖다놓은 짜장면을 아직도 안 먹었더라는 겁니다. 회사에서는 12시가 되면 일제히 점심을 먹으러 가지요. 하지만 대학에는 점심시간이 따로 없기 때문에, 하던 일을 끝내고서야 점심을 먹는 경우가 많습니다. 배달해놓았다고 즉시 먹는 게 아니더란 말입니다. 그런데 짜장면 갖다놓고 20분 지나면 어떻게 됩니까. 면이 떡같이 엉겨붙게 되잖아요. 그래서 그 후로는 번개가 눈치를 보고, 교수와 조교들이 계속 일하는 것 같으면 직접 짜장면을 비벼놓곤 했답니다. 교수가 일하다가 짜장면 냄새가 살살 나니까, 짜장면을 찾겠지요. 그런데 조교들이 갖다주는 걸 보니 이미 맛있게 비벼가지고 온 겁니다. 더구나 떡같이 엉겨붙은 게 아니라 짜장소스도 골고루 묻어 있어 불지 않고 맛있더라는 거죠. 결국 "이 짜장면 맛있다. 어디서 시킨 거야?" 하고 묻게 되면서 자연히 설성반점의 단골이 된 거죠.

제가 근무하는 학교에도 짜장면 배달원들이 옵니다. 그런데 대부분 모자를 꾹 눌러쓰거나 어떤 배달원들은 여름에도 마스크까지 하고 옵니다. 왜 그럴까요. 배달원들이 대체로 대학생들하고 나이가 비슷하겠죠. 그런데 같은 또래의 학생들은 자랑스럽게 책가방 들고 다니는데 자기는 철가방 들고 다니려니 본인도 싫을 겁니다. 그래서 모자 눌러쓰고, 얼굴 안 보이게 마스크를 하고 그러죠. 그 마음은 이해됩니다.

그런데 번개는 이왕 짜장면 배달하는 거 제대로 해야지 하고는 얼굴을 가리기는커녕 이마에 번개라고 쓴 머리띠까지 둘렀습니다. 그리고 오토바이 뒤에다가 설성반점 깃발을 만들어 대문짝만 하게 매달고 다닌 겁니다.

요즘 고려대학교 가보셨어요? 지금은 정문에 들어서면 아주 멋진 건물이 들어섰습니다만, 번개가 배달하던 시절에는 가운데가 운동장이고 양쪽으로 내리막길이 있었습니다. 12시가 되어 수업이 끝나면 학생들이 잔뜩 걸어내려오니까 그 사이를 오토바이로 뚫고 올라가기가 거의 불가능했죠. 그런데 번개가 나타나면 학생들이 "야~! 번개다." 그러면서 길을 쫙 비켜주더랍니다. 그래서 고속도로처럼 빨리 달릴 수 있었던 겁니다.

그는 무슨 생각을 했던 걸까요? 그냥 배달하라니까 마지못해 갖다주고, 갖다줬으니까 됐다는 식이 아니라, 주인의 관점에서 "어떻게 하면 고객이 한 끼의 식사를 맛있게, 빨리 먹을 수 있겠느냐"는 생각(컨셉)에 신경을 쓴 겁니다. 그게 바로 주인의식이라는 겁니다. 컨셉이 없으면 주인의식도 없습니다. 요리사는 요리사대로, 배달원은 배달원대로 서로 어떻게 보완해 고객이 맛있는 짜장면을 먹게 할 것인지를 생각해야겠죠. '번개' 조태훈 씨가 쓴 《철가방에서 스타 강사로》라는 책이 있습니다. 그야말로 자신의 땀과 눈물에서 나온 글인데, 정규교육도 제대로 받지 못한 그지만 마케팅의 원리를 참으로 잘 설명하고 있습니다. 저는 첫 페이지부터 끝까지 밑줄을 쳐가며 읽었어요. 불우한 성장과정 때문에 주민등록 위조 문제 등으로 어려움을 겪고 책도 절판이 되었지만, 도서관에서 빌려서라도 꼭 한번 읽어보시길 권합니다.

이 시점에서 빌 게이츠의 말이 떠오릅니다. "회사가 내 것이라 생각할 때, 애착이 생깁니다."

'보완성'이란 내가 하는 일이 그냥 내게서 끝나는 게 아니라, 주인의식을 가지고 구성원들끼리 서로 도와서 기업의 사업 컨셉을 효과적으로 이루게 하는 것을 뜻합니다. 컨셉이 분명하지 않으면 구성원들이 주인의식을 가질 수 없고, 주인의식이 없는 구성원들과 기업경영을 해가는 것은 모래 위에 집을 짓는 것과 마찬가지입니다.

병원 │ 저는 예전에 대학 다닐 때 교통사고로 허리를 다쳐서, 가끔 고생을 합니다. 젊어서는 그런 대로 괜찮았는데, 운동 안 하고 쭈그리고 앉아 공부를 했더니 허리가 다시 약해졌어요. 이제 나이를 먹어서, 가끔 입원도 해야 하는 신세입니다.

한번은 서울에서 좋다는 병원에 입원을 하게 됐습니다. 허리 아파본 사람들은 알겠지만 삐끗했을 때는 돌아눕기도 힘들 만큼 허리를 꼼짝도 못해요. 힘을 줄 수가 없으니 휴지를 휴지통에 던져도 제대로 들어가질 않습니다.

첫날은 아파서 절절매고 있다가 다음 날 보니까 휴지통 치우는 아주머니가 달랑 휴지통만 비워서 주변에 휴지들이 너저분하게 널려 있더라고요. 다음 날 보니까 또 그래요. 그래서 "아주머니, 그… 저기 옆에 떨어진 휴지도 좀 치워주실래요?"라고 부탁드렸습니다. 그랬더니 대꾸도 안 하고, 휴지통만 탁탁 비워요. 그러고는 방을 나가는 길에 누워 있는 저를 내려다보면서 "나는 휴지통 비우는 사람이지 청소부가 아니에요." 이러는 겁니다. 병원에서 휴지통 비우라고 했으니까 휴지통만 비운다는 거죠.

그런데 잘 보면 주변에 그런 사람들이 한둘이 아닙니다. 회사원 중에도 6시 '땅' 하면 짐 딱 싸서 퇴근하기 바쁜, 개념(concept) 없는 사람들이 많잖아요. 내가 기업의 목표를 달성하기 위해 뭘 할지 생각하거나, 다른 사람과 협조해서 어떻게 일을 효과적으로 해나갈지에 대한 고민은 없이, 월급만 꼬박꼬박 받는 거죠.

앞에서 언급한 휴지통 비우는 아주머니 말입니다. 그분이 하급자라 생각이 못 미쳐서 그런 걸까요? 잘 보면 휴지통 아줌마만 그런 게 아니더군요. 의사들도 마찬가지입니다. 만약 여러분이 허리가 아프다면 어떤 의사에게 가시겠습니까? 정형외과, 신경외과, 아니면 재활의학과요?

허리를 못 움직여서 아까 그 병원에 앰블런스로 실려갔는데 정신을 차리고 보니 신경외과에 입원해 있더라고요. 별별 검사를 받고 이틀이나 지난 후 아침 일찍 외과과장이 레지던트를 죽 몰고 회진을 왔습니다. 그런데 처음 보자마자 대뜸 MRI 사진인지 뭔지를 보여주면서 당장 수술을 해야 한다는 거예요. 겁이 덜컥 나서 "혹 물리치료를 먼저 좀 받아보면 안 될까요?"라고 물었더니, 아주 불쾌한 표정으로 맘대로 하라며 나가버리더군요. 결국 수술 안 하고 버티고 있다가 허리가 조금 안정되기에 어찌어찌 퇴원을 했습니다. 허리통증이라는 게 며칠 안정하면 또 그만해지니까요.

그 후 근본적인 치료를 해야겠다 싶어 대한민국 최고라는 모 대학병원의 재활의학과 선생님을 수소문해 찾아갔습니다. 제 얘기를 듣고 진찰을 해보더니 물리치료와 재활운동을 하라시더군요. 그래서 허리근육을 단련하는 운동을 배우긴 했는데, 그게 참 재미가 없었습니다. 날이 갈수록 점점 게을리하게 되었는데, 삼 주 후에 다시 진료를 받으러 갔다가 운동 안 한다고 혼만 났지요. 그래서 "그게 좋은 운동인 줄은 알겠는데 매일 하기엔 지루하더라고요." 하고는 무심코 궁금해서 "저, 정형외과 치료는 뭘 해주나요?" 하고 물었어요. 그랬더니 점잖던 의사 선생님이 갑자기 도끼눈을 뜨더니, "그럼 정형외과로 가보시든지⋯." 하면서 박대를 하는 겁니다.

병원이 어떻게 운영되는 게 바람직할까요? 제 생각에는 세 분야의 의사가 함께 모여서 같이 숙의하는 게 정답일 것 같아요. MRI 사진을 같이 보면서, "우선 2개월 동안 물리치료 해봅시다. 그래도 안 되면 정형외과에서 카이로프랙틱 치료를 하든지 그렇게 몇 개월 해보고 그래도 안 되면 신경수술을 합시다."라는 식으로요. 의사들끼리도 논의해야 되는 거 아닙니까. 그런데 의사들은 같은 병에 대해 의논하는 경우가 드물더라고요. 서로 보완적으로 어떻게 환자를 치료하면 좋을까 생각하는 게 아니라, 그냥 자기 방식대로 해결하려 합니다. 골탕먹는 건 환자이지요.

그러니까 주인의식이 없기는 큰 병원의 의사나 휴지통 비우는 아줌마나 다를 바 없더라는 겁니다. 자신들의 업무에 대한 진지한 '컨셉'이 머릿속에 없는 거죠.

컨셉은 비즈니스의 정신적 기둥이다

확고한 컨셉은 주인의식을 불어넣어 비즈니스의 정신적 기둥이 됩니다. 제가 좋아하는 곰탕집이 있는데요. 감기 걸렸을 때 가서 땀 흘리고 먹으면 감기가 뚝 떨어지고, 다소 소화가 안 될 때 먹으면 속이 편안해지는 그런 집입니다. 대체 곰탕을 어떻게 끓이는지, 어떤 사람들이 끓이는지 정말 궁금해서 어느 날 주방을 슬쩍 들여다봤습니다. 그런데 문 틈으로 보니 벽에 뭐라고 써 붙여놓은 겁니다. 그걸 보고 제가 정말 감탄을 했습니다.

거기에는 '한약을 달이는 정성으로'라고 쓰여 있었습니다. 한약을 달이는 마음으로 곰탕을 끓인다는 겁니다. 한약은 조금 덜 달이면 효과가 떨어지고, 그렇다고 태워도 안 되잖아요? 전 직원이 매일 그런 정성을 쏟으니 곰탕이 얼마나 맛있겠습니까. 그런 일사불란한 정신 때문에 겉보기에 화려하지 않아도 사람들이 곰탕 한 그릇 먹으려고 줄을 서는 것 아니겠습니까. 한약을 달이는 정성으로 일한다는 컨셉이 그 가게의 직원들에게 주인의식을 심어준 셈입니다.

그렇다면 어떻게 해야 직원들의 주인의식을 키워줄 수 있을까요? 여러 방법이 있겠지만 여기서는 독창적인 기업문화로 주목받고 있는 현대카드의 혁신적인 방식을 간략히 언급할까 합니다. 참고로 현대카드는 2003년까지만 해도 신용카드 업계에서 거의 꼴찌였지만, 7년 만에 업계 2위로 뛰어올랐습니다.

우선 임원들은 '포커스 미팅Focus Meeting'이란 것을 합니다. 회사의 특정 과제를 놓고 직접 관련이 없는 임원들까지 참여해 난상토론을 벌이는 건데요, 이는 답을 찾기보다 CEO의 관점을 갖게 하기 위한 겁니다. 여기서 발언하지 않은 임원 2명이 미팅 후 바로 해고되었다는 전설 같은 이야기도 전해집니다. 주인의 관점에서 큰 그림을 갖도록 강요하다시피 하는 거죠. 주인의식이 얼마나 중요한지 실감할 수 있는 대목입니다.

한편 간부와 직원들은 '홈 앤드 어웨이Home & Away'라는 제도로 큰 그림을 그리는 훈련을 받습니다. 한 달에 하루, 다른 부서의 업무를 해보는 건데요. 예를 들면 리스크 본부의 직원들이 마케팅 본부의 업무를 하루 동안 책임지는 식입니다. 이러한 훈련은 본인의 업무향상뿐 아니라,

전체적인 관점에서 자신의 업무를 바라보고 이해하는 데 큰 도움을 줍니다. 이와 같이 주인의식을 부단히 공유하는 과정을 거치게 되면, 컨셉이 체화되어 그 기업만의 기업문화로 자리잡게 되지요.

애플에 근무하는 한국계 임원을 만난 적이 있습니다. 제가 "언젠가 한국의 전자업체들이 애플을 따라잡을 날이 오지 않겠느냐?"고 물었습니다. 그랬더니 본인도 한편으로 그러길 희망한다면서 "그런데 한국 기업의 임직원들에게 '당신네 회사는 무엇을 하는 회사냐'고 물으면 아마도 각기 다른 대답을 하지 않을까 싶습니다. 애플의 직원들은 모두 한목소리를 내거든요. 그게 무서운 것 같습니다."

확고한 컨셉이 구성원들 사이에 공유되어 형성되는 기업문화는 강력한 힘을 발휘합니다. 그리고 그러한 기업문화야말로 기업의 진정한 경쟁력이 될 수 있습니다.

컨셉은 브랜드의
영혼이다

지금껏 브랜드 컨셉을 만들어가는 과정에 대해 살펴보았습니다. 앞에서 언급한 것처럼 이 과정은 일곱 가지 요소를 바탕으로 하는데요. 2부에 들어가기 전에 컨셉에 대해 제시한 7C를 한번 정리해볼까 합니다.

표 1-5 **브랜드 컨셉의 7C**

컨셉의 도출	CUSTOMER-ORIENTATION	고객 지향성
	CONDENSATION	응축성
외부적 표현	CREATIVITY	창의성
	CONTINUITY	지속성
내부적 활용	COMBINATION	조화성
	CONSISTENCY	일관성
	COMPLEMENTARITY	보완성

체크리스트

· 컨셉을 도출할 때 가장 먼저 고려해야 할 점은 고객 지향성 (customer-orientation)입니다. 사업의 본질을 제품의 관점뿐 아니라 고객의 관점에서 봐야 한다는 뜻입니다. 그럴 경우 제품이나 서비스를 제공하는 시스템을 뛰어넘어 솔루션과 고객의 체험까지 생각

하게 되므로 사업의 핵심을 읽을 수 있습니다.

"우리 회사는 고객의 관점에서 보면 무엇을 하는 회사인가?"를 항상 점검해보시기 바랍니다.

· 고객 관점에서 컨셉을 도출하면, 이를 단순히 나열할 것이 아니라 하나로 응축(condense)해야 합니다. 머릿속에 떠오른 제품의 특징이나 효익은 하나로 응축될 때 사람들의 마음을 파고들 정서적인 메타포가 됩니다.

"우리 회사가 다루는 제품의 컨셉을 어떤 메타포로 응축할 수 있을까?" 생각해보시기 바랍니다.

· 이번에는 컨셉을 외부와의 커뮤니케이션이라는 관점에서 바라보시죠. 우선 표현이 창의적(creative)이어야 컨셉을 임팩트 있게 전할 수 있습니다. 이때 유념할 점은 전략이 크리에이티브를 이끌고 가야지 크리에이티브에 끌려다니면 안 된다는 겁니다.

"우리 회사에서는 제품 디자인이나 광고 등에서 전략을 얼마나 창의적으로 표현하고 있는가?" 점검해보시기 바랍니다.

· 아무리 창의적인 컨셉이라 해도 사람들의 머리와 마음에 뿌리내리려면 지속적으로(continuously) 전달해야 합니다. 똑똑 한 방울씩 떨어지는 낙숫물이 결국 바위를 뚫듯이 하나의 컨셉을 고객의 머릿속에 인내를 갖고 심어줘야겠죠.

"우리 회사는 동일한 브랜드 컨셉을 흔들리지 않고 꾸준히 전달하고 있는가?" 생각해보시기 바랍니다.

· 다음으로는 브랜드 컨셉을 기업 내부에서 어떻게 활용하고 있는지를 살펴보겠습니다. 하나의 제품에서 여러 개의 제품으로 브랜드를 확장할 때는 수익성과 전시성이 조화(combination)를 이뤄야 합니

다. 그러기 위해서는 제품 포트폴리오의 구성에 각별히 신경을 기울여야 합니다.

"우리 회사는 수익성과 전시성 면에서 여러 품목의 균형을 잘 맞추고 있는가?" 항상 점검해보시기 바랍니다.

· 컨셉은 제품이나 브랜드뿐 아니라 기업의 문화나 구성원들에게도 큰 영향을 미칩니다. 확고한 컨셉은 기업의 각 부문에 일관성(consistency)을 부여합니다. 밤하늘에 빛나는 북극성처럼 우리가 나아갈 방향의 지침이 되는 것이죠. 이때 컨셉은 '비전'을 대신합니다. "우리 회사는 구성원들에게 가슴 뛰는 비전을 제시하고 있는가?" 생각해보시기 바랍니다.

· 마지막으로 보완성(complementarity)입니다. 컨셉, 즉 비전을 중심으로 기업의 각 부문이 서로 보완하는 자세로 일할 때 엄청난 시너지를 발휘할 수 있지요. 사업에 대한 큰 그림(컨셉)을 바탕으로 주인의식을 가지고 서로 부족한 점을 보완해나간다면, 훌륭한 기업문화를 형성할 수 있습니다.

"우리 회사는 구성원들에게 컨셉을 중심으로 주인의식을 갖도록 잘 유도하고 있는가?" 점검해보시기 바랍니다.

컨셉 없는 제품은 영혼 없는 인간과 같다

제가 1997년 안식년을 맞아 캐나다에 갔는데, 그해 다이애나 왕세자비가 세상을 떠났습니다. 한국에서는 어땠는지 모르겠습니다만, 캐나다는 영국 연방이어서인지 애도의 물결이 대단했습니다. 길가에는 사람들이 가져다놓은 꽃들이 넘치고, 텔레비전에서는 다이애나와 왕실, 불의의 사고에 관한 내용만 반복적으로 방송했으니까요.

그런데 어느 날 텔레비전을 켰다가 파리에서 사고를 당한 왕세자비의 시신을 영국으로 모셔오는 중계방송을 우연히 보게 되었습니다. 영국 왕실 비행기가 착륙하고 찰스 왕세자가 걸어내려오더군요. 이미 이혼한 사이였지만 그래도 전처의 시신을 거두러 다녀온 거지요. 그 뒤로 검은 상복을 입은 여자들 몇 명이 내렸는데, 아나운서에 따르면 다이애나의 자매들이랍니다. 다음으로는 멋진 의장대가 나와 모자를 벗고 추모하더니 발을 맞추어 비행기 뒤쪽으로 걸어갔습니다. 그러자 화물칸이 천천히 열리고, 거기서 왕세자비의 관이 나오는 겁니다.

다이애나가 우리나라 왕세자비도 아니고, 안타깝게 사고를 당했다 해도 저와는 별 상관이 없으니 그냥 영화 보듯 덤덤하게 보고 있는데, 화물칸에서 관을 내리는 걸 보고 갑자기 가슴이 콱 막히더군요. 마지막 길인데, 찰스 왕세자와 자매들 곁에 같이 싣고 오면 될 것을 짐짝처럼 화물칸에 실은 겁니다. 왕세자비는 사람인데도 왜 짐짝 취급을 받았을까요?

… 죽었으니까 그렇죠. 육신만 있고 영혼이 없잖아요. 왕세자비가 아니라 그 누구라도 영혼이 없으면 사람이 아니라 화물 취급을 받습니다. 아무리 좋은 제품이라도 컨셉이 없으면 영혼이 없는 인간과 마찬가지죠.

아이폰은 배터리를 포함해 불편한 점이 많습니다. 그러나 영혼이 느껴지죠. 스타벅스의 경우 유사한 커피전문점도 많이 생겨났지만, 나름의 컨셉을 유지하고 있기에 여전히 많은 사랑을 받고 있습니다. 아이폰이나 스타벅스도 컨셉이 흔들린다면, 사람들은 곧바로 외면할 것입니다.

물론 컨셉은 눈에 보이지도 손에 잡히지도 않기에, 대단히 추상적으로 느껴질 수도 있습니다. 하지만 컨셉은 영적 에네르기를 제공합니다.

화물이 된 공주
그들은 다이애나 왕세자비를 왜 '화물' 칸에 싣고 왔을까요?

그래서 영혼이 직원들에게 스며들면 제품에 녹아나고, 결국 고객을 감동시키게 됩니다. '마케팅 1.0' 시대에는 사람들을 이성적으로 설득시키려 했습니다. '마케팅 2.0' 시대에는 감성을 움직여 행동을 유발하고자 했습니다. '마케팅 3.0' 시대에는 영혼의 교감이 있어야 합니다. 마케팅학계의 거장인 필립 코틀러 Philip Kotler 교수는 마케팅 과잉 시대에 기업이 생존하려면, 단순히 소비자의 감성에 다가가는 수준이 아니라 '영혼'에까지 도달해야 한다(reach consumers' soul)고 주장합니다.

브랜드를 관리한다는 것은 결국 컨셉을 관리하는 것이라고 생각됩니다. 컨셉이라는 게 보이지는 않지만, 브랜드의 영혼이라 할 만큼 중요하겠죠. 어찌 보면 브랜드 컨셉을 관리하는 일이 마케팅의 전부라 해도 과언이 아닙니다.

2부

브랜드 체험

의미에 재미를 더하다

21세기에 들어선 지가 엊그제 같은데, 그새 세상이 또 많이 달라진 것 같습니다. 듣도 보도 못하던 세계 명품 브랜드들이 우리네 생활에 가까이 들어와 있는가 하면, 소셜 미디어가 등장하여 사람들의 라이프스타일이나 생활환경을 급격히 바꾸고 있습니다. 그에 따라 마케팅도 끊임없이 '모습'을 달리하는 듯합니다. 고객의 변화에 맞춘 새로운 마케팅 개념이 생겨나고 신新 용어들이 난무하는 걸 보면 말이죠. 감성 마케팅, 공감 마케팅, 심미적 마케팅, 스토리텔링 마케팅, 엔터테인먼트 마케팅, 페르소나 마케팅…. 일일이 이름을 열거하기 힘들 정도입니다.

하지만 서로 다른 이름의 마케팅이라 해도 이들은 '브랜드 체험'이라는 하나의 맥에서 출발합니다. 2부에서는 브랜드 체험에 대해 살펴보려 합니다.

마케팅의 중심인 브랜딩은 브랜드 컨셉을 만드는 것과 그 브랜드를 실제 체험하는 것, 크게 두 가지 요소로 나뉩니다. 1부에서 말씀드린 에주어 시즈를 기억하십니까? 제게 평생 잊지 못할 추억을 남겨준 크루즈 여행사 말입니다. 이처럼 여기서 말하는 체험이란 단순히 제품을 시험 삼아 사용하게 하는 것(trial)과는 차원이 다릅니다. 제품의 특징이나 품질이 아니라 브랜드가 표방하는 컨셉을 체험하는 것이니까요.

조지프 파인Joseph Pine의 《체험경제학(Experience Economy)》이란 책을 보면 체험의 의미가 잘 나와 있습니다. 예를 들어 여러분이 커피사업을 한다고 가정해보시죠. 커피 원두를 판다면, 누군가 커피 한잔을 마실 때마다 3~5센트 정도의 매출을 올릴 수 있습니다. 그런데 원료를 가루로 빻아 맥심이니 맥스웰이니 하는 브랜드를 붙이면, 누군가 한잔의 커피를 마실 때마다 10센트까지 매출을 올릴 수 있습니다. 나아가 길거리에 카페를 열어 앉을 자리를 마련하고 커피를 만들어 판매한다면, 즉 상품화한다면 고객이 커피 한잔을 사 마실 때마다 여러분은 주머니에 60센트에서 1달러까지 챙기게 될 겁니다.

그런데 여기에 스타벅스처럼 체험적인 요소를 첨가한다면, 누군가 커피 한잔을 마실 때마다 여러분은 2~5달러의 매출을 올릴 수 있습니다. 똑같은 커피사업인데, 여러분이라면 어떤 유형의 사업을 선택하시겠습니까?

사람들은 체험적 요소에 프리미엄을 지불합니다. 그렇다면 대체 스타벅스가 뭐길래 더 많은 돈을 내고 거기서 커피를 마시는 걸까요.

다음은 스타벅스의 하워드 슐츠 회장이 쓴 《스타벅스, 커피 한잔에 담긴 성공신화(Pour Your Heart Into It)》라는 책에 나오는 이야기입니다. 그가 젊었을 때 미국에는 커피를 마시는 카페문화가 없었답니다. 그에게 영감을 준 곳은 이탈리아였습니다. 처음 간 이탈리아에서 카페라는 곳에 들어갔는데, 백년이 넘은 상점의 나무바닥에서 나는 저벅저벅 발소리가 반갑더라는 겁니다. 상점에는 좋은 커피향이 가득하고 카운터 뒤에서는 키가 훤칠한 사람이 "봉 지오노" 하고 밝게 인사를 건네고요.

커피를 서빙하는 직원은 바리스타barista라는 멋진 명칭으로 불렸는데 그 사람이 커피머신의 금속막대를 누르자 스팀이 '쉭~' 하는 소리를 내면서 빠져나오고, 그는 카운터에서 기다리는 손님에게 작은 에스프레스 잔을 건넸답니다. 다음 손님에게는 하얀 거품이 떠 있는, 손으로 내린 카푸치노를 건네고요. 일하는 내내 바리스타가 어찌나 손님과 즐겁게 대화를 나누며 우아하게 움직이던지 마치 원두를 갈고 에스프레소를 뽑아내고 우유를 데우는 일이 동시에 일어나는 것 같았다나요. 주변은 온통 활기가 넘쳐흘렀고요. 그곳에서는 사람들이 매일 만나는 친구들뿐 아니라 처음 보는 사람들과도 즉석에서 인사를 나누고 교류하더라는군요.

아무튼 그런 분위기가 '스타벅스다운' 그림이라는데, 스타벅스에 한 번 가보세요. 저벅저벅 소리를 내는 나무바닥으로 된 매장이 어디 있던 가요. 보통은 대도시 건물의 콘크리트 바닥이죠. 그리고 거기 들어서면 '쉭~' 하는 스팀소리가 정겹게 들립니까? 스팀소리는 사람들의 얘기소 리며 음악소리에 묻혀 잘 들리지도 않습니다. 바리스타한테 가서 뭘 물 어보면, "저기 설명서를 보세요." 하며 브로셔가 꽂혀 있는 곳을 가리킬 뿐, 다음 손님의 주문을 받기에 바쁩니다. 더구나 커피 한잔 들고 얼굴 도 모르는 사람에게 말을 걸면 누가 호응해줍니까? 이상한 사람 취급을 받기 십상이겠죠.

책에서 말한 그런 장면이 실제 스타벅스에 존재하는 건 아니지만, 스 타벅스는 그런 이태리 카페를 상상하게 만들어 편안한 휴식공간을 제공 합니다. 즉 스타벅스는 커피의 품질만으로 성공한 게 아니라, 크리스티 안 미쿤다Christian Mikunda가 말하는 이른바 '제3의 공간'을 창출한 겁니다. '제3의 공간'이란 집(제1의 공간)이나 일터(제2의 공간)와는 다른 분위기 의 편안함을 자아내는 놀이문화 공간을 말합니다. 편안한 의자와 무료 인터넷, 아름다운 음악을 제공함으로써, 감각적으로 짜릿하면서도 이태 리 시골카페처럼 편안한 문화공간을 연출한달까요. 말하자면 새로운 라 이프스타일의 '체험'을 통해 사람들이 스타벅스라는 제3의 공간으로 몰 려들게 만든 것이죠.

이처럼 '체험'은 브랜딩에서 간과할 수 없는 핵심적인 요소입니다. 브 랜딩에서는 제품을 구매하기 전뿐 아니라, 구매 후 사용 중에 체험요소 를 얼마나 잘 느끼게 하는지도 대단히 중요합니다. 지금부터 브랜드 체 험을 극대화시킬 수 있는 일곱 가지 방법을 하나하나 살펴보려 합니다.

8장

꼭 필요한 것만
사는 것은 아니다

EXTRINSIC MARKETING

기술이 발달하면서 웬만한 제품들은 이제 믿을 만한 품질을 갖추고 있습니다. 그래서 품질만으로 다른 제품과 차별화를 꾀하기란 쉽지 않습니다. 이제는 제품의 속성이나 특징처럼 '본질적 중심요소'의 관점에서 벗어나 제품을 사용하는 고객의 심리를 만족시킬 수 있는 '비본질적 주변요소'를 파악하는 것이 중요합니다. 이때 제품의 중심요소란 필요(needs)를 충족시키는 것이고, 주변요소는 욕구(wants)를 충족시키는 것이라 볼 수 있죠. 이것이 21세기의 마케팅을 구별하는 중요한 개념입니다.

중심요소(CENTRAL ELEMENTS)에서 주변요소(PERIPHERAL ELEMENTS)로

중심요소는 필요(NEEDS)를 충족시키고
주변요소는 욕구(WANTS)를 충족시킨다

20세기 마케팅의 키워드는 '니즈'였습니다. 그러나 21세기의 키워드는 '원츠'입니다. 니즈와 원츠는 어떻게 구별할 수 있을까요? 애매모호하게 이해하기보다 그 명확한 차이를 아는 것이 중요합니다.

니즈는 '결핍' 내지는 '필요'라고 해석할 수 있습니다. 즉 없어서는 안 되는, 꼭 필요한 것이란 의미죠. 반면 원츠는 '욕구'입니다. 없어도 살아가는 데 큰 지장이 없는 것이죠.

일단 '니즈'는 기능적 필요(functional needs)의 약자이고, '원츠'는 비기능적 욕구(non-functional wants)의 줄임말이라고 생각하면 이해가 빠를 듯합니다. 그런데 아이러니컬하게도 '없어도 되는' 욕구를 자극하고 충족시키는 것이 오늘날 마케팅의 핵심입니다. 그럼 원츠를 자극한다는 의미에 대해 좀 더 곱씹어보도록 하겠습니다.

사회적 지위를 표현하려는 욕구

영국의 엘리자베스 여왕은 여러 개의 왕관을 가지고 있는데, 가장 저렴한 것도 무려 30만 달러나 한다고 합니다. 그런데 이 왕관의 실용적 기능(function)이 뭡니까? 머리가 흘러내리지 않도록 잡아주는 걸까요. 그런 기능 때문에 30만 달러나 지불했겠습니까. 물론 아니죠. 여왕은 왕관으로 자신의 '사회적 지위'를 표현하고 있습니다.

글쎄, 그건 왕실 얘기지 우리와는 상관없지 않느냐고 반문하는 분이 계실지 모릅니다. 그런데 잘 보면 우리 주변에도 이런 사례들이 널려 있습니다. 여러분, 넥타이를 왜 매세요? 다시 말해 넥타이의 실용적 기능이 뭡니까? 추워서 매는 것도 아니고, 나온 배를 가리기 위해서도 아니죠. 실상 넥타이 자체의 기능은 없는 거나 마찬가집니다. 다만 자신의 개성을 표현하고 사회적 지위를 드러내려는 비기능적 욕구가 있을 뿐이죠.

여기에 매우 중요한 마케팅 포인트가 있습니다. '기능적 필요'만 보면 수요와 가격에 한계가 생깁니다. 그런데 '비기능적 욕구'의 관점에서 보면 수요나 가격의 한계가 사라집니다. 경제학에서 말하는 '한계효용 체감의 법칙'이 더 이상 적용되지 않는 겁니다.

한계효용(marginal utility)이 뭡니까. 잘 아시다시피 재화를 소비할 때 그 재화의 최종단위에서 느끼는 만족감을 뜻합니다. 재화의 수량이 증가할수록 각 증가단위에서 얻어지는 효용은 점차 감소합니다. 가령 배고플 때 처음 먹는 빵 1개의 효용은 대단히 크지만, 2개째부터는 같은 빵이라도 효용이 줄어듭니다. 빵이 3개, 4개로 증가하면 그때마다 빵의 효용은 점점 감소하겠죠.

넥타이를 몇 개나 갖고 계십니까? 아마 적어도 10개 이상은 갖고 계실 겁니다. 그런데 새로운 넥타이를 선물받았습니다. 멋진 넥타이입니다. 그렇다면 과연 한계효용 체감의 법칙이 작용해 만족감이 떨어질까요? 아니죠. 새로 선물받은 넥타이가 멋지다면, 갖고 있는 넥타이 개수와 상관없이 만족감은 매우 클 겁니다. 이처럼 비기능적 욕구를 자극하면 수요의 제한이 없어집니다.

일찍이 경제학자 갤브레이스John K. Galbraith는 한계효용에 관한 법칙을 부정했습니다. 한계효용이 체감하는 것은 인간의 '물질적 필요'일 뿐, '심리적 욕망'에는 해당되지 않는다는 겁니다.

시계를 시간을 알려주는 기계로만 인식하는 사람은 이제 없습니다. 실용적 기능으로 보자면 한두 개의 손목시계로 족하겠지만, 많은 사람들이 다양한 디자인의 시계를 여러 개 가지고 있습니다. 그래서 수요가 포화상태에 이르렀다는 말은 더 이상 통하지 않습니다. 사람들은 새로운 디자인이나 모델의 휴대폰이 나오면 가격이 비싸도, 아직 고장나지 않았는데도 바꾸고 싶어 합니다. 인구수와 니즈를 중심으로 잠재수요를 예측하는 시대는 이미 지났습니다.

가격은 어떻습니까. 5,000원짜리 넥타이도 있지만, 5만 원짜리도 비싼 게 아닙니다. 10만 원, 20만 원짜리도 있고, 더 비싼 것도 있습니다. 넥타이 하나에 어떻게 그런 비싼 가격표를 붙일 수 있는 겁니까?

'기능적 니즈'만 생각하면 답이 안 나오죠. 그러나 '비기능적 원츠'가 있는 곳에서는 가격의 한계도 없어집니다. 원츠의 관점에서 보면 수요와 가격의 제한이 없어지기 때문에, 시장을 끝없이 넓혀갈 수 있는 블루오션이 여기에 존재하고 있습니다.

상하이나 홍콩, 두바이 등에서 사람들이 동경해 마지않는 휴대폰이 있습니다. 바로 '버르투Vertu'입니다. 기본옵션이라 할 수 있는 디카가 달린 것도 아니고, MP3가 내장되어 있지도 않습니다. 그런데 최고급 자재와 남들에게 과시하고 싶을 만큼 고급스러운 디자인이 눈길을 끕니다. 이 휴대폰의 가격이 얼마나 될까요? 한껏 비싸게 짐작해보세요.

미화로 3만 2,000달러부터 시작합니다. 아니, 누가 3,000만 원이 넘는 휴대폰을 들고 다니냐고요? 외제차 중에는 2~3억을 호가하는 차들도 많잖아요. 그런 차를 타고 다니는 사람이면 수천만 원짜리 휴대폰을 들고 다니지 못할 이유가 없겠죠? 이 사람이 손님들과 저녁식사 모임에 갑니다. 자리에 앉아서는 휴대폰을 주머니에 넣어두기가 불편하니 식탁 위에 꺼내놓습니다. 버르투 휴대폰을 식탁 위에 떡하니 올려놓으면, 노키아나 모토롤라를 갖고 있는 사람은 어떻겠습니까? 눈에 안 띄게 얼른 치워야지, 어찌 감히 식탁 위에 같이 올려놓겠습니까. 버르투 휴대폰은 자신의 부를 표현하고자 하는 욕구를 당당히 충족시키는 값으로 3만 2,000달러를 받을 수 있는 겁니다. 이처럼 비기능적 욕구를 자극하면 가격의 한계가 없어집니다. 수요의 한계도 사라집니다. 그래서 '원츠'가 중요합니다.

무제한 가격
디카도, MP3도 없는
이 휴대폰은 어떻게
3만 달러 이상을 받을 수
있을까요?

개성을 표현하려는 욕구

선글라스의 기능은 태양으로부터 눈을 보호하는 겁니다. 그런데 멋쟁이들은 볕이 없는 실내에서도 선글라스를 씁니다. 막상 햇빛 아래서는 선글라스를 머리 위에 쓰곤 합니다. 선글라스를 눈을 보호한다는 이유로만 쓰는 게 아니라는 거죠. 어쩌면 원래의 필요(니즈)보다 자기의 개성을 나타내기 위한 욕구(원츠)가 더 크게 작용하는 것 같습니다.

제가 작년 여름에 외국에 열흘 동안 출장을 다녀왔는데, 그새 아내가 선글라스를 2개나 샀더군요. 그것도 저의 도수 높은 안경보다 더 비싼 걸로요. 그래서 제가 점잖게 "여보, 저기 서랍 속에 당신 선글라스가 예닐곱 개도 더 되는 것 같던데, 선글라스를 또 산 거유?"라고 물었습니다. 그랬더니 유행이 바뀌어서 예전 것은 못 쓴답디다. 이처럼 욕구를 자극해주면 수요의 한계도, 가격의 한계도 없어집니다.

제목처럼
사람들은 왜 꼭 필요하지도 않은 물건을
사려 할까요, 그것도 비싼 값에?

미국 베스트셀러 중에 《Why People Buy Things They Don't Need》
라는 책이 있습니다. 우리말로 구태여 번역하자면, '사람들은 필요하지
도 않은 물건들, 말하자면 딱히 쓸모도 없는 물건들을 왜 살까'라는 의
미겠죠.

위의 책 표지에 나온 앤티크 의자는 사다놓아도 앉거나 쓰기에는 아
까운 물건입니다. 그저 오브제로 한구석에 모셔놓을 뿐이죠. 하지만 사
람들은 기능과 상관없이 일반 의자보다 더 높은 가격을 기꺼이 치릅니
다. 크리스털 물잔에 물을 마신다고 물의 성분이 좋아지는 것은 아니지
만, 비싼 크리스털 물잔을 사려 하는 것도 마찬가지입니다.

'꼭 필요하지도 않은 물건을 왜 비싼 값을 내고 살까?'라는 물음에 대
한 답을 한마디로 요약하자면 'Because they want'입니다. 필요하진

(need) 않지만, 왠지 마음이 원하니까(want) 사는 것이죠. 필요성만 따지자면 시장은 답답해 보이고 아이디어가 떠오르지 않습니다. 레드오션이죠. 그러나 욕구의 세계를 들여다보면, 거기에 블루오션이 존재합니다.

소속감을 느끼려는 욕구

'할리데이비슨'은 모든 남성들의 로망이라고 할 만큼 인기가 많은 모터사이클입니다. 요즘이야 할리데이비슨의 품질이 아주 많이 좋아졌습니다만, 한때는 하루 타면 일주일을 수리해야 한다는 우스갯소리를 할 만큼 고장이 잦았습니다. 고장나지 않는 신뢰성이 구매기준이라면, 혼다나 야마하 같은 일제 모터사이클을 택해야겠죠.

게다가 속도라도 낼라 치면 할리의 엔진소리는 대단히 커집니다. 혹시 길을 가다 할리의 커다란 엔진소리에 놀라신 적 없으신가요. 어쩌다 한번 들어도 놀랄 만큼 시끄러운데 타고 있는 사람은 오죽하겠습니까. 할리는 순항용이지 스피드를 즐기기 위한 모터사이클이 아닙니다. 고속의 스피드를 즐기려면, BMW나 두카티Ducati를 타야겠지요. 고장률이 제일 낮은 것도 아니고 스피드를 즐길 수 있는 것도 아니라면, 할리는 왜 그리 인기가 많은 걸까요?

할리를 타는 사람들은 어떤 심리적 소속감을 느끼는 것 같습니다. 서양 사람들이 문신을 할 때 가장 많이 쓰는 단어가 'Mom'입니다. 그리고 두 번째가 바로 '할리데이비슨'이랍니다. 브랜드에 대한 소속감이 얼마나 강하면 로고를 문신으로 새겨 평생 몸에 남기겠습니까? 소니나 나이키도 인기가 좋은 브랜드지만, 브랜드 로고를 문신까지 하는 사람은 거

평생 남는 문신
어떻게 하면 소비자가 우리 브랜드를 문신으로 새길 만큼 좋아하게 만들까요?

의 없을 겁니다.

몇 해 전 일입니다. 저희 둘째아들이 고등학교에 다닐 때인데 하루는 제게 와서 농구화를 사러 가자는 겁니다. 신발 사는 데 혼자 가지 왜 아빠더러 같이 가자느냐고 했더니, 굳이 그럴 이유가 있다는 겁니다. 할 수 없이 따라갔는데, 이 녀석이 저를 데리고 간 이유를 매장에 가서야 알았습니다. 사고 싶어 하는 농구화가 나이키인데 24만 원이나 하더군요.

"이 녀석아, 이건 아빠 구두보다도 비싼걸⋯." 하며 옆 가게에 있는 신발을 보았더니, 제 눈에는 디자인이나 쿠션이 더 좋아 보이던데 8만 원이더군요. 제가 아들을 구슬리려고 "이 신발을 사렴. 그럼 아빠가 청바지도 하나 사줄게."라고 권했는데, 결국은 아들의 고집을 못 꺾고 24만 원짜리 나이키를 사주고 말았습니다.

제 아들녀석은 왜 그렇게 비싼 나이키가 필요했을까요? 그걸 신으면 점프가 더 잘되나요, 아니면 슛이 더 정확해지나요? 그런 기능과는 아무 상관없습니다. 다만, 농구코트에 들어섰을 때 다른 친구들처럼 나이키를 신어야 주눅들지 않기 때문이겠죠. 브랜드는 그것을 사용하는 사람에게 소속감을 느끼게 해줍니다. 할리데이비슨처럼 동호회를 구성하지 않더라도, 좋은 브랜드를 쓰는 이들의 마음에는 암묵적으로 소속감이 생겨납니다.

요즘 중고생들은 노스페이스라는 브랜드를 안 입으면 소외감을 느낀다고 하죠. 현대백화점에서 VIP 고객들에게만 발급하는 자스민 클럽 멤버십은 일종의 자부심을 갖게 함으로써 소속감을 심어줍니다. 이처럼 브랜드가 소속감을 창출한다면, 그 브랜드는 역할을 제대로 하고 있는 겁니다.

할리데이비슨의 웹사이트에 가보니 "At Harley Davidson, the purchase of motorcycle is the beginning of the relationship, not the end."라고 쓰여 있더군요. "할리데이비슨을 구입한다는 건 관계의 시작에 불과합니다. 끝이 아니고요."라는 말이죠. 그렇습니다. 브랜드를 통해 관계를 맺고 소속감을 계속 갖도록 해주는 것이 브랜딩의 핵심입니다. H.O.G.(Harley Owners Group)라 불리는 이들의 동호회는 구매 후 서로를 묶어주는 중요한 역할을 하지요.

직접 모이지 않더라도 '유저들의 모임' 등 웹사이트도 큰 역할을 합니다. 웹사이트에서는 단순한 기능적 정보가 아니라 '감정이 담겨진 정보'들이 오가기 때문에, 그 영향력이 대단합니다.

"제가 이 까만 휴대폰을 들고 나갔더니, 친구들이 얼마나 부러워하던지 기분이 정말 짱이었어요.", "처음 사서는 넘 예뻐서 밤새 들여다보았어요. 보면 볼수록 은색 재질이 넘넘 예뻐요."처럼 긍정적 감정이 깔린 정보가 있는가 하면, "서비스를 받으러 갔는데, 살 때와 달리 얼마나 불친절하던지 기분 나빠 혼났어요. 저는 이 브랜드 사지 말라고 도시락 싸들고 다니면서 말릴 거예요."라는 식의 부정적 감정이 실린 정보도 있지요.

어쨌든 유저들의 사용후기는 '감정이 실린 정보'라는 의미에서 '이모메이션(emomation: emotion + information)'이라 일컫습니다. 사실적인 정보를 넘어 제품을 개인적으로 체험하는 동안 느낀 긍정적 또는 부정적 감정을 담은 스토리이고, 인터넷을 통해 급속히 전파되기에 파급효과가 폭발적이죠. 이런 정보를 전하는 사람들을 단순한 '의견 선도자(opinion leader)'가 아니라 파급효과가 시작되는 진원지라는 의미에서 '알파 소비자(alpha consumer)'라고 부릅니다. 알파와 오메가(시작에서 끝까지)라는 표현에서 착상된 이 용어는 미국 남가주대학(USC)의 박충환 교수가 만든 이후 널리 쓰이고 있습니다.

자기만족의 욕구

어떤 집에 가면 간혹 거실이나 서재에서 가죽장정으로 된 백과사전이 한 벽면을 장식하고 있는 걸 본 적이 있으실 겁니다. 그런 백과사전 한 질이 얼마나 하는지 아십니까? 대략 150~200만 원쯤 합니다. 그런데 그렇게 비싼 책을 사고 나면, 과연 다음 날부터 일찍 귀가해서 "어제 'ㄹ'까지 봤으니까 오늘은 'ㅁ'부터 봐야지." 이럽니까?

제가 백과사전을 오랫동안 판매한 사람에게 직접 들은 얘긴데요, 백과사전을 배달하면 대부분 두어 개의 단어를 찾아본답니다. 우선 첫 권을 들고 'ㄱ'에서 '거북선'을 찾는답니다. 거기에 거북선 사진이 있고 이순신 장군 얘기가 나오면, 우선 1차 합격이랍니다. 그러고는 중간 'ㅅ'쯤 가서 '세종대왕'을 찾습니다. 이번에도 세종대왕의 어진이 있고 훈민정음 어쩌고 설명이 있으면 최종합격. 그리고 사전들을 책장에 모두 꽂고 나면, 그 순간이 백과사전과 평생의 마지막 터치랍니다. 그 후론 먼지나 털지 다시 볼 일이 없다는 거죠. 그런데 왜 150~200만 원이나 들여서 사는 걸까요?

서재에 꽂아두기만 해도 느껴지는, 뭔가 뿌듯한 자기만족 때문입니다. 손님이라도 오면 자신의 교양수준을 과시하고 싶은 마음도 있겠죠. 여러분이 고객의 자기만족적인 심리를 잘 파고든다면, 거기에 시장기회가 존재할 겁니다.

일본에 나카무라 우사기라는 젊은 여성이 있는데요. 명품을 워낙 좋아해서 식사를 대충 때울지라도, 돈을 모아 뭐든 명품 사는 재미를 들였답니다. 그 여성은 이에 그치지 않고 《나는 명품이 좋다》라는 책을 썼습니다. 여러분도 명품을 사는 사람의 마음을 이해하고 싶다면 읽어보세요. 그 책의 일부분을 소개해볼까 합니다.

어깨끈이 부착된 검은 케이스는 언뜻 보아 우산 케이스인지 몰랐는데, 점원이 샤넬 마크의 걸쇠를 열자, 안에서 검은색의 심플한 접는 우산이 나타났다. 그런데 상냥하게 우산을 펼쳐보인 점원이 한 말을 듣고 나는 귀를 의심했다.

"손님, 이 우산은 비가 많이 올 때에는 사용하지 말아주세요."

"네? 우산인데, 비가 올 때 사용하지 말라고요?"

"비가 약간 내릴 때는 괜찮지만, 명품 우산은 컬러를 보호하기 위해 일반 우산 같은 방수처리가 되어 있지 않기 때문에, 비가 많이 내릴 때는 샐 염려가 있습니다."

비가 많이 오면 새는 우산 같은 것이 과연 상품 가치가 있을까?

물론 있다. 왜냐, 천하의 샤넬이니까. 비가 새건, 우산살이 꺾어지건, 다른 우산을 넣고 다니건 간에, 샤넬 마크가 붙은 가죽 케이스를 어깨에 메고 있는 것만으로도 "나, 우산까지 샤넬을 써요. 오호호!" 하고 소리 내어 웃으며 걷는 여왕님에게 시선이 집중될 것이기 때문이다.

자신을 여왕처럼 느끼는 이 여성의 심리가 이해되십니까? 그런데 따지고 보면, 누구라도 나를 여왕처럼, 공주처럼, 왕자처럼 받들어주고 위해주는데 싫어할 사람이 있을까요? 그런 마음을 노골적으로 드러내는 사람들을 공주병이나 왕자병이라고 놀려대지만, 누구나 그렇게 인정받고 대접받으려는 마음을 품고 있을 겁니다. 그런 심리를 잘 맞출 수만 있다면, 원하는 이성도 얻을 수 있고, 고객의 마음도 사로잡을 수 있겠죠.

다음 사진은 명품시계 IWC입니다. 이 시계를 잘 보면 수심 2,000m에서도 방수가 된다고 쓰여 있습니다. 혹시 천안함 사건 때 우리 해병대가 날씨 때문에 수중 50m 깊이를 빨리 못 들어가서 국민의 질타를 받았던 것 기억하십니까? 이 시계를 차고 바다 속 2,000m까지 들어갈 일은 결코 없습니다. 그 깊이까지 가면 인간은 죽어요. 그런데 이 시계는 필요도 없는 2,000m 방수기능 때문에 꽤 비쌉니다. 왜 쓸데없는 기능 때문에 값을 더 치릅니까? 그냥 기분이 좋아서죠. 자기만족의 욕구입니다.

고성능 고가격
2,000m 방수기능이 있는 시계를 사는 사람은
대체 누구일까요?

기쁨을 주고 싶은 욕구

소위 명품 볼펜들은 값이 꽤 비싸더군요. 웬만한 건 30만 원, 금도금
은 50만 원이나 하더라고요. 몽블랑은 더 비싸죠. 볼펜 한 자루에 70만
원이 넘습니다.

저는 몽블랑 만년필은 하나 갖고 있었는데, 볼펜은 없었습니다. 작년
스승의 날에 중국에 근무했던 제자가 귀국하면서 한 자루 사다주기에
너무 뿌듯해하며 쓰기 시작했죠. 그런데 보름도 쓰지 않았는데 볼펜 똥
이 나오는 겁니다. 저는 그때까지 몽블랑 같은 고급볼펜에서는 똥이 안
나오는 줄 알았거든요. 그래서 이게 짝퉁인가 싶었는데, 마침 백화점에
갈 일이 있어 매장에 들러 물어봤습니다.

"저, 이거 중국에서 산 거라며 선물받았는데 볼펜에서 똥이 나오거든요. 혹시 짝퉁인지 봐주시겠어요?" 그랬더니 점원이 별 사람 다 본다는 식으로 저를 아래위로 쳐다보더니 퉁명스럽게 "진품도 똥 나와요." 그러는 겁니다.

똥이 나오는 볼펜. 사람들은 그걸 왜 70만 원씩 주고 사는 걸까요. 뒤집어 생각해보죠. 똥이 나오는 볼펜을 어떻게 하면 70만 원이나 받고 팔 수 있을까요?

고가의 몽블랑 볼펜을 자기가 쓸 생각으로 사는 사람은 별로 없습니다. 대부분 선물용으로 사는 거죠. 남에게 선물함으로써, 즉 남을 기쁘게 함으로써 느끼는 즐거움을 만끽하려는 욕구…. 그건 기능이나 니즈의 문제가 아닙니다.

원츠를 자극하는 것이 꼭 비싼 명품에만 해당되는 건 아닙니다. 청심환 아시죠? 우황이나 산약 등 여러 한약재로 만든 환약으로 중풍이나 뇌졸중 등에 쓰는 위급약입니다. 어쩌다 한 번씩 먹는 약인데, 일 년 중 몇 월에 가장 '니즈'가 높을까요? 아주 추운 12월보다 추워지기 시작하는 11월에 그 수요가 많은 모양입니다만, 그러면 언제 가장 적게 팔리겠습니까? 아주 더운 8월 같은 때는 일사병 등으로 오히려 수요가 좀 있고요, 날이 따뜻해지는 5월에 수요가 가장 떨어집니다. 그러니 5월에 매출이 가장 적겠죠? 헌데 그렇지 않습니다. 월별로 따지면 5월에 매출이 가장 많답니다. 왜 그럴까요?

11월에 할아버지가 쓰러지시면, 손주가 약국에 뛰어가 기껏해야 한두 알 사옵니다. 그러나 당장 쓰일 일은 적지만, 5월에는 어버이날이나 스승의 날 선물로 사기 때문에 10개 묶음으로 포장된 걸 사갑니다. 기능만 생각하며 판매하려고 했을 땐 보이지 않던 시장이 생겨나는 겁니다.

다이아몬드도 마찬가지입니다. 사실 다이아몬드는 유럽의 일부 귀족들이 찾았을 뿐, 일반인 시장에서 그리 매력적인 상품은 아니었습니다. 더구나 2차대전 이후 유럽에서도 수요가 급격히 감소했습니다. 실용적인 미국인들에게는 더더욱 인기가 없었죠. 게다가 천연 다이아몬드와 인조가 쉽게 구별되는 것도 아니고, 전문가가 돋보기로 들여다보아야 겨우 구별할 정도니까 비싼 천연 다이아몬드의 수요는 날로 감소하기 시작했습니다.

이때 이 시장의 리더인 드비어스De Beers가 "다이아몬드는 영원합니다(A diamond is forever)."라는 환상적인 슬로건과 함께, 변치 않는 평생의 약속을 기리는 약혼반지로 다이아몬드를 판매하기 시작합니다. 실용성을 떠나 제품에 의미를 부여해 폭발적인 수요를 창출한 겁니다.

이처럼 니즈에 국한되지 않고 원츠를 보면 새로운 시장이 보입니다. 이제 마케팅은 욕구를 자극할 아이디어를 찾는 아이디어 게임이라 볼 수 있습니다. 〈러브 액추얼리〉라는 영화를 보면, 주인공이 관심 있는 여성에게 크리스마스 선물로 무엇을 받고 싶은지 묻습니다. 그러자 그 여성이 이렇게 말합니다.

"필요한 것보다 제가 원하는 것으로 주세요."

'니즈'가 아니라 '원츠'가 이 시대의 가치임을 대변해주는 말이 아닐까요.

9장

머리가 아닌
마음에 호소하라

EMOTIONAL MARKETING

감성 마케팅이란 말을 자주 들어보셨을 겁니다. 그런데 '감성 마케팅'
이라 하면, 어떤 것들이 떠오르세요? 사람들마다 서로 다른 의미를 섞
어 쓰는 경우가 많은데요, 적어도 다음 네 가지를 일컬어 감성 마케팅이
라고 합니다.

> 감정(affect) 마케팅 : 대상물에 대한 고객 머릿속의 정보를 관리함으로
> 써 대상물에 대한 좋고 싫음을 조절하려는 마케팅
>
> 공감(empathy) 마케팅 : 고객의 마음상태를 읽어줌으로써 고객과 교감
> 을 이루는 마케팅
>
> 감각(sense) 마케팅 : 오감의 자극을 통해 제품평가를 긍정적으로 이끌
> 어내려는, 일종의 심미적 마케팅
>
> 정서(mood) 마케팅 : 감정을 불러일으키는 기분이나 분위기를 우호적
> 으로 활용하려는 마케팅

감성 마케팅을 말할 때 위의 네 가지 개념을 혼재해 쓰는 경우를 흔히
봅니다. 그러나 그 내용을 분명히 구별할 필요가 있습니다. 우선 감정
(affect)은 전통적인 소비자 행동론 연구에서 다루는 분야인데, 감정을
이성적으로 파악하며 이해해보려는 것을 의미합니다. 즉 브랜드에 대한
태도(attitude toward brands)를 분석적으로 연구하는 것인데요. 여기에

대해서는 제가 저술한《소비자 심리의 이해》를 비롯해 좋은 책이 많으므로 이 책에서 별도로 다루지는 않겠습니다.

고객과의 교감을 이루는 방식에 관한 공감 마케팅은 10장에서, 감각을 다루는 심미적 마케팅은 11장에서 다룰 예정입니다. 이번 장에서는 정서적情緒的 감정을 어떻게 마케팅에 활용할 것인지를 설명하고자 합니다.

행동을 유발하는 것은 머리가 아니라 가슴이다

여러분은 '아이스크림' 하면 뭐가 떠오르십니까? 달다, 시원하다, 부드럽다… 등등 머릿속에 떠오른 생각(thinking)들을 종합하면, "나는 아이스크림이 좋아." 혹은 "난 아이스크림이 싫어."처럼 마음속 감정(feeling)으로 집약될 겁니다.

1980년대 마케팅 연구는 소비자 정보처리적 관점(CIP : consumer information processing)이 주를 이루었습니다. 즉 소비자 머리(head) 속의 제품속성에 대한 생각이나 중요도를 바꿔주면, 결과적으로 마음(heart) 속의 감정, 일명 소비자 태도(attitude)도 바뀐다고 생각한 것이죠. 그래서 광고나 마케팅 전략을 수립할 때 우리 제품이 더 달다, 더 시원하다, 더 부드럽다고 설득하면 사람들이 제품에 호감을 가질 거라 믿었습니다.

물론 머리의 생각들이 마음의 감정에 영향을 주는 건 맞습니다. 그런데 인과관계가 뚜렷하지 않은 경우도 많죠. 사람들은 1990년대부터 우리의 궁극적 관심인 구매행동(doing)을 유발하는 것이 생각(thinking)보다는 감정(feeling)임을 깨닫기 시작합니다.

이 진리는 이미 수천 년 전에 아리스토텔레스가 플라톤에게 한 말에도 나와 있습니다.

"마음에 호소하는 것은 머리에 호소하는 것보다 강하다. 머리에 호소하면 사람들이 고개를 끄덕이게 할 수 있지만, 마음에 호소하면 사람들을 지금 당장 움직이게 만든다."

이는 고객의 머리에 읊조리는 것보다 마음에 직접 다가가는 것이 훨씬 중요함을 말해줍니다. 감정 요소가 부각되면서 설득의 초점은 소비자 머리에서 마음으로 옮겨가고 있습니다. 어떤 제품을 좋아해야 할 이유를 찾아주는 것은 머리지만, 정작 구매할 이유를 찾아주는 것은 마음이기 때문이죠.

머리(HEAD)에서 마음(HEART)으로

머리는 좋아해야(PREFER) 할 이유를 찾아주고
마음은 구매해야(PURCHASE) 할 이유를 찾아준다

제게는 서른두 살 난 여조카가 있습니다. 인물도 제법 괜찮고 광고대행사 차장이니까 진급도 빠른 편입니다. 그런데 아직 시집을 안 간 거예요. 제가 정초에 만나서 "너 독신주의자냐, 너무 늦지 않게 시집가야지." 그랬더니 "저도 가고 싶은데요, 남자가 있어야죠." 그러더라고요.

제가 "광고대행사에 멋진 남자 많지 않아?" 그랬더니 "삼촌, 괜찮은 남자는 다 일찍 간택되고 남은 사람이 없네요." 하더군요. 그래서 제가 컨설팅 회사에 다니는 건실한 남성과 소개팅이라는 걸 주선했는데, 연락처를 주니 자기들끼리 알아서 만나더라고요. 그리고 한 열흘 후 전화통화가 되었습니다.

"만나봤니?", "네."

"어떻디? 그만하면 인물이 괜찮지?", "네…."

"학벌도 좋고….", "네…."

"직장도 그만하면 안정됐고, 집도 여유 있는 편이라 유학도 보내려 한다더라. 너도 같이 가서 공부하고 오면 좋잖아?", "…."

"어휴, 얘가 왜 대답이 없어? 이번에는 딴 생각 말고 정해." 그랬더니, 좀 머뭇거리다가 "삼촌, 그 사람 조건은 다 좋은데요…. 뭔가 끌리질 않아요." 그러는 겁니다.

인지심리학 이론에 의하면, 머릿속 생각이 긍정적이면 그 종합편인 감정도 긍정적이어야 하는데, 사실 많은 경우 마음이 반드시 머리를 따라가는 건 아니죠. 1927년 독일에서 만든 표현주의 흑백영화인 〈메트로폴리스Metropolis〉는 목소리조차 나오지 않는 무성영화지만, 기업경영에 시사하는 바가 대단히 큽니다. 이 영화의 도입부에 흐르는 자막이 바로 "마음이 머리와 손의 중재자가 되어야 한다(The mediator between head and hands must be the heart)."입니다. 사람의 행동은 머리에 의해 직접 조정되는 것이 아니라 마음이 중재해야 한다는 것이죠. 결국 마음을 움직이지 않고는 행동으로 옮기게 할 수 없다는 말입니다.

어떻게 소비자에게 다가갈 것인가

따라서 소비자의 머리를 향해 커뮤니케이션할 것이 아니라 마음을 직접 겨냥해야 더 효과적일 때가 많습니다. 그렇다고 제품이 나오자마자 처음부터 마음을 겨냥해서는 안 됩니다. 우선, 소비자에게 전달할 메시지가 단계별로 어떻게 달라지는지 표 2-1을 보면서 설명드리겠습니다.

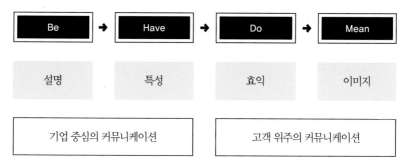

표 2-1 **커뮤니케이션의 4단계**

Be	→	Have	→	Do	→	Mean
설명		특성		효익		이미지

기업 중심의 커뮤니케이션	고객 위주의 커뮤니케이션

1단계 커뮤니케이션에서는 "이 브랜드가 도대체 무엇인가(be)"를 설명합니다. '2080'이 치약이라고 말해주는 것이 그 한 예입니다(2080 *is* toothpaste). 특히 소비자들에게 아직 생소한 제품인 경우, 이 단계에서는 제품의 성격을 알리고 묘사(description)하는 것이 주된 목적이 됩니다.

브랜드가 소비자에게 입력되면, 2단계에서 커뮤니케이션은 "이 브랜드가 어떠한 남다른 속성(features)을 가지고 있느냐(have)"를 강조점으로 삼습니다. 이 치약에는 불소가 함유되어 있다든지, 이 자동차에는 DOHC 엔진이 장착되어 있다는 식으로 다른 브랜드가 갖지 못한 차별화 요소를 강조하는 것입니다.

Be의 단계든 Have의 단계든 1~2단계는 기업 중심의 주장으로, 제품 자체의 성격이나 특징을 보여줍니다. 그런데 3단계부터는 고객을 의식하는 주장을 펴게 됩니다. "치약에 불소가 함유되어 있어서, 혹은 이 자동차에 DOHC 엔진이 장착되어 있어서 어떻다는 것이냐(so what)?", 즉 고객의 입장에서 무엇이 좋다는 것인지 설명해줄 필요가 있습니다. 그러한 특징이 고객에게 어떤 효익(또는 편익, benefit)을 주는지 설명하는 겁니다.

그러므로 3단계에서는 제품의 물리화학적 특징이 아니라 "이 제품이 무엇을 해줄 수 있느냐(do)"가 커뮤니케이션의 초점이 되지요. 치약을 사는 사람이 화학물질의 혼합체를 사는 것이라 생각해서는 안 됩니다. 그들은 충치예방, 하얀 치아 또는 입냄새 제거와 같은 효익을 사는 것이겠죠.

F&B(features and benefit, 속성과 효익)가 소비자에게 흡수되면 4단계의 커뮤니케이션은 "이 물건이 무엇을 의미하나(mean)"라는 이미지에 초점을 맞추게 됩니다. 제품을 판다는 것은, 제품의 실용성뿐 아니라 그 의미를 파는 것입니다. 소비자를 더 이상 1원의 가격변동에 마음을 바꾸는 경제적 인간(economic man)으로만 봐서는 안 됩니다. 소비자들은 제품을 가지고 무엇을 할 수 있는가 외에 제품이 무엇을 의미하는지를 보며 제품을 구매합니다. 다음은 제품에 의미를 부여해 소비자들의 마음을 사로잡은 대표적인 사례들입니다.

미풍 대 미원 | 혹시 미원을 넣은 설렁탕과 미풍을 넣은 설렁탕을 구별할 수 있는 사람이 있을까요? 아무도 없습니다. 조미료를 만드는 회사의 담당자도 구별 못합니다. 그런데도 사람들은 미원을 9대 1의 비율로 더 많이 집어갔습니다. 막강한 자원을 가진 제일제당은 미풍으로 미원을 꺾으려고 갖은 노력을 다했습니다. 핵산 조미료라는 신기술로 아이미라는 브랜드도 만들어보고, 광고도 엄청나게 해보았지만, 시장의 판세를 뒤집지는 못했죠.

제일제당이 이번에는 천연조미료임을 내세우며 '다시다'를 시장에 내놓자 경쟁사에서 금세 '맛나'라는 천연조미료로 맞받아치고 나왔습니다. 하지만 제일제당이 그 오랜 세월 동안 배운 게 있었습니다. 마케팅이 결코 품질이나 기술만의 전쟁이 아니라는 거죠. 제일제당은 다시다가 무언가 다르다는 걸 강조하기보다 브랜드에 의미를 심었습니다. '고향의 맛'이라는 정서적 의미를 붙인 겁니다.

다시다 광고에는 〈전원일기〉로 친근한 탤런트 '김혜자'가 나왔습니다. 고향이라고 하면 언제든 따스하고 편안한 느낌이 들잖아요. 제일제당은 드디어 '고향의 맛'으로 미원과 맛나를 꺾었습니다. 소비자의 머리에 얘기한 게 아니라 마음에 직접 호소해 그들을 움직인 것이죠.

오리온 초코파이 | 오리온 초코파이는 모르는 사람이 없을 만큼 유명한 마케팅 사례입니다. 초코파이는 1974년에 출시되어 인기가 좋았지만, 점차 경쟁상품도 많아지고 제품수명주기를 다하면서 15년쯤 지난 1989년에는 매대에 올려놔도 집어가는 사람이 없었습니다. 도무지 회생 가능성이 보이지 않고 매대만 차지하고 있으니 1989년에는 시장에서 철수시키자는 의견까지 나왔습니다.

그런데 이때 시장을 다른 각도에서 바라보게 됩니다. 여태까지 초코파이는 낱개로 사가던 제품인데, 이를 박스로 사게끔 유도한 겁니다. 초코파이 한 박스를 사면 혼자 먹기엔 양이 많지요. 그래서 이를 나누어 먹도록 유도한 광고가 '정情 시리즈'입니다. 그 결과 어떻게 됐습니까.

오늘날 초코파이는 국내뿐 아니라 러시아, 중국은 물론 중동이나 남미까지 전 세계적으로 판매됩니다. 60년 가까운 역사를 자랑하는 맥도날드가 세계에 월 1억 7,000만 개의 햄버거를 파는데, 오리온은 월 1억 4,000만 개의 초코파이를 판다는 거 아닙니까. 어마어마한 기록입니다.

이 사례를 모르는 사람은 없습니다. 그런데 누구나 다 아는 초코파이 사례가 우리에게 던져주는 교훈이 뭡니까? 다 죽어가던 제품인데 어떻게 이런 기적같은 일을 만든 거지요? 1989년에 초코파이의 맛을 바꿨습니까, 크기를 바꿨습니까, 아니면 당도를 바꿨습니까?

바꾼 건 아무것도 없습니다. 다만 브랜드에 '정'이라는 새로운 '의미'를 부여해 대반전을 이끌어냈을 뿐입니다. 아무것도 바뀐 게 없는데, 정서적 의미를 부여함으로써 다 죽어가는 제품을 살려낸 것이죠.

경동보일러 | 이와 마찬가지로 조금 오래된 광고지만, 많은 것을 시사하는 광고가 있습니다. '경동보일러' 광고인데요, 한겨울인데 할아버지가 밭일을 끝내고 소를 몰고 대문에 들어섭니다. 소도 연기를 잘하죠. "음매~" 하면서 따라 들어옵니다. 할아버지는 방에 들어가시고 할머니가 저녁준비를 하려고 우물가에 갔더니 우물이 얼었습니다. 그래서 칼등으로 얼음을 막 깨십니다. 그 사이 방에 들어가셨던 할아버지가 나오면서 "방이 왜 이렇게 썰렁해?" 하십니다. 이제 두 분은 식사를 하시고는 담요를 덮고 앉아 두런두런 이야기를 나누죠. 할아버지는 당신 방이 차갑다는 말씀은 안 하시고, 서울에 가 있는 아들 가족을 걱정하며 "서울에 있는 애들, 잘 있나 모르겠구먼." 그러십니다. 그때 자막과 더불어 며느리 목소리가 나옵니다. "여보, 아버님 댁에 보일러 놔드려야겠어요."

아니, 이 얄미운 며느리가 4년째 말로만 보일러 놔드려야겠다고 하는 겁니다. 사람들이 장난삼아, "이제 그만 보일러 좀 놔드리지." 하면서 이 광고를 즐겼습니다. 이 광고는 당시 비보조인지 조사(힌트 없이 기억나는 광고 나열하기)에서 항상 5위 안에 들었습니다. 광고가 나간 후에는 3년 동안 안고 있던 재고까지 전부 판매되었다고 합니다.

세상에, '경동보일러'라니 브랜드명도 좀 촌스러웠지요? (이제는 '나비

엔'이라고 합니다). 그런데 만약 경동보일러가 좋은 초크 시스템이니 동관을 쓰느니 하는 특성만 강조했더라면, 그렇게 기억하기 쉬웠을까요? '머리'에 이야기하는 것이 아니라, 효심이란 주제로 '마음'에 호소하니까 '머리'에 더 잘 남게 된 겁니다.

여덟 가지 정情에 호소하다

이처럼 정서에 호소하는 마케팅은 정이 많은 한국 사람들에게 특히 더 효과를 발휘합니다. 그런데 여기서 '정서'란 개념은 뭘까요. 대체 브랜딩에 정서를 어떻게 활용할 수 있을까요?

서양의 사고체계를 보면 이성적 질서를 토대로 분석적으로 접근하기 때문에, 감정에 대한 이해나 연구가 동양사상에 뒤처진다는 생각이 들곤 합니다. 서양심리학에서도 감정의 표현들을 체계적으로 정리해보고자 했으나, 인지적이고 분석적인 접근방법으로는 누구나 수긍하는 감정체계를 완성하기가 힘든 것 같습니다. 반면 유학이나 성리학, 혹은 불교철학 등을 바라보면 동양사상의 심오한 통찰력에 놀라게 됩니다. 오리온 제과의 이용찬 부사장이 동양적 정서에 일찍이 관심을 갖고 많은 연구를 해왔습니다. 바로 초코파이에 '정情'이란 컨셉을 붙여준 분인데요, 제가 그분의 생각을 쫓아 정서 마케팅의 이론적 틀을 만들어가고 있습니다.

사단칠정론四端七情論이란 말을 들어보셨을 겁니다. 사단四端은 《맹자孟子》의 〈공손추장구公孫丑章句〉 상편에 나오는 말로 인간의 본성에서 우러나오는 마음씨인 도덕심을 말합니다. 측은지심惻隱之心, 수오지심羞惡之心, 사양지심辭讓之心, 시비지심是非之心, 이 네 가지가 곧 그러한 실천도덕의 실마리라는 뜻입니다. 그리고 칠정七情은 《예기禮記》의 〈예운〉편에 나오는 말로, 인간이 다른 사람이나 사물을 접하면서 표현하는 자연적인 감정을 말합니다. 즉, 희·노·애·구·애·오·욕(喜怒哀懼愛惡欲)의 일곱 가지는 사람이 구태여 배우지 않아도 자연적으로 품게 되는 감정이라는 것이죠. 흔히 많이 쓰는 감정체계인 '희로애락喜怒哀樂'이 있으므로, 저는 칠정七情에 '락樂'을 더해 팔정八情의 체계로 만들어보았습니다.

팔정八情의 사전적 의미 | 우선 여덟 가지 감정 각각의 사전적 의미를 간략히 살펴보겠습니다.

① 희 (喜, pleasure, joy, delight)

· 기쁠, 좋을 희: 희보 (喜報, 기쁜 소식), 희비 (喜悲, 기쁨과 슬픔)

· 즐거워할 희: 희색 (喜色, 기뻐하는 얼굴빛)

② 노 (怒, anger, fury, wrath, rage)

· 성낼 노: 노기 (怒氣, 노여운 기세)

· 세찰 노: 노도 (怒濤, 무서운 기세로 몰려오는 큰 파도)

③ 애 (哀, sorrow, sadness, grief)

· 슬플 애: 애도 (哀悼, 사람의 죽음을 슬퍼함)

· 가엾이 여길 애: 애걸 (哀乞, 애처롭게 사정하여 빎)

④ 구 (懼, fear, anxiety)

· 두려워할 구, 겁낼 구: 송구 (悚懼, 마음에 두렵고 미안함)

⑤ 애 (愛, love, affection, passion)

· 사랑할 애: 애호 (愛好, 사랑하고 즐김)

· 즐길 애: 애독 (愛讀, 책이나 신문을 즐겨 읽음)

· 아낄 애: 애석 (愛惜, 사랑하고 아낌)

⑥ 오 (惡, hatred, hate, loathing)

· 미워할, 싫어할 오: 증오 (憎惡, 싫게 여김)

· 악할, 나쁠 악: 악평 (惡評, 나쁜 평판)

· 더러울, 추할 악: 추악 (醜惡, 보기에 흉하고 추함)

⑦ 욕 (欲, desire, ambition, craving)

· 하고자 할, 바랄 욕: 욕구 (欲求, 바라고 구함)

· 욕심 욕: 욕(慾: 우리나라에서는 욕심의 뜻으로만 씀)의 본자本字.

　　　　　　욕정 (欲情, 충동적으로 일어나는 욕심)

⑧ 락 (樂, delight, happiness, gladness)

· 즐길 락: 오락 (娛樂, 여러 가지 방법으로 기분을 즐겁게 하는 일)

· 풍류 악: 악장 (樂章, 소나타 교향곡 등에서의 소곡小曲)

· 좋아할 요: 요산요수 (樂山樂水, 산수山水를 좋아함)

팔정간의 관계 | 표 2-2는 팔정을 긍정적 감정과 부정적 감정으로 나
뉘본 것입니다.

표 2-2 **팔정의 내용과 분류**

동기요인(MOTIVATOR)	예방요인(PREVENTER)
喜(기쁨)	怒 (노여움)
樂(즐거움)	哀(슬픔)
愛(사랑)	惡(미움)
欲(욕망)	懼(두려움)

기쁨, 즐거움, 사랑, 욕망은 긍정적인 감정입니다. 소비자에게 만족을 주고 구매동기를 유발하는 요인이기에 동기요인(motivator), 강화요인(fortifier) 또는 행복요인(happiness factor)이라 이름 붙여봅니다.

노여움, 슬픔, 미움, 두려움은 부정적 감정입니다. 제품 및 서비스의 사용과정에서 이 감정이 관리되지 않으면 소비자의 불만족을 초래합니다. 하지만 아무리 관리를 잘해도 구매동기를 직접 유발하지는 못합니다. 다만 이를 예방하는 과정에서 새로운 마케팅 기회가 생겨나기에 예방요인(preventer), 불만요인(dissatisfier) 또는 위생요인(hygiene factor)이라 이름 붙여봅니다.

팔정의 체계 │ 감정이란 뭐라 정의하기가 무척 어렵기 때문에 극히 제한적으로 의미를 규정해야 합니다. 가령 '사랑'이란 개념만 해도 의미가 매우 광범위하기에, 개념간의 구분을 위해 제한적 의미로 좁혀 표 2-3과 같이 정의해보았습니다.

표 2-3 **팔정八情의 체계**

감정 발생의 원천 \ 원인의 설명 가능성	인지적 감정	정서적 감정
관계적 감정	喜 - 怒 기쁨 - 노여움	愛 - 惡 사랑 - 미움
자발적 감정	樂 - 哀 즐거움 - 슬픔	欲 - 懼 욕망 - 두려움

먼저 원인의 설명 가능성(accountability)에 따라 인지적 감정과 정서적 감정, 두 가지로 나누어볼 수 있습니다. 인지적 감정(cognitive emotion)이란 감정발생의 원인이 비교적 명확한 것을 의미합니다. 손주에게 선물을 받아 기쁘다든지(喜), 구매한 지 얼마 안 된 제품이 고장나서 화가 난다든지(怒), 재미있는 공연을 봐서 즐겁다든지(樂), 가까운 사람이 죽어서 슬프다든지(哀) 하는 경우처럼 감정이 왜 발생했는지 설명이 가능합니다. 원인이 비교적 분명하므로, 원인이 사라지면 감정도 사라집니다.

반면 정서적 감정(affective emotion)이란 감정이 발생한 원인을 설명하기 어려운 경우입니다. 왠지 이유는 모르겠지만 이성에게 괜히 끌린다든지(愛), 어떤 사람이 주는 것 없이 밉다든지(惡), 식욕이나 성욕처럼 생각 없이 본능적으로 떠오르는 경우(欲), 계단을 두 칸만 올라가도 괜히 무서운 고소공포증 같은 두려움(懼)의 경우는 이성적인 이유가 불분명합니다.

다음으로는 감정발생의 원천에 따라 관계적 감정과 자발적 감정으로 나누어볼 수 있습니다. 관계적 감정(relational emotion)이란 사람 또는 사건과의 관계에서 발생하는 감정입니다. 기쁨(喜)이나 노여움(怒), 사랑(愛)이나 미움(惡)은 전부 대상이 있고, 그 대상과의 심리적 관계에서 생겨나는 감정입니다.

자발적 감정(spontaneous emotion)이란 환경 또는 상황과의 접촉에 의해 사람 안에서 시나브로 발생하는 감정입니다. 즐거움(樂)이나 슬픔(哀), 욕심(欲)이나 두려움(懼)은 다른 사람이 촉발하지 않아도 내면에서 스스로 생겨나는 감정입니다.

감정과 관련된 용어들은 쓰는 사람마다 의미의 범위가 크게 다르기 때문에, 위의 개념적 틀(frame work)을 객관적으로 증명할 수 있는 것은 아닙니다. 하지만 이 책에서는 여덟 가지 정의 개념을 실용적으로 활용하겠다는 전제 하에, 개념의 범위를 앞과 같이 규정해보았습니다.

팔정의 활용사례

그렇다면 감정을 마케팅에 어떻게 활용할 수 있을까요? 사실 마케팅에서는 동서양을 막론하고 이미 '정'의 개념을 대단히 많이 사용해왔습니다. 다만 체계적으로 정리된 바가 없을 뿐입니다. 팔정이 어떻게 활용되고 있는지 몇 가지 사례를 통해 살펴보겠습니다.

기쁨 │ 기쁨은 감정이 발생하는 원인이 분명하고, 사람 또는 사건과의 관계에서 발생하는 긍정적 감정입니다. 자식이 첫 월급으로 부모님께 사드린 속옷은 각별한 의미를 띱니다. 대부분의 부모가 그 속옷을 입지 않고 오래도록 보관합니다. 속옷이 '속에 입는 옷'이 아니라 자식 키운 '보람과 기쁨'을 일깨우는 용도가 된 것이죠.

이렇듯 기쁨(喜)이란 감정은 상징성과 깊은 연관을 갖습니다. 프랑스의 샹파뉴Champagne 지방은 연간 평균기온이 낮아 포도를 재배하기에 썩 좋은 조건은 아닙니다. 이러한 기후조건 때문에 여기서 제조되는 와인은 신맛이 강한, 다소 인기 없는 와인이었습니다.

그런데 베네딕트 수도원의 수도사였던 동 페리뇽Dom Perignon이 추운 날씨 때문에 발효를 멈췄다가 봄에 급속히 발효가 진행되어 터져버린 와인을 보고 스파클링 와인을 연구하기 시작했습니다. 그는 탄산가스를 보존하기 위해 독특한 모양의 코르크 마개도 만들고, 긴 튤립 모양의 잔을 개발해 잔을 따라 올라오는 아름다운 기포를 감상할 수 있도록 했습니다. 병 내부에서의 2차 발효를 통해 탄산가스가 유지되도록 만들어진 이 스파클링 와인은, '샴페인'이라는 이름으로 전 세계에 팔려나 갑니다.

샴페인은 단순히 기포가 올라오는 술이 아니라, 스파클링의 특징을 이용해 새로운 용도, 즉 기쁨의 상징으로서 축하행사나 손님 초대 등에 이용되는 와인으로 인식되고 있습니다. 행복한 순간을 함께하는 샴페인은 시각적 효과와 어우러져 기쁨을 배가시킵니다.

기쁨을 마케팅에 활용한 또 다른 사례로 코카콜라를 들 수 있습니다. 산타클로스는 선한 일을 많이 한 것으로 알려진 성 니콜라스라는 성직자를 모델로 탄생하였습니다. 성 니콜라스가 붉은색 옷을 많이 입었다 하여 산타클로스에게도 붉은색 옷을 입힌 것이죠. 그런데 겨울철에 판매가 부진한 코카콜라가 브랜드의 상징색이 빨갛다는 데 착안하여 코카콜라를 산타클로스 및 크리스마스와 연관시켰습니다. 겨울철에도 잘 팔리게 된 코카콜라는 맛의 승리라기보다 상징의 승리이며, 이때 활용한 감정이 기쁨입니다.

기쁨을 간접적으로 경험케 하는 방법도 있습니다. 위의 샴페인이나 산타클로스 이야기처럼 소위 '스토리텔링 마케팅'의 많은 부분들이 기쁨을 강조하고 있습니다. 가족의 단란하고 행복한 모습을 내세우는 광고들도 기쁨의 간접경험을 시도한 것이라 볼 수 있죠.

유한킴벌리가 벌이는 '우리강산 푸르게 푸르게' 캠페인에 동참하는 사람들이 "나도 환경보호에 일조한다"는 기쁜 마음으로 유한킴벌리의 제품들을 구매하듯, 사회공헌활동도 기쁨을 창출하는 마케팅의 하나로 볼 수 있습니다.

즐거움 | 즐거움 또는 재미는 감정발생의 원인이 분명하나, 스스로 느끼는 긍정적 감정입니다. 옷을 입으면서 개성을 표현하는 즐거움을 느끼거나, 화장을 하면서 자기만족의 즐거움을 느끼는 것이 대표적인 예이겠죠.

오늘날 한류韓流 열풍이 식을 줄 모르고 전 세계로 퍼져나가고 있습니다. 아마 우리나라 사람들의 오락에 대한 감성이 특별히 발달한 모양입니다. 과거 개미처럼 열심히 일해야 하는 분위기에서는 베짱이처럼 즐기는 것이 죄악에 가까웠죠. 하지만 오늘날에는 재미와 즐거움이 인간됨을 추구하는 궁극적이고 중요한 요소라 보는 헤도니즘hedonism이 마케팅의 핵심으로 부각되고 있습니다. 우리의 감성적 강점을 차별적 도구로 삼기 위해서는 헤도니즘의 활용 가능성을 적극적으로 살펴볼 필요가 있습니다.

재미를 제대로 사업화한 곳이 사막 한가운데 레저도시를 만든 라스베이거스와 마카오입니다. 마카오는 1999년 포르투갈로부터 중국에 반환된 후 라스베이거스의 큰손들이 들어오면서 말 그대로 천지개벽이 일어났습니다. 인구 50만 명에 불과한 도시의 1인당 GDP가 무려 5만 1,000달러를 넘어섰으니까요. 변변한 제조업체 하나 없지만, 즐거움을 창출하는 마케팅에 집중한 덕분입니다.

디즈니는 말할 것도 없고, 할리우드도 즐거움 마케팅으로 사람들의 꿈을 이루게 해주는 곳입니다. 한류라는 흐름도 즐거움을 추구하는 사람들을 만족시킴으로써 생성된 열풍이라 볼 수 있죠.

사람들을 즐겁게 만들면, 그들은 기꺼이 비싼 대가를 지불하려 합니다. 즐거움 산업은 영국을 먹여 살리는 젖줄입니다. 비틀즈에서 〈007〉, 〈반지의 제왕〉, 〈해리포터〉에 이르기까지, 그리고 〈오페라의 유령〉과

〈텔레토비〉등, 창의력이 즐거움을 만들고 즐거움은 돈을 벌게 해줍니다. 젊은이들의 우상인 아이돌을 만드는 것도 즐거움을 창출하는 마케팅의 한 방편이죠. 아이돌은 상상 속에서 추구하던 판타지가 구체화된 것이니까요.

시카고 대학의 저명한 심리학자 칙센트미하이Mihaly Csikszentmihalyi는, 주변 환경이 의식되지 않을 만큼 몰입하는 순간을 플로우(flow : 물 흐르듯 빠져들어감)라고 표현합니다. 인간은 플로우의 순간에 자발적으로 에너지를 전력투구하며 행복감을 느끼게 된다는 겁니다.

마케팅에서도 고도의 쾌락을 창출하기 위해 플로우 상태를 실현하고자 애를 씁니다. 중독이라는 단어를 쓰는 인터넷 게임이나 광적인 스포츠, 강원랜드와 같은 도박사업도 따지고 보면 재미라는 감정을 극도로 자극하는 것이라 볼 수 있겠죠. 물론 그 부작용까지 고려하고 예방할 수 있어야 성숙한 마케팅 활동이라 하겠습니다.

즐거움을 주는 재미 마케팅을 성공시키려면 첫째로 자기만족을 유도해야 합니다. 앞에서 언급한 할리데이비슨은 자기 스스로 느끼는 즐거움을 극대화한 제품이어서, 가족들이 위험하다고 말리면 숨겨서라도 타는 모터사이클입니다. 뜯기 아까울 정도로 정성스럽게 포장한 일본의 고급과자들을 본 적이 있으실 겁니다. 그런 과자의 포장을 한 장 한 장 벗겨내는 사람의 즐거움을 어디에 비길 수 있을까요.

재미 마케팅의 또 다른 성공조건은 직접 체험할 수 있어야 한다는 겁니다. 닌텐도는 동작을 인식하는 컨트롤러를 구현해 누구라도 손쉽게 조작할 수 있는 게임기 '위(Wii)'를 내놓았습니다. 컴퓨터 게임은 애들이나 하는 거라고 생각하던 사람들도 직접 한번 휘둘러보면 재미에 빠지게 됩니다. 닌텐도는 '남녀노소 누구나 즐길 수 있는' 게임기라는 점을 마케팅 요소로 내세우고 있습니다.

고객에게 자긍심을 느끼게 하는 것 또한 즐거움을 배가시키는 요소가 됩니다. 가령 명품 속옷은 봐주는 사람이 없어도 그것을 입는 사람 스스로가 만족감을 느낍니다. 디자이너 이세이 미야케의 라인 중에 A-POC (A Piece Of Cloth)이라는 브랜드가 있는데요. 이 제품을 구매하면 쇼핑백에 넣어주는 게 아니라 은박지로 된 포장지에 둘둘 말아서 괴나리봇짐처럼 어깨에 사선으로 두르게 합니다. 그래서 A-POC을 구매한 고객은 바로 집에 가지 않고, 괜히 시내를 쏘다닙니다. 알아주는 사람이 없을지라도 혼자 즐거움을 만끽하는 거죠.

팔정의 개념 중에서 기쁨과 즐거움을 구별하는 것이 가장 어렵습니다. 기쁨은 내게 기쁨을 주는 상대가 있고, 즐거움은 스스로 느끼는 감정이라고 보시면 어떨까요? 예컨대 아내가 내 생일에, 갖고 싶던 할리데이비슨을 사줬을 때 느끼는 감정이 기쁨이고, 아내 몰래 할리를 즐기는 것은 즐거움이라고 보시면 되겠죠. 다른 예를 들어볼까요? 아이가 엄마 뺨에 뽀뽀해줄 때 엄마가 느끼는 감정이 기쁨이라면, 애가 어려서 아직 모르더라도 예쁜 옷을 입혀놓고 보니 내가 좋다면 즐거움이 아닐까요?

그러나 이렇게 팔정을 구분하는 것은 결국 마케팅 아이디어를 창출하기 위한 방안이므로 너무 예민하게 구분하려고 애쓰지 않아도 됩니다.

사랑 │ 사랑이란 감정은 가장 많이 논의되는 소재인데, 자칫 크게 해석하면 모든 것이 사랑의 카테고리에 포함됩니다. 여기서의 사랑은 남녀 간의 사랑처럼 '관계'에서 발생하는 감정에 국한되며, 대상을 왜 사랑하는지 설명할 수 없어도 그냥 좋은 정서적 감정을 말합니다.

맥도날드는 끊임없이 가족의 사랑을 테마로 광고합니다. 수영대회에서 입상권에 들지 못한 아이가 울고 있을 때 가족들이 감싸며 데려가서 달래주는 곳이 바로 맥도날드죠. 햄버거를 먹으며 웃음을 되찾는 아이의 얼굴은 맥도날드와 가족의 사랑을 강하게 연결시킵니다. 이처럼 사랑이란 남녀 간의 낭만적인 사랑뿐 아니라 가족애, 친구의 우정, 소속감 및 연대감을 모두 포괄하는 의미로 받아들여야 합니다. 매슬로우Abraham Maslow의 욕구단계 이론에서도 호의적인 관계는 개인 간의 사랑하는 감정(love)뿐 아니라 가족이나 집단에의 소속감(belongingness)을 포괄합니다.

듣기만 해도 괜히 기분 좋아지는 말들이 있습니다. '정겨움'이라든지 '그리움', '인심', '푸근함', '다정다감', '정성' 등등. '고향'이라는 말만 들어도 좋고, '모교', '포장마차', '고등어', '수제비'와 같은 단어에는 우리가 공통적으로 느끼는 어떤 정서가 스며들어 있습니다. 말하자면 어릴 때부터 귀에 익어서 DNA에 박혀 있는, 이유 없이 좋은 감정입니다. 우리는 한도 많고 어려움도 많았던 민족이어서인지 각별히 정서적인 단어에 잘 공감하는 편입니다.

이처럼 우리에게는 알게 모르게 학습되어서 공유하는 사랑의 감정이 있습니다. 하지만 사랑을 강요받는 느낌이 들 때는 금세 반발하는 특징도 있죠. 애교심, 애사심, 애국심 등에 이유를 붙이면 사랑하는 마음이 줄어듭니다. 콜라시장의 독립을 주장한 '815콜라'라든지, 정통 한국 브랜드임을 알리려 했던 '프로스펙스'의 정신대 광고처럼 애국심에 호소하는 광고는 자칫 반발을 낳기도 합니다. 정서적 감정을 이유를 달아 인지적으로 이용했다고 생각하기 때문입니다.

욕구 | 욕구도 넓게 해석하면, 긍정적인 감정을 거의 모두 포괄하는 감정입니다. 기쁨에 대한 욕구, 즐김에 대한 욕구, 사랑에 대한 욕구 등이 모두 포함되니까요. 욕구를 다른 감정과 연결시키는 방안에 대해서는 뒤에서 논의하기로 하고, 일단 여기서는 자연발생적으로 생기는 본능적인 욕구만 살펴보겠습니다.

가장 먼저 생각할 수 있는 것이 '생리적 욕구'입니다. 배고픔이나 목마름, 졸림을 면하고자 하는 생리적 욕구는 인간의 모든 욕구들 가운데 가장 우세합니다.

마케팅에서 고전적인 의미의 니즈는 '결핍'이나 '필요'라고 해석되어 왔습니다. 니즈는 기본적인 욕구에 대해 결핍을 느끼는 상태를 말합니다. 인간이 생존하려면 의, 식, 주, 안전 등이 필요한데, 이에 대한 결핍감은 자체적, 반복적으로 생겨나는 인간의 본원적 감정이죠. 따라서 배고픔을 면하고자 하는 것은 욕구(欲)로, 음식을 즐기는 식욕(慾)은 즐김(樂)으로 분류합니다.

안전을 추구하려는 욕구도 중요합니다. 예컨대 신체의 안전, 즉 건강을 위해 건강기능식품이나 비타민, 보약을 먹으려는 욕구가 그러한 예겠죠.

친숙하지 않은 것보다 친숙한 것을 더 좋아하고, 알려지지 않은 것보다 알려진 것을 더 좋아하는 경향도 심리적 안전욕구에 해당합니다. 광고를 집중해서 보는 사람들이 많지 않다 해도 지속적인 광고는 사람들에게 친숙감을 선사하기에, 소비자들은 무의식중에 친숙해진 브랜드를 구매하려는 경향을 보입니다. 약국에서 배탈약을 살 때도 귀에 익은 브랜드를 사려고 합니다. 성분을 비교하여 판단할 수 있는 소비자는 거의 없습니다. 그저 잘 알려진 브랜드를 사는 게 안전하다고 생각하지요.

노여움 | 노여움은 사람과의 관계나 특정 사안으로 인해 생기는 부정적 감정입니다. 마케팅에서는 이를 예방할 수 있는 방법들을 통해 새로운 기회를 찾게 됩니다. 가령 피자배달이 지연될 경우 생기는 분노를 예방하기 위해, 30분 안에 배달하지 못하면 피자를 할인 내지 무료로 제공하겠다는 약속은 셀링 포인트가 되곤 합니다.

분노는 사전예방 못지않게 사후처리도 중요합니다. 가끔 예기치 않은 제품 하자 때문에 고객들이 분노하는 경우가 생기잖아요. 제작상 하자라면 리콜(recall) 시스템을 발동해 신속하게 대응해야 되겠고요, 특정인의 것만 고장났을 경우에는 친절한 애프터서비스 시스템으로 대응해야 할 것입니다.

비즈니스를 하다 보면 기업 입장에서는 생각지도 않은 사고나 루머에 휘말릴 수 있습니다. 두산의 페놀사건이나 삼양라면의 우지파동 사건은 사실과 다른 정보들로 소비자의 오해를 산 사례죠. 이런 경우 분노한 소비자들이 이성적으로 반응하기보다 감정적으로 반응한다는 점을 유의한다면, 논리적 대응보다 공감적 대응이 더 효과적임을 알 수 있습니다.

대부분 자사 브랜드에 대한 노여움이 생기지 않도록 막는 데 초점을 두지만, 전략적인 면에서 경쟁 브랜드에 대한 노여움을 창출하는 것을 목표로 삼기도 합니다. 백설표 참기름은 뒤늦게 시장에 진입할 때 "탄 음식, 나쁘다는 것 아시죠?"라고 광고하며, 기존의 업체들이 고소한 맛을 위해 태운 참기름을 판매하는 데 대해 소비자의 분노를 자아내려고 한 바 있습니다. '바나나 우유'의 원조는 독특한 모양의 용기에 노란색 우유가 담긴 빙그레 바나나맛 우유죠. 여기에 매일유업이 '바나나는 원래 하얗다'라는 긴 이름의 브랜드로 도전장을 내밉니다. 바나나의 겉은 노랗지만 속은 하얗다는 점을 상기시키며, 바나나맛 우유의 노란색이 실제 바나나에서 추출된 색은 아니라는 점을 생각해보게끔 한 거죠. 이러한 전략들은 성공 여부와 상관없이, 경쟁 브랜드에 대한 소비자의 노여움을 유도하는 경우라고 볼 수 있겠습니다.

슬픔 | 슬픔은 감정의 원인이 비교적 뚜렷하여 인지적이나 자연발생적인 감정입니다. 그래서 슬픈 상황에 당황하지 않도록 예방장치를 판매합니다. '상조'라는 이름을 쓰는 장의업체라든지, 많은 사람들이 오기 편하도록 장례식장을 마련하는 것도 그런 이유일 것입니다.

슬픔이란 남을 가엾게 여긴다는 의미가 포함되므로 동정심의 근본이 되는 감정입니다. 동정심은 인간의 본원적 감정이기도 하지만, 어려서부터 측은지심을 갖도록 교육을 받아왔으므로 슬픔을 나누자고 호소하면 사람들은 잘 협조합니다. 특히 불우이웃 돕기나 수재민 돕기처럼 어려움에 처한 사람을 가엾이 여기고 슬픔을 나누는 데 발 벗고 나서는 게 한국 사람들입니다.

슬픔은 스스로 생기는 감정이어서 즐거움과 결합시켜 상품화할 수도 있습니다. 슬픈 영화나 슬픈 노래가 그 대표적인 예인데요. 그저 영화를 보거나 음악을 듣는 것만으로도 슬픔을 자아낼 수 있고, 사람들이 슬픈 감정을 즐기기도 하므로 제법 큰 시장기회가 존재합니다.

미움 | 미움이라는 감정은 원인이 반드시 논리적이거나 구체적은 아니지만 대상이 뚜렷합니다. 마케팅에서는 선악의 대립구도로 증오심을 일으키는 사례를 드물지 않게 볼 수 있습니다. 독도문제 등이 불거지면, 일본을 공공의 적으로 만들어 일본제품 불매운동에 활용하는 것처럼요. 일본에 대한 적개심과 일본제품에 대한 평가는 실제 아무런

관련이 없는데도 그 제품도 미워합니다.

미움 마케팅을 통해 국가적 차원에서 국민의 마음을 하나로 모으기도 합니다. 히틀러의 유대인 학살이 그 대표적인 형태이고, 많은 국가에서 주적主適 개념을 심어 국민의 마음을 통일하는 데 활용합니다. 미움에 대응하는 상당한 에너지가 모아지기 때문이죠. 기업에서는 경쟁자에 대한 직원의 증오심을 통일함으로써 라이벌 의식을 고취시켜 성과를 올리기도 합니다. 정치 마케팅에서 선거 캠페인으로도 흔히 이용하는 전략인데, 기득권에 대한 증오심을 활용하여 화제가 되었던 팟캐스트 방송도 그 일환일 겁니다. .

미움 마케팅은 시장의 강자에 대응하는 데 좋은 전략입니다. 사람들은 힘이 약한 기업에 동정심을, 힘이 센 기업에 공연한 증오심을 갖는 경향이 있습니다. 이때 시장을 주도하는 강한 기업이 실수를 하게 되면, 사람들은 약한 기업을 응원합니다. 거대 기업이었던 OB맥주가 약체 크라운의 하이트에게 당한 예가 대표적이죠.

미움은 싫증을 의미하기도 합니다. 아무리 인기 있는 연예인이라도 사람들은 곧잘 싫증을 내므로, 지나치게 자주 광고에 등장하는 모델에 대해서는 소비자들이 식상함을 느낄 수 있음을 항상 염두에 두어야 합니다.

제품에 대해서도 마찬가지로 싫증을 내게 됩니다. 품질이 나빠진 것도 아닌데 매출이 떨어지는 이유죠. 그래서 시장을 리드하는 기업의 경우, 소비자들의 싫증을 방지하기 위해 스스로를 공격하는 기지를 발휘하기도 합니다. 면도기 시장의 만년 리더인 질레트가 에트라, 센서, 마하3, 퓨전파워 등 신제품을 끊임없이 출시하는 것도 소비자의 싫증을 미연에 방지하기 위한 장치라 볼 수 있죠. 광고에서는 국민영웅 박지성이 "나는 멈춰본 적이 없다. 과거에도 그리고 앞으로도"라고 외치며 기업의 정신인 '최고는 멈추지 않는다'를 대신 말해줍니다.

싫음을 혐오 마케팅이란 이름으로 상품화하기도 합니다. 감옥의 모습을 그대로 흉내 낸 레스토랑이 있는가 하면, 영화 속 혐오스러운 등장인물의 사진과 밀랍인형 등을 전시해 인기를 끄는 뱀파이어 레스토랑이란 곳도 있죠. 싫음을 즐김과 결합시켜 제품을 만들기도 하는데요. 서부영화의 결말은 항상 악인의 패배로 끝이 나지만, 사람들은 그 과정을 즐깁니다. 또 고통의 체험을 상품화하기도 합니다. 매운 맛도 일종의 고통인데, 눈물이 쏙 빠지게 아주 매운 음식으로 인기를 끄는 식당들도 많으니까요.

두려움 | 미국 대통령에 네 번이나 당선된 프랭클린 루즈벨트는 1941년 의회에 보내는 연두교서로 '네 가지 자유'에 대한 유명한 연설을 했습니다. 언론의 자유, 신앙의 자유, 궁핍으로부터의 자유, 그리고 두려움으로부터의 자유였는데요. 현대인에게 가장 중요한 네 가지 자유 중 하나로 두려움을 꼽은 것을 보면, 두려움이라는 감정이 우리의 삶에서 얼마나 큰 비중을 차지하는지 알 수 있습니다. 사람들에게 두려움이라는 본원적 감정이 없었다면 종교도 발달하지 않았을지 모르죠.

마케팅 활동의 태반이 실은 두려움을 이용한다고 말할 수 있을 만큼, 두려움은 널리 활용되는 감정입니다. 우선 두려움 때문에 생기는 마케팅 기회를 몇 가지 살펴봅시다. 미래의 상황에 대한 두려움 때문에 보험에 가입하려 합니다. 안전에 대한 두려움 때문에 너무 작은 자동차를 꺼립니다. 농약에 대한 두려움 때문에 값이 비싸도 유기농 식품을 사먹으려 합니다. 약속시간에 늦을까 봐 생기는 두려움을 내세워 지하철 타기를 유도합니다. 펀드를 구매한 후에 후회할까 봐 생기는 두려움 때문에 은행은 신뢰를 강조하는 광고를 합니다. 가짜 금반지에 대한 두려움을 희석시키기 위해 보증서를 첨부해줍니다.

두려움을 예방하는 것이 아니라 직접 활용하는 경우도 있습니다. 금연홍보나 마약 퇴치운동 등에 쓰이는 공포야기 광고가 전형적인 예이지요. 암에 걸린 폐의 모습이나 마약에 절은 뇌의 사진은 흡연이나 마약복용의 두려움을 공공연히 자극합니다.

한편 두려움을 즐거움과 결합시키면 스릴을 배가시키는 오락물이 됩니다. 공포영화는 물론이고, 놀이공원의 롤러코스터도 두려움을 짜릿함으로 즐기도록 만든 놀이기구죠.

감정의 빈 곳을 찾아라

이제까지의 마케팅은 제품의 속성이나 편익을 강조하며 이성적으로 소구하는 경우가 많았습니다. 그러다 감정이 중요한 것 같다는 인식이 확산되면서 브랜드에 감정을 연결시키려 했지만, 막상 어떤 감정을 어떻게 연결시켜야 하는지 알지 못한 채 아무 감정이나 연결시켜왔죠. 감정이 중요하다고 역설하면서도, 감정이란 개념의 이론적 틀조차 규명하지 못했으니까요.

서양의 심리학 체계는 실증적으로 증명된 것만을 인정한다는 점에서는 과학적입니다. 그러나 직감을 통할 때 더 설명하기 쉬운 정신세계에서는 한계를 보입니다. 다행히 동양의 사상가들이 오랫동안 생각해온 사단칠정의 개념 덕분에 감정의 뿌리들을 정리해볼 수 있었습니다.

이 장에서 살펴본 예들은 우리가 이미 익숙해져 있는 감성 마케팅을 팔정의 틀에 대입해본 것입니다. 팔정론은 사람의 감정을 완벽하게 설명하고자 하는 게 아닙니다. 마케팅 통찰력을 얻기 위한, 또 다른 렌즈라고 보시면 됩니다. 이 여덟 가지 감정 렌즈를 통해 관점의 변화(perspective change)를 경험해보시기 바랍니다.

요약건대 사람이라면 누구나 여덟 가지 마음을 다 갖고 있습니다. 다만 매 순간 서로 다른 마음이 나를 지배하는 것이죠. '감정'은 가르치지 않아도 자연스레 갖게 되는 것이지만, 대단한 에너지를 동원할 수 있으므로 눈여겨보아야 합니다.

팔정 마케팅의 활용도는 다양합니다. 첫째, 포지셔닝에서 각각의 경쟁 브랜드가 어떠한 감정에 소구하고 있는지를 구별할 수 있습니다. 그렇게 하다 보면 아직 건드리지 않은 감정을 발견하게 되고, 우리 브랜드가 감성적으로 어떻게 자리매김해야 할지 구체적인 아이디어를 낼 수 있죠.

둘째, 시장 세분화도 감정에 의거하면 다른 시각을 가질 수 있습니다. 가령 남에게 매력적으로 보이려는 욕구(欲)가 중요한 감정요소인 여성은 색조화장품을 즐겨 쓸 것이고, 나이들어 보일까 봐 두려워하는(懼) 소비자는 주름방지 화장품을 구매할 것입니다. 어떤 소비자들에게는 화장하는 즐거움(樂)이 중요한 감정요소일 수도 있고, 어떤 소비자들에게는 동창회 등에서 친구들에게 칭찬을 듣는 기쁨(喜)이 중요한 감정요소일 수 있지요. 이처럼 최적의 감정과 각각의 세분시장을 연결시켜 보면 빈 구멍을 찾아낼 수 있습니다.

셋째, 마케팅 활동에서는 어느 감정이라도 활용가치가 있습니다. 사람들은 부정적 감정도 간접적으로 경험해보고 싶어 하기도 합니다. 앞에서 여러 번 예로 든 것처럼, 부정적 감정 자체는 상품이 되지 못하지만 동기요인과 결합시키면 사람들의 관심을 끌 수 있습니다. 예를 들어 두려움과 즐김이란 감정을 결합하여 공포영화를 만들고, 슬픔과 즐김을 합하여 연민을 자아내는 노래를 만드는 것처럼 말입니다. 욕 얻어 먹고 도 다시 찾아가게 되는 욕쟁이 할머니 식당이 인기를 끄는 이유도 이해 가 갑니다.

넷째, 팔정의 여러 감정요소를 짝지어 연결하면, 무궁무진한 상상력 과 창의력을 발휘할 수 있습니다. 인기가 시들해진 프로레슬링에 즐거 움(樂)과 노여움(怒)과 미움(惡)을 접합해 탄생한 WWF가 그러한 예입 니다. 일부 선수들이 군중의 노여움을 자아내도록 일부러 추악한 모습 을 보임으로써, 식지 않는 인기를 누리고 있죠.

팔정 마케팅은 현재 브랜드가 처해 있는 각종 문제를 재해석하는 데 용이하게 사용할 수 있으며, 시장 세분화와 타깃팅, 포지셔닝 등, 마케 팅 전략에서 실질적인 아이디어를 창출하는 도구가 됩니다. 이러한 갖 가지 정은 공감 마케팅이나 스토리텔링 마케팅, 엔터테인먼트 마케팅 등을 통해 소비자에게 전달되는데요, 이제 그 개념들을 차례차례 살펴 보도록 하겠습니다.

10장

화성에서 온 마케터,
금성에서 온 고객

EMPATHY MARKETING

공감에 대해 본격적으로 관심을 불러일으킨 책이 《감성지능(Emotional Intelligence)》입니다. 보시다시피 이 책의 부제는 'Why it can matter more than IQ'입니다. 즉 '왜 이것이 IQ보다 더 중요한가'란 말이죠. 여기서 '이것(it)'이란, 나중에 사람들이 EQ라고 이름 지은 것입니다.

그런데 도대체 EQ가 왜 중요하다는 겁니까? EQ가 높으면 노래를 잘 불러서인가요, 아니면 그림을 잘 그리기때문인가요. 도대체 EQ가 왜 그리 중요할까요?

부제
'이것(it)'이 무엇이길래 IQ보다 더 중요할까요?

화성에서 온 마케터

EQ는 다른 사람과 정서를 공유하는 능력입니다. 즉 남의 마음을 읽고 이를 그에게 표현해주는 능력이지요. 이와 관련해 여러분에게 꼭 권하고 싶은 책이 있습니다. 《화성에서 온 남자, 금성에서 온 여자(Men are from Mars, Women are from Venus)》라는 책입니다. 물론 이미 읽어보신 분도 많겠지만, '남자' 대신에 '마케터', '여자' 대신에 '고객'을 대입해 읽으면, 아주 훌륭한 마케팅 교재가 됩니다. 그런데 대체 화성에서 온 남자와 금성에서 온 여자가 어떻게 다르다는 걸까요?

이 책을 한마디로 요약하자면, 남자들은 '문제해결'에 주안점을 두지만 여자들이 정말 원하는 건 '이해와 공감'이라는 겁니다.

하루는 친구가 부부싸움 끝에 제게 하소연을 하러 왔습니다. 얘기인즉슨 집에 들어갔더니 부인이 입이 부어 있더랍니다. 왜 그러냐고 물었더니 "아니, (시)어머니는 내가 시집온 지가 20년도 넘었는데 아직도 그 말씀을 하셔." 그러더라는 겁니다. 그래서 제 친구가 "거~ 어른이 그러시면, 그런가 보다 하지, 뭘 어머니 흉을 보나?" 했답니다. 그랬더니 부인이 열받아서 "어머니만 그러시면 몰라. 시누이는 더 얄미워. 나한테 뭐 맡긴 거 있어? 왜 나한테 이거 달라, 저걸 달라 야단이야?" 그러기에 제 친구가 무심코 "걔가 그럴 애가 아닌데….'라고 답했다가 부인이 "아니, 그럼 내가 지금 거짓말한다는 거유?"라며 싸움이 커진 모양입니다.

제 친구는 참다못해 문제를 해결한답시고 자초지종을 물으려고 여동생에게 전화를 걸었답니다. 그런데 문제를 해결하기는커녕 일이 더 복잡하게 되어버린 거죠. 그러고는 대체 자기가 뭘 잘못했는지 모르겠다며 제게 온 겁니다. 그래서 제가 "부인한테 공감 좀 해주지 그랬어?"라고 했더니 "대한민국에서 나보다 더 공감 잘하는 남편 있으면 나와보라그래." 하며 흥분을 감추지 못하더군요.

이 책이 권하는 공감의 방식은 어떤 '사실'을 인정하라는 게 아니라 상대방의 '생각'에 공감해주라는 겁니다. 속으로는 어머니 행동이 옳다고 생각돼도, '사실'의 옳고 그름을 따지지 말고 아내의 '생각과 마음'을 이해하라는 거죠. "당신이 어머니 때문에 속상했구려." 하면서 "얼마나 섭섭했어? 당신이 잘 참았네." 이렇게 공감해주라는 겁니다. 어머니가 더 훌륭하다는 것은 여전히 '사실'일지라도 말이죠.

일단 상대방의 생각에 공감해주는 것이므로, 윤리적 또는 사회적인 옳고 그름을 따질 일도 아닙니다. 동생이 옳다고 생각돼도 "걔가 그걸 가져갔어? 잘 줬어. 내가 당신한테 새 걸로 두 개 사줄게."라고 부인의 마음을 다독거려주는 것이 중요하지, 실제로 사주고 안 사주고는 나중 문제라는 거죠.

《화성에서 온 남자, 금성에서 온 여자》라는 책이 주는 교훈처럼 기업도 남성적 문제해결(manly solving)의 관점에서 여성적 이해(feminine understanding)의 관점으로 시각을 바꿔야 할 것입니다.

이때 남성적 문제해결이란 반품, 환불 등과 같은 기계적, 시스템적 해결을 뜻합니다. 오늘날 웬만한 기업에서는 당연히 기대(expect)할 수 있는 요소죠. 하지만 여성적 이해와 공감이 수반되지 않는 문제해결은 고객과의 장기적인 연결고리(connect)에 도움이 되지 않습니다. 그러면 '공감'의 의의와 역할에 대해 좀 더 자세히 살펴보도록 하겠습니다.

남성적 문제해결(MANLY SOLVING)에서 여성적 이해(FEMININE UNDERSTANDING)로

문제해결은 당연히 기대되는(EXPECT) 요소이고
이해는 고객과 연결되는(CONNECT) 요소다

동정과 공감 | 공감이란 상대의 입장에서 상대방의 세계를 지각하고 있음을 보여주는 '의사소통 상태'를 말합니다.

아들녀석이 유치원에 다닐 때였을 겁니다. 애기인 줄만 알았는데, 아빠 생일이라고 선물을 예쁘게 포장까지 해와서 뜯어봅니다. 기특한 마음에 녀석을 제 무릎에 앉히고는 뿌듯한 마음으로 포장을 뜯기 시작했습니다. 무슨 선물인지 울퉁불퉁한 물건을 포장지로 둘둘 말아 테이프를 잔뜩 둘렀더군요. 한참을 풀고 풀어서 나온 선물은 물총이었습니다. 조금은 어이가 없었습니다만, 짐짓 좋은 체하며 물었죠. "와, 물총이구나. 선기야, 아빠가 물총 좋아하는 거 어떻게 알았어?" 그랬더니 싱긋 웃으며 "내가 아빠 맘을 다 알지~ 나도 제일 좋아하는 게 물총이거든." 그러더군요.

자기가 좋으면 아빠도 좋아하리라는 순진한 논리입니다. 그런데 기업들 중에도 자신들이 베푸는 친절이나 서비스면 고객도 좋아할 거라고 착각하는 기업이 많습니다. 말만 역지사지易地思之니 상대방의 입장에서 생각하느니 하지, 여전히 자신의 생각과 관점에서 보는 경우가 허다합니다.

여직원을 문에 세워놓고 드나드는 손님들에게 꾸벅 배꼽인사를 시키는 은행 지점장은 자기 방식의 친절을 베풀었을 뿐입니다. 주차문제로 짜증이 난 채 은행으로 들어서는 고객이라면 그 기계적인 인사 때문에 더 언짢아질지도 모릅니다. 어린아이에게 예쁜 옷을 사 입히고 좋아하는 엄마는 자기의 욕구를 충족시킨 것입니다. 배가 고픈 아이는 엄마의 행동이 더 짜증스러울지도 모릅니다. 사랑의 첫걸음은 엄마가 해주고 싶은 대로 하는 것이 아니라, 아이가 원하는 게 무엇인지를 알아차리는 것인데 말이죠.

나의 생각을 고집하지 않고, 순수하게 상대의 입장에서 바라보는 것은 훈련되지 않으면 쉽지 않습니다. 이때 유념해야 할 점이 있습니다. 상대방의 입장이 되어보는 것이지, 실제 그 사람이 되는 건 아니라는 겁니다. 이러한 점에서 동정과 공감은 크게 다릅니다. 혹시 동정同情과 공감共感이 구별되십니까?

동정은 영어로 sympathy, 즉 다른 사람과 마음을 같이한다는 뜻이고, 공감은 empathy, 다른 사람의 마음을 깨닫는다는 뜻입니다. 여전히 애매모호하지요? 하지만 이 두 가지 개념의 차이를 구별하는 것은 대단히 중요합니다. 제가 답을 드리기 전에 눈을 감고 곰곰이 생각해보세요. 동정과 공감이 어떻게 다른지 말입니다.

지난 가을학기에 있었던 일입니다. 기말고사 채점을 마치고 성적을 교학과에 제출했는데 어떤 남학생이 저를 찾아왔습니다. 그 학생은 어머니가 2년 반 전에 돌아가시고 아버지와 둘이서 사는데, 가정형편이 어려운 모양이었습니다. 아버지가 막일을 다니는데, 공교롭게 10월 중순에 공사장 2층에서 떨어지셨답니다. 도무지 입원할 형편이 안 돼서 이 학생이 손수 병간호도 하고 식사 준비도 하고 빨래도 하는 등, 고생을 했던 것 같습니다. 결국 중간고사 이후로 학교를 제대로 나오지 못해서 기말고사를 보긴 했지만, 성적이 D가 나왔다는 겁니다. 저보다도 키가 큰 녀석이 갑자기 닭똥같은 눈물을 떨구면서 이야기하기를 하루 빨리 졸업해서 취업을 하려면 봄학기에 등록을 해야 하는데, 그러려면 학비면제 장학금을 받아야 된다는 거죠. 학비면제를 받으려면 적어도 평균 B학점 이상이 되어야 한다면서, 과제든 재시험이든 뭐라도 할 테니 성적을 B로 수정해주면 안 되냐고 묻더군요. 제가 보기에 거짓말을 하는 것 같지는 않았는데, 어떻게 처리해야 할까요? 여러분이라면 어떻게 하시겠습니까?

교수에는 세 가지 유형이 있는 것 같습니다. 첫째는 '냉정'한 교수입니다. 냉정한 교수라면 아마도 이렇게 얘기하겠죠. "자네 같은 학생이 학기마다 한두 명이 아닐세. 또 자네에게만 과제를 내준다면 공평한 일도 아니고. 그러니 그만 돌아가줬으면 좋겠네."라고 차갑게 말하겠죠.

그 정반대는 '동정'이 넘치는 교수입니다. 그런 교수 같으면 측은지심으로 그 학생과 하나가 되어 같이 울먹이며 "너같이 착한 학생에게는 B가 아니라 A를 줘야지." 그러고는 "다른 과목은 무얼 들었니?" 하며 다른 교수들에게까지 대신 전화해 성적을 조정해주도록 부탁할지 모릅니다.

그런데 '공감'하는 교수는 어떨까요? 우선 그 학생의 마음을 충분히 헤아려주겠죠. "이 녀석아, 얼마나 힘들었어? 진작 좀 내게 와서 사정 얘기를 하지 그랬니. 네가 아버지 대소변도 가려내고 병간호를 혼자서 다 했단 말이냐?" 하며 어깨를 두드려주면서 그의 마음을 충분히 읽어주고는, 상황과 대면시킵니다. "그런데 내가 너만 성적을 올려줄 수 있는 것도 아니고, 너에게만 리포트 쓸 기회를 줄 수 있는 것도 아니잖니? 가만 있자…. 방학 동안 할 수 있는 아르바이트 자리를 함께 알아볼까." 혹은 "성적을 따지지 않는 외부장학금이 있으니 같이 알아보자."라며 해결방안을 제시해줄 수 있을 겁니다. 이제 공감과 동정이 조금 구별이 되십니까?

다른 예를 들어보겠습니다. 의사도 세 가지 유형이 있겠죠. 다친 환자가 왔다고 칩시다. '냉정'한 의사는 환자가 아프다고 해도 마구 상처를 닦아내면서 "뭐가 아파요? 좀 참아요. 어른이⋯."라고 말하며 인정사정 없이 치료할 겁니다. 반면 '동정'하는 의사는 환자가 아파하면 차마 손을 못 대고 간호사를 불러서 "이 환자의 환부를 좀 처치해주세요."라고 말하고, 자기는 방에 피해 있을지도 모릅니다. '공감'하는 의사는 어떻게 하겠습니까? "많이 아프시죠. 여기 부은 데를 약으로 닦을 건데, 좀 쓰라릴 겁니다. 그래도 참 잘 참으시는 편이에요. 조금만 더 참아주세요."라고 환자의 마음을 읽어주면서 할 일은 다 하는 것이 공감하는 의사입니다.

사람을 끄는 매력의 원천, 공감

그렇다면 구체적으로 공감의 역할에 대해 몇 가지 살펴보도록 하겠습니다.

첫 번째로 공감은 사람간의 매력(social attractiveness)을 높여줍니다. 공감이란 상대방과 교감을 나누거나 호흡, 혹은 코드를 맞추는 것을 의미합니다. 공감을 잘하면 상대방과 친밀해지고 서로 호감을 갖게 되지요.

어느 유명한 류머티즘 내과의사 이야기입니다. 그분은 예약환자가 3년이나 밀려 있다고 합니다. 요즘 같은 세상에 그 의사만 특별한 비방을 갖고 있을 것도 아닌데, 왜 3년이나 기다려야 되는지 늘 의아했습니다.

그런데 우연히 그 의사 선생님을 뵐 기회가 생겼습니다. 저희 학교 선배교수의 모친께서 80세가 훨씬 넘은 연세에 지방에 혼자 사시며 류머티즘으로 고생을 하십니다. 선배가 그 유명한 의사 선생님께 진료를 받으려고 알아봤더니 3년이나 기다려야 한다고 해서 기가 막힐 노릇이었다고 합니다. 그런데 마침 그 병원 원무과에 저희 경영학과 졸업생이 재직 중이어서 어느 날 그 교수에게 전화를 걸어왔답니다. 어떤 사람이 미국으로 이민을 가는 바람에 예약을 취소했다는 겁니다. 4개월 후라 하니 선배가 얼른 예약한 모양입니다.

점심식사를 마치고 교수 휴게실에서 이야기를 나누는데, 그 선배교수가 류머티즘 의사 선생님의 치료를 4개월 후에 받게 되었다고 자랑을 하는 겁니다. 다른 교수들은 '4개월 후에 병원 예약한 것이 뭐 그렇게 자랑이냐'는 눈치였지만, 저는 워낙 그 의사분이 유명하다는 이야기를 들어 궁금했던 터라 선배교수에게 부탁해 그 의사를 만나러 가는 날 같이 가기로 했습니다.

4개월 후에 드디어 선배교수의 모친이 올라오셨는데, 평생 농사만 지으셔서 새까만 얼굴에 보잘것없는 시골노파였습니다. 더구나 몸이 불편하시니 고개를 옆으로 힘없이 늘어뜨린 채 쪼그리고 앉아계셨습니다. 저희 선배교수가 모친을 업고, 저는 그분의 보따리를 들고 뒤를 쫓아갔습니다. 대기실에서 얼마간 기다리고 있다가 이름이 호명되어 진료실로 들어갔지요.

그런데 그다음 장면을 잊을 수가 없습니다. 점잖고 온화하게 생긴 의사 선생님이 무언가를 쓰고 계시다가 이쪽을 흘낏 보더니 마치 이렇게 심한 환자는 처음 본다는 듯이 저희 쪽으로 황급히 오시는 겁니다. 그동안 중증환자를 수없이 봤을 텐데 말입니다. 그때 그 의사 선생님의 첫마디에 놀라지 않을 수 없었습니다.

"아이고~ 어머니. 어쩌다 이렇게 되셨어요?" 이렇게 유명한 의사가 처음 본 새까만 시골 촌사람에게 '어머니'라고 부르는 겁니다. 그러더니 간호사에게 얼른 더운 물과 물수건을 가져오라고 하고는 손수 무릎을 마사지해주시며 "아침저녁으로 주무르기만 해도 이렇게 심하게는 안 되셨을 텐데요…." 이러시는 겁니다. 그랬더니 여태 한마디 말씀도 없으시던 그 할머니께서 울먹이는 목소리로 "내가… 어떤 때는… 아침도 못해 먹어요."라고 처음 입을 떼시더군요. 아마 언젠가 너무 편찮으셔서 아침식사를 거르신 것이 그렇게 마음에 남으셨던 모양입니다. 의사 선생님이 "그러시죠, 아들 잘 돼서 뭐한답니까?" 하시니 선배교수가 머쓱한 표정을 짓더군요. 그러더니 간호사에게 주사기를 가져오라고 하였습니다.

중증환자에게 일상적인 치료인지 간호사가 이미 주사기를 두 대나 들고 서 있었습니다. 류머티즘 내과의 주사기는 바늘도 굵고 큽디다. 의사 선생님은 이 주사를 한 번에 놓는 것이 아니라 여기저기 찔러가며 여러 번에 나누어놓았습니다. 그러면서 "어머니, 많이 아프시죠? 그래도 참 잘 참으시는 거예요. 조금만 더 참으세요."라고 달래자 환자는 어린애처럼 꾹 참는 표정이었습니다.

주사를 다 놓고는 "어머니, 이쪽으로 좀 걸어와보시죠." 하시더군요. 그 할머니는 마사지도 받고 주사도 맞은 터인지라 절룩거리며 의사에게 걸어갔습니다. 의사가 다시 반대편으로 가서 "어머니, 이번에는 허리 좀 펴고 걸어보세요." 하니까 제법 허리를 펴고 의사 선생님에게 다가갔습니다.

의사 선생님은 환자를 의자에 앉히고는 한 손으로 다시 무릎을 주물러주시면서 다른 한 손으로는 처방전을 쓰기 시작했습니다. 그러더니 "어머니, 진료서에 보니까 지방 멀리 사시는데 3주 후에 시간 지켜서 또

오셔야 합니다. 약속하시죠? 어머니. 그리고 약 잘 챙겨드셔야 하는데, 이 약은 빈속에 드시면 안 됩니다."라며 귓속말인 양 귀에 대고 큰 소리로 "며느리더러 반찬 좀 챙겨달라고 하세요." 하시더군요. 마지막 말은 옆에 서 있던 아들 들으라고 하는 말이었겠죠.

진료를 마치고 나오는데, 대기실에 앉아 지루하게 기다리던 사람들의 눈이 모두 동그래졌습니다. 분명 10여 분 전에 업혀 들어가는 걸 두 눈으로 보았는데, 아들 손을 잡고 두 발로 걸어나오니 놀라지 않을 수 있겠습니까. 거기 앉아 있던 환자와 보호자들은 저 의사 선생님을 뵈면 자기들도 반드시 낫게 되리라는 자신감과 확신을 품었을 겁니다. 3년이나 기다릴 정도로 그 의사에게 환자가 몰리는 이유가 뭐겠습니까. 의술도 의술이겠지만, 자신의 고통을 이해하고 교감해주니 마음을 의지하는 것이겠죠. 진정한 명의가 되려면 '질병'만이 아니라 '환자'를 치료할 줄 알아야 한다고 생각합니다.

사실 의사들 실력이야 요즘은 웬만하면 다 괜찮잖아요. 그런데 어떤 병원에는 손님이 많고 어떤 병원에는 손님이 없는 것은, 의사의 공감능력에 크게 좌우된다고 봅니다. 가끔 "그 의사는 사람 좋게 생겼네."라는 말을 듣습니다. 의사가 실력만 중요하다면 사람들이 왜 이런 말을 하겠습니까?

의료사고로 소송을 당하는 의사들을 간혹 봅니다만, 정작 기술적인 잘못 때문만은 아니죠. 오른쪽 신장 대신 왼쪽 신장을 잘못 떼어서 의료소송이 제기되는 일은 거의 없습니다. 명백한 잘못이니 소송까지 할 일이 없죠. 의견이 엇갈릴 때 소송으로 가는데, 대부분 기분이 상해서 소송을 겁니다. 다시 말해 환자는 공감을 받지 못한 분풀이로 소송을 하는 겁니다. 마케팅에서도 큰 잘못을 저질러 문제가 생기는 경우는 드뭅니다. 고객들이 기대하는 사소한 것들을 계속 놓치면서 고객의 불만이 쌓여가는 것이죠.

〈신동아〉 2007년 2월호에 흥미로운 기사가 실렸더군요. 첫 여성 교정직 서기관, 말하자면 여성 감방에서 처음으로 간수장이 된 최효숙이란 분의 인터뷰였습니다.

"요즘은 나이 많고 못생긴 꽃뱀이 많아요. 언젠가는 60대 여성이 잡혀 들어왔어요. 50대쯤으로 젊어 보이긴 하는데 미모는 별로였어요. 통 꽃뱀이라고 믿기지 않았는데 조금 겪어보니 왜 그런지 알겠더라고요. 사람의 마음을 어찌나 잘 읽는지…. 꽃뱀은 외모가 출중하기보다는 상대의 마음을 잘 읽고 가려운 곳을 긁어주는 재주가 탁월한 사람이더라고요. 조심해야 해요." 사람을 끄는 매력의 원천은 미모나 학식이 아니라 공감능력임을 단적으로 보여줍니다.

공감의 두 번째 역할은 사람들끼리 정서적으로 조율(affective attunement)할 수 있게 해주는 겁니다. 음악회에 가면 연주가 시작되기 전에 서로 다른 악기를 갖고 있는 연주자들끼리 음을 조율하게 합니다. 그래야 지휘자가 지휘봉을 휘두를 때 화음을 잘 맞출 수 있잖아요. 이처럼 사람들 사이에도 조율이 필요합니다. 즉 어떻게 해야 서로 마음이 통하고 신뢰할 수 있는지 경험하는 겁니다.

사람들은 본능적으로 조율하려 합니다. 엄마가 아기를 안고 우유를 먹이면 아기는 자연스레 엄마한테 눈웃음을 지어 보입니다. 그런 모습을 보는 엄마는 얼마나 기쁘겠습니까? 그래서 엄마도 눈웃음으로 화답하고 아기는 엄마가 얼마나 자기를 예뻐하는지 알게 됩니다. 그렇게 조율을 배우게 되는 것이죠.

그런데 환경이 나쁜 보육원에서 자란 애들은 어떻습니까. 보모가 아기에게 우유를 주면 아기는 멋도 모르고 보모에게 눈웃음을 보냅니다. 하지만 보모는 아랑곳하지 않고 우유병을 입에 콱 물리며 "빨리 먹어!" 라고 냉랭하게 말하겠죠. 조율의 끈이 끊어지는 순간입니다.

새뮤얼 라이보비치라는 유명한 유대인 변호사가 있습니다. 사형수들을 무료로 변호해 평생 78명을 무기징역 등으로 감형시켜준 변호사입니다. 미국에서는 극악무도한 살인이 아니면 웬만해서는 사형선고를 내리지 않습니다. 이런 1급 사형수들을 무료로 변호해서 그들의 죄를 감형시켜주는 과정 하나하나가 무척 지난하고 고통스러웠을 겁니다.

언젠가 이 분의 강연을 녹음으로 들은 적이 있습니다. 그 사형수들이 얼마나 공감받지 못하고 자랐는지에 대한 내용이었는데, 강연 마지막에 하는 말이 너무 가슴 아팠습니다. "저는 평생 동안 무료 변호를 통해 78명의 사형수를 죽음으로부터 건져냈습니다. 그러나 그 어느 누구로부터도 다음 두 단어를 들은 적이 없습니다. 그 두 단어는 'Thank you'입니다."

즉 극악무도한 살인을 저지르는 사람들은 남이 자신을 도와줬다고 고맙게 여기지도 않을뿐더러, 행여 그런 생각이 들었다 해도 고맙다고 말하는 데 익숙하지 못합니다. 그들을 극악무도한 살인자로 만든 것은 바로 공감받지도 못하고, 남과 마음의 교류를 통해 조율하는 법을 배우지도 못한 불우한 환경이 아닐까요.

사회적으로 잘나가는 남성들의 경우 바쁘다는 이유로 중고등학생 시절 한창 성장기에 있는 자녀와 조율의 끈을 놓치는 경우가 많습니다. 대학에 들어간 후에야 대견스러운 마음에 대화를 시도해보지만 조율이 부족해 정작 집에서 왕따가 되어버린 아버지들도 드물지 않습니다. 대부분의 황혼이혼 또한 경제적인 이유가 아니라고 합니다. 남편이 은퇴 후

부인과 지내는 시간이 많아졌지만 평소 조율에 신경 쓰지 않았던 터라, 부인과 주파수를 맞추지 못해 생기는 문제입니다. 공감능력이 있으면 풍요로운 삶을 살 수 있지만, 그 능력을 갈고닦지 않으면 소외된 인생을 살게 됩니다.

고객을 단골로 만드는 것도 바로 같은 원리입니다. 멀리 이사를 가고서도 계속 단골가게를 찾아오는 사람들은, 그 가게 주인과 공감의 끈을 놓고 싶지 않은 경우가 대부분입니다. 주파수가 다른 다양한 사람들과의 조율연습을 게을리해서는 안 될 것입니다.

공감의 세 번째 역할은 '라포르(rapport, 신뢰감)'를 조성하는 일입니다. 간혹 학기 초에 시선을 끌기 위해 일부러 말썽을 부리는 학생이 있습니다. 그럴 때 서툰 교수는 "이번 2학년들은 왜 이 모양이냐?"하고 다른 학생들까지 싸잡아 야단을 칩니다. 그러면 학생들이 말썽을 부리는 학생과 금세 한편이 되어버립니다. 반면 경험이 많은 교수는 "다른 학생들은 다 잘하는데, 너 혼자 왜 그래? 수업 후에 얘기 좀 할까?" 하며 그 학생을 심리적으로 떼어놓습니다. 다시 말해 라포르를 누구와 형성하느냐가 중요한데, 이때 공감이 중요한 역할을 합니다.

라포르는 비즈니스에서도 대단히 중요합니다. 가령 경쟁 프레젠테이션을 할 때면 청중 중에 반드시 트집을 잡기 위한 질문을 던지는 사람이 있습니다. 이런 질문에 유연하게 공감적 대응을 하지 못하고 기분을 상하게 하면, 발표내용과 상관없이 불리한 입장에 놓일 수 있습니다. 반면 공감을 잘해주면 라포르가 형성되어 분위기가 좋아지죠. 상대방의 기분이 좋아지고 내 기분도 좋아지면, 일이 즐거워지는 효과를 낳지 않겠습니까.

공감, 감지와 소통이 답이다

공감은 이처럼 비즈니스적으로나 개인적으로나 대단히 중요한 역할을 합니다. 그렇다면 어떻게 해야 공감을 잘할 수 있을까요?

공감을 잘하려면 감지(sensing)와 소통(communication), 두 가지 능력이 필요합니다. 먼저 감지는 상대방이 문제를 어떻게 인식하고 있는지를 정확히 파악하는 능력입니다. 공감의 원리를 쉽게 설명한 책으로 박성희 교수의 《동화로 열어가는 상담 이야기》를 추천하고 싶습니다. 이 책은 우리에게 친숙한 '공주와 달'이라는 동화로 시작됩니다.

옛날옛적 어느 나라에 공주가 있었는데, 어린 공주가 달을 따달라고 떼를 씁니다. 임금님은 신하들에게 달을 따오라고 시키지만, 정작 달을 따올 방법은 없었겠죠. 임금님의 닦달에 신하들은 아주 죽을 맛이었습니다. 이때 어떤 광대가 나타나서 임금님에게 말합니다. "임금님, 제가 그 달을 따오겠습니다.", "그래?", "임금님, 그런데 조건이 하나 있습니다. 제가 공주와 대화를 나누게 해주십시오." 아마 예전에는 공주와 함부로 얘기를 나눌 수 없었던 모양입니다. 다급한 왕이 "그래, 가서 얘기를 나눠보거라." 하니까 광대가 공주를 찾아갔습니다.

"공주님, 공주님. 만약 달을 따왔는데 달이 너무 커서 우리 궁이 찌그러지면 어쩌죠?" 하고 광대가 물었습니다. 그러자 공주가 "이 바보야, 내가 손을 들고 대보면 달이 내 엄지손톱만 한데 뭐가 그리 크단 말이야?"라고 답합니다. 광대는 이에 "맞았어요, 공주님. 그런데 저 달이 무엇으로 만들어졌을까요?"라고 물었습니다.

공주는 다시 대답합니다. "바보로군, 밤하늘에 저렇게 빛나는 것이 황금이 아니면 뭐겠어?", "맞았어요, 공주님. 오늘 저녁에 공주님이 주무실 동안 무슨 일이 있어도 저희들이 저 달을 따올 테니 푹 주무세요."
그리고 광대는 다음날 아침, 공주의 엄지손톱만 한 동그란 달 모양의 황
금덩어리를 목걸이로 만들어 공주의 목에 걸어줍니다.

이 우스꽝스러운 우화는 우리에게 제법 많은 교훈을 줍니다. 문제해
결의 중심을 나에게 두지 말고 상대방에게 두라는 말이죠. 먼저 상대
가 문제를 어떻게 지각하고 있는지를 잘 알아봐야 한다는 겁니다. 그
래서 경청이 중요한 거지요. 대부분의 사람들이 상대방이 생각하는 '달'
을 으레 자신이 생각하는 '달'과 동일하다고 여기는 데서 문제가 발생합
니다.

공주와 달 얘기를 마저 하겠습니다. 다음날 모든 신하들은 공주의 달
문제가 해결된 것을 알고 마음을 놓았다가 오후가 되면서 다시 걱정을
시작했습니다. 해가 떨어지고 밤이 되어 달이 떠오르면 공주의 목에 걸
린 달이 가짜라는 게 밝혀지지 않겠습니까?

신하들은 걱정 끝에 하는 수 없이 광대를 다시 부릅니다. 그랬더니 광
대가 "제가 말씀드렸지 않습니까. 문제해결의 중심을 내가 아니라 상대
방에게 두라니까요. 상대가 문제를 어떻게 인식하고 있는지 우선 물어
야죠." 하면서 공주에게 다시 가서 묻습니다.

"공주님. 어젯밤에 공주님이 주무실 때 저희들이 기다란 사다리를 타
고 올라가서 저 달을 따다가 공주님 목에 걸어드렸는데, 하늘에 걸린 저
건 뭐죠?", "이 바보야, 이가 빠지고 나면 새 이가 나듯이 달이 빠졌으니
새 달이 떴나 보지.", "그렇군요, 공주님. 공주님은 역시 현명하세요."

이렇게 쉽게 문제가 해결되었다는 것 아닙니까. 이 이야기는 공감을
잘하려면, 우선 상대를 잘 관찰하거나 의견을 주의 깊게 들음으로써 상
대방이 문제를 어떻게 인식하고 있는지 감지하는 능력이 중요함을 보여

줍니다.

하지만 상대의 마음을 이해하고 같이 느낀 것만으로 공감이 끝나는 게 아닙니다. 이쪽에서 알았다는 것을 상대방이 알게끔 해야 합니다. 그러므로 공감에 필요한 두 번째 능력은 상대방의 생각과 마음을 알고 있다는 것을 상대방의 눈높이에 맞추어 전달하는 것입니다.

그런데 눈높이를 맞춰야 한다는 건 누구나 알지만, 과연 우리 고객의 눈높이는 도대체 어디쯤 있을지 생각해보셨습니까? 고객의 평균 정신연령은 몇 살 정도일까요? 언젠가 외국의 한 백화점 교육자료에서 다음과 같은 내용을 보았습니다. "고객은 절대 도를 닦은 성인聖人이 아닙니다. 그들이 성인成人이기를 기대하지도 마십시오." 그다음을 영어표현 그대로 옮기자면, "Customers are badly-spoiled children." 즉 고객은 더럽게 버르장머리 없는 애들과 같다는 뜻입니다. 왜 그럴까요?

잘 아시다시피 인간에게는 좌뇌와 우뇌가 있습니다. 좌뇌는 이성적이고 분석적이어서 논리적 사고를 하는 반면, 우뇌는 감정적이고 직관적이어서 때로는 비논리적인 반응을 보이기도 합니다. 좌뇌와 우뇌는 서로 균형을 맞추기 때문에 좌뇌를 많이 쓸 때는 우뇌의 기능이 줄어들고, 우뇌를 많이 쓸 때는 좌뇌의 기능이 줄어듭니다.

판매원을 칭찬하러 일부러 오는 고객은 그리 많지 않습니다. 열에 여덟아홉은 불평을 하러 오는 경우입니다. 그런데 열받은 고객이 판매원에게 올 때 좌뇌를 가지고 올까요, 우뇌를 가지고 올까요?

우뇌입니다. 우뇌를 가지고 오기 때문에 고객의 이성적 수준은 어린 애와 같은 겁니다. 감정적인 우뇌가 작동하는 사람에게 좌뇌에 대고 해야 할 논리적인 얘기를 늘어놓으며 반품규정이 어떻고 회사내규가 어떻고 얘기해봐야 먹혀들 리가 없죠. 우뇌를 가지고 오는 사람에게는 일단 노여움을 진정시키는 과정이 필요합니다.

사람들은 감정이 격해지면 자기가 하고 싶은 얘기를 제대로 못합니다. 그런데 공감을 잘해주면 우뇌가 가라앉고 이야기의 가닥이 잡혀가므로, 말하면서 머릿속도 정리되고 스스로 비논리를 깨닫게 됩니다. 결국 하고 싶은 얘기를 편하게 하게끔 하는 것이 공감을 잘하는 겁니다. 반대로 공감을 못 해주면, 상대는 화를 내고도 기분이 풀리지 않겠죠.

공감의 4단계 절차

그렇다면 어떻게 공감을 하는 게 효과적인지, 그 과정을 간단히 살펴보겠습니다. 공감은 ① 비언어적 주의 기울이기, ② 일차공감, ③ 고도공감, ④ 직면의 4단계로 나눌 수 있습니다.

비언어적 주의 기울이기	아직 말을 시작하기 전에 표정과 제스처만을 통해서도 공감의 의사를 전달할 수 있습니다.

비언어적 주의 기울이기(non-verbal attending)의 형태는 여러 가지를 생각해볼 수 있는데요. 우선 눈을 마주치는(eye contact) 것이 가장 중요합니다. 부인이 뭔가 열심히 얘기하고 있는데 남편은 신문을 넘기며 성의 없이 듣고 있다고 가정해봅시다. 분명 눈으로 신문을 보면서 부인 말을 듣고 있겠지만, 눈길 한 번 안 주고 신문만 보며 대화한다면 부인은 기분이 나쁘겠지요.

자기 말을 잘 들어주는 사람을 싫어하는 사람은 없을 겁니다. 그런데 상대방의 말을 잘 듣고 있음을 알려주는 게 바로 눈입니다. 눈은 대화의 매우 중요한 도구죠.

OB맥주에서 오랫동안 근무하며 부사장까지 지낸 분이 계십니다. 'OB 호프'라는 이름과 개념을 만든 분인데, IMF 직전에 회사를 그만두셨어요. 그래서 소일거리 삼아 호프집을 하나 차리려는데, 짝퉁 호프집도 많아지고 화재사고 등도 몇 번 일어나서 '호프집'이라는 말의 느낌이 안 좋은 거예요. 그래서 이름을 새로 지었죠. 그 이름이 비어할레(Bier Halle), 비어홀beer hall의 독일말이랍니다.

제법 큰돈을 들여 영업점을 하나 열었는데, 그만 한 달 만에 IMF가 터졌습니다. 멀쩡하던 호프집 열 곳 중에 일곱 곳이 문을 닫는 상황인 겁니다. 이 상점은 새로 생겨 이름도 안 알려졌으니, 망하기 딱 좋죠. 그런데 제가 1년 만에 그 사장님을 우연히 만나뵙게 되었는데 남들은 망해가는 IMF 기간 동안 비어할레는 놀랍게도 10개로 늘어났더군요.

그래서 제가 그분에게 직원교육부터 운영에 이르기까지 자세히 여쭤보았습니다. "직원들을 인사시킬 때 30도로 굽히게 합니까, 60도로 굽히게 합니까?" 하는 시시콜콜한 것까지요. 우문愚問이란 걸 알지만, 현답賢答을 기대하며 여쭤봤죠.

그랬더니 사장님이 "실제로 그런 건 하나도 안 중요하던데요. 진짜 중요한 건 고객과 눈을 마주치는 거예요." 이러는 겁니다. "눈을 어떻게 마주쳐요?"라고 여쭤보니 "손님이 들어오면 눈으로 얘기하는 거예요. '이렇게 소주방도 많고 호프집도 많은데 어떻게 저희 가게로 오셨어요?'라는 인사를 눈으로 전하는 거죠. 그러면 고객은 그 눈빛만으로도 환영받는 느낌을 받습니다."

이 사장님이 워낙 학구적이라 자기 나름대로 실험도 했더군요. 매장 열 곳을 셋으로 나누어, 세 곳에서는 손님이 계산하고 나갈 때 계산할 금액만 "네, 4만 3,500원입니다."라고 친절하게 말하도록 한 겁니다. 다른 세 곳에서는 "맛있게 드셨어요?"를 덧붙이고 "네, 4만 3,500원입니다."라고 말하게 했답니다. 그리고 나머지 네 곳은 고객과 눈을 마주치며 "맛있게 드셨어요?" 하고는 "네, 4만 3,500원입니다."라고 하게 시켰답니다. 그랬더니 맛있게 드셨냐는 말을 덧붙인 매장과 금액만 이야기한 매장은 별 차이가 없더랍니다. 그런데 눈을 쳐다보며 얘기한 매장은 한 달 만에 손님의 수가 3배나 차이가 나더래요. 눈을 마주치는 게 얼마나 중요한지를 잘 알 수 있습니다.

사람들이 명함을 주고받을 때 어떻게 하는지 잘 보세요. 대부분 받은 명함을 들여다보며 악수를 합니다. 그렇게 하지 마시고, 받은 명함을 얼른 보고서는 상대방과 악수하면서 눈으로 인사를 건네보십시오. 그러면 상대방도 눈을 쳐다보거든요. 그렇게 눈을 마주하며 인사를 하게 되면 두 번째 만날 때 훨씬 친근하게 느껴집니다. 연습을 안 하면 잘 안 되니 꼭 해보세요. 와인잔을 부딪치면서도 잔을 보지 마시고, 서로 눈을 쳐다보며 미소를 지으면 훨씬 친근감을 느끼게 됩니다. 바로 상대방과 마음의 조율을 할 의사가 있음을 밝히는 순간입니다.

그 밖에 상대방의 말에 고개를 끄덕이며 성의껏 듣고 있음을 보여주거나 말하는 사람과의 신체적 거리에 변화를 주는 것만으로도, 상대방의 말을 잘 들으려 애쓰고 있음을 알려주는 표시가 되겠지요. 상대방의 팔을 가볍게 잡는 행동이 마음을 열어주기도 하고요, 심지어 상대방과 유사한 표정을 지어가며 듣는 것도 정서적 조율을 하고 있다는 표현방법이 됩니다. 비언어적 주의 기울이기는 대화 중에도 계속 해야 하는 것입니다. 이제 본격적인 대화를 시작하면서 상대방의 말에 공감하는 요령을 구체적으로 살펴보겠습니다. 일차공감과 고도공감이 그 방법인데요. 그에 앞서 공감의 마지막 단계인 직면에 대해 먼저 살펴보겠습니다.

공감을 통해 고객의 마음이 열리고 신뢰가 쌓이면, 문제해결을 위해 현실이나 사실과 직면(confrontation)을 시켜야 합니다. 공감이 공감으로만 끝나서는 안 되고, 궁극적으로 고객이 해결하려는 문제와 직면시켜야 하는 것이죠. 공감은 직면을 위한 사전작업이라 볼 수 있습니다.

직면 | 직면에서는 어느 정도의 심리적 불편이 야기될 수 있으므로 대단히 조심스레 접근해야 합니다. 무엇보다 상대방이 직면을 자연스럽게 받아들일 수 있는 때인지 타이밍을 잘 맞추는 것이 중요합니다. 조급하게 들이대거나 타이밍이 적절하지 않으면 상대방이 오히려 배신감을 느껴 공감의 노력이 수포로 돌아갈 수도 있습니다.

직면에서는 상대방을 돕는다는 자세로 임해야 하며, 나의 입장을 내세우려 하지 말아야 합니다. 즉 해결책을 제시하기보다 해결책을 찾아가도록 도움을 주는 형식이 되어야겠죠. 또한 상대방의 행동이나 말에 대해서만 반응해야 합니다. 그 사람의 성격이나 가치관을 언급하면 공격적으로 느껴질 수 있으니까요. 서툰 마케터는 상대방의 외모나 복장 등으로 편견을 갖기도 하는데 이 또한 매우 경계할 필요가 있습니다. 이제 일차공감과 고도공감에 대한 설명을 들으시면서, 어떻게 상대를 직면시킬지도 함께 눈여겨보시기 바랍니다.

일차공감 | 일차공감(primary empathy)은 상대의 말을 유추하지 않고 듣는 대로 자연스레 따라가주는 것인데, 심리학 용어로는 트래킹tracking이라고 합니다. 다음에 나올 이야기에 관심을 표현하는 것, "왜?", "그래서?"라며 관심을 표현한다든지 목소리나 성량을 유연하게 변화시키는 것이 그러한 예입니다.

적절한 질문도 좋은 방법입니다. 그러나 확인하거나 따지는 것처럼 들리지 않도록 조심해야 합니다. 충분히 공감하는 분위기에서 물어봐야 겠죠. 질문을 잘하려면 근본적으로 상대에게 관심과 호기심을 가져야 합니다. 삶의 에너지는 호기심에서 나옵니다. 새로운 이슈와 상대방에 대한 진지한 관심이 없으면 좋은 질문을 할 수 없습니다.

기분 좋게 대화하는 데 필요한 최대의 무기는 '맞장구'입니다. 인기 있는 토크쇼 진행자 등 대화의 전문가들일수록, 맞장구를 치는 횟수도 많고 표현방식도 다양합니다. 창(唱)을 할 때 고수가 적절한 추임새를 넣어주는 것이 중요한 것처럼, 다른 사람이 말을 할 때 적절히 운을 맞춰주는 것은 대화의 양념이요, 소금입니다. 마치 죽이 맞는 친한 친구끼리 주거니 받거니 말하듯 운을 맞춰주는 것이 좋습니다.

그런데 트래킹에서 제일 중요한 것은 유사구절로 바꾸기(paraphrasing)입니다. para는 유사하다는 뜻이니, 비슷한 말로 바꾸어 반응하라는 말입니다. 한양은행이란 곳의 PB 센터에서 돈 많은 고객에게 새로운 금융상품을 소개한다고 가정해봅시다. 고객에게 열심히 새로운 상품에 대해 설명했습니다. 이때 고객이 "한양은행 상품만 수익성이 높을 수 있나, 도토리 키재기지."라고 한다면 어떻게 그 고객을 설득하겠습니까?

한양은행의 수익성이 0.1%라도 더 높다고 주장하는 것으로는 큰 효과가 없을 것 같습니다. 앞에서도 말씀드렸지만 공감의 원리는 사실을 인정하는 것이 아니라, 그 사람의 생각을 인정하는 거니까요. 이때는 "그렇습니다. 요새 수익성 올리기가 쉽지는 않아요."라고 상대방의 생각에 일단 동조합니다. 그러고는 "그런데 이렇게는 생각해보셨어요?"라고 말을 이어가며 사실과 직면시키는 게 효과적일 것 같습니다.

고 노무현 대통령이 2002년 대통령 선거에 출마했을 때, 상대방의 말이 맞고 틀리고를 떠나 일단은 "맞습니다, 맞고요."라고 말해 화제가 된 적이 있습니다. 논리를 따지는 것이 아니라 일단 공감해주는 모습에 많은 사람들이 호감을 갖게 되었죠. 여러분이 상대방의 말에 대해 일단 마음속으로 '맞습니다, 맞고요'라고 한다면 아마도 공감이 훨씬 쉬워질 것입니다.

예를 더 들어보겠습니다. 고객이 "글쎄, 한양은행에서도 잘해주겠지만 지금도 A은행 B과장이 잘해주고 있어."라고 말하면, 이럴 때도 마음속으로 일단 '맞습니다, 맞고요' 해놓고 "B과장이 정말 잘하는가 보네요."라고 패러프레이징합니다. 그리고 "요새는 다들 잘하긴 해요. 하지만 저희는 단순히 친절을 베풀기보다 각 고객의 요구에 맞는 관리를 해드리려고 합니다."라며 설득해볼 수 있겠죠.

"말만 금융컨설팅이지 낫긴 뭐가 나아, 그놈이 그놈이지…." 고객이 이렇게 말할 수도 있겠죠. 그럴 경우 아까 말씀드린 것처럼 마음속으로 '맞습니다, 맞고요'라고 해놓고 "요즘 그런 생각이 드시는 것도 당연하죠. 상품종류가 워낙 다양해서 그게 그거 같고…."라고 그대로 말을 받아줍니다. 그러고는 "그런데, 이번에 저희가 시작하는 서비스는요…."라고 말을 이어가는 것이죠.

다른 예를 하나 더 들어볼까요? 병원에 온 환자가 어깨가 아프다고 해서 진찰해본 결과, 큰 탈은 아니지만 당분간 매일 물리치료를 받으러 와야 하는 상황입니다. 그런데 환자가 "제가 직장 다니면서 물리치료를 매일 받을 수 있을지 걱정이에요."라며 약간의 거부감을 보입니다. 이 환자에게 어떻게 공감하며 지속적인 치료를 받도록 할지 생각해보세요.

경청이 말하기보다 어려운 이유는, 상대방의 말을 듣고 공감해줄 때 머리를 적극적으로 써야 하기 때문입니다. 모든 말에는 '주체'와 '내용'

그리고 '감정'이 있습니다. 물론 주체가 생략되기도 하고 감정을 드러내지 않는 경우도 있지만, 어쨌든 모든 말에는 세 가지 요소가 있음을 유의하시기 바랍니다. 특히 사실만 보려 하면 따라오는 감정을 놓칠 때가 많습니다. 앞의 환자의 말도 분석해보면 아래에서 보듯 세 부분으로 되어 있습니다.

제가	직장 다니면서 물리치료를 매일 받을 수 있을지	걱정이에요.
주체	내용	감정

가령 "제가"라는 '주체'를 공감해줘야겠다고 생각하면, 바쁜 사람으로 보이든 아니든 사실을 따지지 말고 (속으로, 맞습니다, 맞고요.) "꽤 바쁘신가 보군요."라고 말을 받아주며, 일단 그 사람의 생각에 동조해주어야겠죠. 그러고는 "그래도 나으려는 의지가 있으니까, 해내실 것 같아요." 라며 직면과 설득을 시도합니다.

'내용'을 공감해줘야겠다고 생각되면, 들은 말을 복창하듯 패러프레이징을 해서 "(맞습니다, 맞고요.) 그래요, 매일 치료받는 게 쉬운 일은 아니겠네요." 하며 고객의 마음을 알고 있음을 전달해줍니다. 그리고 "하지만 이 치료는 받다 안 받다 하면 효과가 없어요."라고 사실을 직면시킵니다.

'감정'을 공감해줄 때는 패러프레이징을 해서 "(맞습니다, 맞고요.) 아무래도 걱정이 되시죠." 그러고는 "그런데 이 치료를 받으시다 보면 또 금세 적응이 되실 겁니다."라고 행동을 유도합니다.

고도공감 | 고도공감(advanced empathy)은 상대편의 입장보다 앞서서 공감해주는 것을 의미합니다. 일단 실제 상황을 보며 같이 생각해보죠.

약 10여 년 전 캐나다에 안식년으로 갔을 때 겪은 일입니다. 그때는 아직 아마존닷컴도 자리 잡지 못한 상태였고, 인터넷 거래가 막 시작되는 단계였습니다. 그런데 일주일 뒤 수요일에 그곳 기업에서 강의가 생겨 한 인터넷 서적업체에 교재 25권을 주문했습니다. 교재 없이는 진행이 어려운 강의인 데다 워낙 갑작스럽게 맡은 강의라서 미리 준비하지 못한 것이 내심 마음에 걸렸지만, 믿을 만한 사이트인 데다 배송기간이 1~3일이란 말만 믿고 기다렸습니다.

그런데 책은커녕 아무런 연락도 오지 않아, 월요일 오전에 고객상담센터로 전화를 걸었습니다. 전화번호가 틀렸는지 상담원과도 연결되지 않다가 우여곡절 끝에 담당 매니저와 통화할 수 있었습니다. 어쨌거나 사흘 후에 책이 필요했던 저는 약간 짜증을 내면서 서툰 영어로 설명을 했습니다. 그랬더니 제 얘기를 듣던 매니저가 "아니, 수요일이면… 모레 아닙니까? 그런데… 아직 책이 안… 왔단 말인가요?"라고 더듬거리며 말하는데 정말 당황한 목소리더라고요. 어찌된 건지 상황을 알아본 후 전화를 주겠다고 하는데, 저보다 더 염려하는 눈치였습니다.

그러더니 그 후에 서너 번 전화가 더 오고갔는데, 그 사람이 자기 일처럼 걱정하며 진정으로 애를 쓰는 게 느껴지니까 화가 누그러지더라고요. 이런 것이 '고도공감'입니다. 상대방의 입장보다 앞서서 염려해주고, 상대방이 느끼는 슬픔보다 더 슬퍼해주고, 상대방이 느끼는 기쁨보다 더 기뻐해주는 것이죠. 맘속으로 '뭐, 못 구하면 그냥 복사해서 써야지.' 그런 생각도 들었습니다. 결국 그 서점은 저녁 때까지 25권을 모두

구해줬습니다. 제가 박사과정 학생들이나 나중에 안식년을 맞아 그곳에
간 교수들에게 그 서점을 소개해준 것은 두말할 나위가 없었죠.

EQ를 높여라

앞에서 EQ는 남의 마음을 읽어주고 이해해주는 능력이라 말씀드렸
습니다. 공감을 잘하려면 반드시 갖춰야 할 능력인 셈이죠. IQ와 EQ를
간단히 비교하자면, IQ는 자신의 지식과 기술을 다루는 능력이고 EQ는
자신과 타인의 정서를 다루는 능력입니다. 누군가 지나가는 말처럼 말
하더군요. 취직을 시켜주는 것은 IQ이고, 승진을 시켜주는 것은 EQ라
나요.

흔히들 DHA가 들어간 우유를 마시거나 등푸른 생선을 먹으면 IQ가
더 좋아진다는 얘기를 합니다. 그러나 사실무근이고 IQ는 타고난 것이
라 바뀌지 않습니다. 그런데 EQ는 노력에 따라 회복되고 개선될 여지
가 많은 생활습관입니다. 즉 공감능력을 타고난 사람도 있지만 얼마든
지 배우고 계발할 수 있다는 점이 IQ와 다릅니다. 그렇다면 EQ는 어떻
게 개선할 수 있을까요?

첫째는 공부하면서 생각을 바꾸도록 노력해야 합니다. 우선 필독서로
앞에서도 말했지만, 대니얼 골먼Daniel Goleman의 《감성지능》과 《화성에서
온 남자, 금성에서 온 여자》를 권하고 싶습니다. 마케팅 종사자라면 더
더욱 읽어야겠죠.

둘째, 심리상담 분야에서 널리 활용되는 'MBTI(Myers-Briggs Type
Indicator)' 교육을 권합니다. 판매원은 흔히 자기의 사고방식이나 행동
양식을 고집하는 경향이 있습니다. 고객이 어떤 사람이냐에 관계없이

자기에게 익숙한 방식대로만 밀고나가는 겁니다. 그러다 보면 고객층이 자기 스타일에 맞는 사람들로만 한정되는 문제가 생깁니다.

MBTI에 익숙해지면 서로 다른 사람들의 독특한 성격유형을 잘 파악할 수 있습니다. 간혹 '저 사람은 왜 저 모양일까?'라는 생각을 하는데, 이 MBTI 교육을 받게 되면 '아, 저 사람이 이러이러한 유형이라 그렇게 반응하는구나'라고 느끼면서 훨씬 마음이 편해지고, 그 사람을 수용하게 됩니다. 타인을 수용하는 과정을 통해 고객을 마음으로 이해하고, 고객의 주파수에 맞추어 보다 효과적으로 판매할 수 있는 거죠.

셋째, 공감능력을 키우는 데 사랑을 나누는 것만큼 좋은 것은 없겠죠. 특히 이성간의 건전한 교제가 EQ 발달에 도움이 되는 것은 두말할 필요도 없습니다. 〈플레이보이Playboy〉지를 창간한 휴 헤프너Hugh M. Hefner의 유명한 말이 있죠. "원하는 사람을 얻으려면 꼬셔야 한다. 꼬시려면 그를 잘 알아야 한다. 그를 잘 알려면 그를 사랑해야 한다." 즉 공감을 잘하려면 그냥 하는 척만 해서는 안 되고, 이성이든 배우자든 고객이든 마음에서 진심으로 우러나와야 한다는 뜻입니다.

인간의 가장 깊은 욕구는 '인정'받으려는 욕구라고 합니다. 상대를 한 명의 인간으로 존중하고 그 사람이 하는 일을 진심으로 인정해주고 관심을 갖는 자세가 중요하겠죠. 그것이 곧 사랑이 아닐까 싶습니다.

'인정'의 반대는 무엇일까요? '무시'입니다. 반응이 없거나 눈길도 주지 않고 대꾸가 없다면, 상대방은 '내 말이 씹혔다'는 생각에 불쾌해하거나 섭섭하겠죠. 공감을 받지 못한 느낌입니다.

넷째, 예술적 취미도 EQ를 회복하는 데 도움이 됩니다. 음악이나 미술, 공예 같은 취미가 좋다고 하는데, 아무래도 시간을 내기 힘들잖아요. 이럴 때 좋은 게 뭔지 아세요? 디지털 카메라를 가지고 다니는 겁니다. 그것도 기왕이면 적절한 촬영효과를 낼 수 있는 DSLR을 들고 다니면서, 틈 날 때마다 작품사진 찍듯 해보세요. 평소에 대수롭지 않게 무심코 보던 것들이 새롭게 보인답니다. 그러면서 감수성을 키워가는 거죠.

다섯째, 삶의 경험이 많을수록 공감을 잘합니다. 그런데 모든 걸 직접 경험하고 살 수 없으니 좋은 영화들을 보면서 많은 간접경험을 쌓는 것도 한 방법입니다.

여섯째, 이웃돕기도 좋습니다. 그냥 성금 내는 거 말고, 그들을 찾아가서 실제 병간호도 해보고 손수 발도 닦아주고 아픔을 같이해보면 보람도 느끼고 좋다고 하네요. 말은 이렇게 하지만 저도 직접 해보진 못했습니다.

일곱째, 운동하기, 산보하기, 아로마 테라피, 목욕하기 등을 통해 긴장을 푸는 방법은 여러분도 잘 아실 테고요. 선禪, 요가, 단전호흡 등도 도움이 되겠죠. 끝으로 무슨 종교가 됐든 찬양과 감사와 말씀이 있으니 종교생활을 잘하는 것도 EQ를 증진시키는 데 도움이 됩니다.

SAS 항공 | 유럽에는 여러 항공사가 있지만, 거의 적자에 허덕이고 있습니다. 스칸디나비아항공SAS도 마찬가지였습니다. 이때 지방 항공사 사장이던 39세의 얀 칼슨Jan Carlzon이 전격적으로 사장 자리에 발탁됩니다. 스칸디나비아항공은 그가 사장이 된 지 단 1년 만에 8,000만 달러의 흑자를 남기는 회사로 변모했지요. 사람들이 그 비결을 자꾸 물어오자 그는 자신의 경영철학을 '진실의 순간(MOT: Moment of Truth)'이란 말 한마디로 던져줍니다.

그에 의하면, 사람들은 홍보나 광고, 입소문 등을 통해 항공사에 대한 이미지를 갖게 된답니다. 그러다 언젠가 처음 항공사를 이용할 때 만나는 사람은 항공사의 사장도, 임원도, 간부도 아닌, 창구에서 일하는 말단 직원이라는 겁니다. 바로 그 순간이 광고나 홍보 등 이미지를 형성하려는 기업의 노력이 가면을 벗는 진실의 순간이며, 그때 제일 필요한 것이 공감능력이라고 합니다.

저의 책을 읽는 독자분들은 이미 공감능력이 뛰어나실 거라 생각됩니다만, 보다 중요한 것은 그러한 공감능력을 기업의 특성에 맞게 잘 정리해 최전방에 나가 있는 직원들에게 체계적으로 교육시킬 수 있는 시스템으로 만드는 것이겠죠.

칼슨 사장의 말을 더 들어보죠. "조심을 한다고는 하지만, 저희도 인간이다 보니 하루에도 수없이 승객의 짐을 분실했다 찾곤 합니다. 그런데 저희는 승객의 짐을 찾아주는 데 그치지 않고, 염려하고 짜증났을 그들의 마음을 공감해주고 진심을 다해 사과하거나 위로해드리도록 하지요. 결과적으로 저희 항공사를 이용했다가 짐을 잃어버린 적이 있는 고객의 대부분이 다른 항공사로 옮겨가는 것이 아니라, 오히려 저희의 충성고객이 되는 경우가 많습니다."

요즘은 고객의 불평을 반품이나 환불로 해결하는 시스템을 잘 갖춘 백화점이 많습니다. 그런데 고객들은 자기가 원하는 것을 되찾은 다음에 다시는 그 백화점을 이용하지 않는 경우가 비일비재합니다. 최전선에서 공감을 잘해주지 않는다면, 아무리 좋은 문제해결 시스템을 갖추고 있어도 고객은 하나둘씩 떠나가게 됩니다.

구약성서를 보면 바벨탑에 대한 일화가 나옵니다. 거대한 탑을 쌓아 하늘에 도달하려 했던 인간의 오만한 행동에 분노한 신이 언어를 여럿으로 분리하는 바람에 결국 혼돈 속에서 실패로 끝나고 말았다는 이야

공감의 원리
고객들도 이 빨간 튤립처럼, 자신만이 각별한 눈길을 끌기를 바라지 않을까요?

기입니다. 어쩌면 우리도 같은 한국어로 소통하고 있지만, 서로 말이 안 통하는 방식으로 대화를 나누고 있는지도 모릅니다. 바벨탑 건설이 실패로 끝났듯, 공감능력의 결여는 조직이 원하고자 하는 목표를 달성하지 못하는 원인이 될 수 있습니다.

이제 공감에 대한 내용을 이쯤에서 마무리할까 합니다. 제가 사진전에 갔다가 공감을 잘 설명한 것 같아서 꽤 많은 돈을 주고 산 게 위의 사진입니다.

튤립이 참으로 예쁘죠? 그런데 이 사진을 보면 뭐가 눈에 띄십니까. 흰 꽃들 가운데 빨간 꽃 한 송이가 도드라져 보이죠. 많은 꽃 중에서도 그 한 송이가 유독 눈길을 끕니다. 고객은 하얀 꽃처럼 많지만, 각각의 고객이 빨간 꽃처럼 자신이 각별한 관심과 눈길을 받고 있다고 느끼게 한다면, 공감을 잘하시는 겁니다.

　　제가 앞에서 류머티즘 내과의사 선생님 말씀드렸죠? 그분은 하루에
도 이 하얀 튤립들처럼 수많은 환자들을 만나지만, 각 환자가 마치 빨간
튤립처럼 선생님의 각별한 관심을 받는다고 생각하게 만듭니다. 그것이
그분을 3년은 기다려야 만날 수 있는 명의로 만든 게 아닐까요.

11장

아름다움이 힘이니라

ESTHETICS MARKETING

심미적(esthetics 혹은 aesthetics) 마케팅은 감각적 아름다움을 찾으려는 인간의 본성을 마케팅 활동에 활용한 것입니다. 브랜드를 구성하는 컨셉요소(conceptual elements)를 눈으로 보고 손으로 만질 수 있는 지각요소(perceptual elements)로 바꾸는 것이 디자인이므로, 디자인의 역할은 매우 중요합니다.

디자인이란 모든 오감과 관련되므로, 매장의 향기를 관리하거나(후각), 만졌을 때 기분 좋은 자재를 사용하거나(촉각), 자동차 문 닫히는 소리를 조절하거나(청각), 색다른 맛의 음료를 만드는 것(미각) 등이 모두 디자인의 영역에 해당합니다. 인간은 그중에서도 시각에 가장 많이 의존하기에, 이 책에서는 시각적 디자인을 중심으로 설명하도록 하겠습니다.

미학적 디자인, 기능에서 느낌으로

무언가를 구매할 때는 가격이나 편리함, 기능도 중요하겠지만, 결정적 순간에는 미학이 작용하는 것 같습니다. 일전에 각종 제품의 구매결정 요소를 조사한 적이 있는데요, 자동차처럼 기능이 중요한 제품에서도 구매를 결정하는 최종요인 1위는 스타일(23.2%)이었습니다.

경제 칼럼니스트인 버지니아 포스트렐Virginia Postrel은 자신의 저서《스타일의 본질(The Substance of Style)》에서, 디자인이 한때는 유행의 첨단(cutting edge)을 상징했으나, 지금은 소비자들이 당연시 여기는 최소한의 표준(minimum standard)이 되었다고 말합니다. 아트센터 디자인 대학Art Center College of Design의 학장이던 데이비드 브라운David Brown은 "디자인은 어디에나 있으며, 이제는 모든 곳이 디자인된다(Design in everywhere, and everywhere is now designed)."라고 말한 바 있습니다. 이제 디자인이 생활의 중요한 일부임을 부인할 수 없습니다.

20세기 중반까지 대량생산이 본격화되는 동안 기업은 품질향상 및 원가절감에 전력을 다해왔습니다. 그런데 21세기가 다가오면서 기업은 사람들의 일상생활을 뭔가 좀 더 특별하게 만드는 데 신경을 쓰기 시작합니다. 일반화된 기능에 감각적이고 감성적인 요소를 첨가하려는 시도죠. 그러려면 제품을 보는 관점을 '기능'에서 '느낌'으로 바꾸는 것이 필요합니다. 이는 제품과 서비스의 효용(utility)에 치중하는 것 못지않게 감각(sense)도 중요시해야 한다는 의미입니다.

기능(FUNCTION)에서 느낌(FEEL)으로

기능은 효용(UTILITY)을 중시하고
느낌은 감각(SENSE)을 중시한다

1973년의 일입니다. 그랜드 슬램 단식 타이틀을 12개나 가지고 있던 전설적인 여성 테니스 선수 빌리 진 킹Billie Jean King (당시 29세)과 전前 윔블던 우승자인 남자선수 바비 릭스Bobby Riggs (당시 55세)가 성性대결을 벌인 적이 있습니다. 다소 특이한 성격의 바비 릭스는 보통 식사를 하지

않고 비타민과 영양제 등만 먹고 시합을 준비했다고 합니다. 빌리 진 킹 선수가 승리했지만, 당시의 성 대결은 큰 화제가 되었죠.

그때 여러 언론에, 21세기가 되면 일반인들도 식사 대신 알약을 먹고, 옷은 빨 필요 없이 한 번 입고 일회용 종이처럼 찢어버리는 간편한 생활을 하게 될 것이라는 기사가 실렸던 것을 기억합니다. 그런데 막상 21세기가 되고 보니, 더 진기한 음식과 고급 와인을 판매하는 멋진 레스토랑들이 늘어났고, 옷은 한층 더 유행에 민감해졌습니다. 전반적으로 경제수준이 높아지면서 미학적 가치는 예전보다 훨씬 확산되었고, 기업에서는 이에 초미의 관심을 기울이고 있습니다.

국가의 경쟁력, 디자인

디자인이 워낙 중요해지자 선진국들은 앞다투어 디자인 경쟁력을 내세우며 국가 차원에서 디자인 산업을 적극 지원하고 있습니다. 1979년 영국의 수상이 된 마가렛 대처는, 만년 적자를 면치 못하는 영국을 구하기 위해 '디자인 혁명'을 강조했습니다. "좋은 디자인이야말로 국가적 명성을 가져다주며, 미래에 우리 경제가 경쟁력을 갖추는 데 필수불가결한 요소입니다."라며 디자인을 국가적 차원에서 뒷받침하겠노라 천명한 것입니다.

보수적인 각료들이 디자인을 지나치게 강조하는 것 아니냐고 못마땅해 하자, 대처 수상은 "나는 여론에 휩쓸리는 정치가(consensus politician)가 아닙니다. 나는 신념에 따라 정치(conviction politician)합니다. 영국을 적자의 늪에서 건져내는 것이 나의 지상과제입니다. 디자인에 관심을 갖지 않으려면 사임하십시오(Design or resign)."라며 강하게 밀어붙였다고 합니다.

그 뒤를 이은 토니 블레어 수상은 '창의적 대영제국(Creative Britain)'을 국가의 정체성으로 내세웠습니다. 그 또한 "영국의 성공은 우리의 가장 가치 있는 자산, 즉 창의력과 혁신력 그리고 디자인 파워를 얼마나 잘 활용하느냐에 달려 있습니다. 디자인은 오늘날 지식주도 경제의 중심입니다."라며 디자인의 중요성을 주장했습니다. 영국을 되살려놓은 힘은 바로 창의력 넘치는 디자인입니다.

이탈리아를 먹여 살리는 중요한 산업 또한 디자인입니다. 마케팅에서 차별성을 드러내는 가장 쉬운 방법은 독특한 디자인(unique design)일 겁니다. 이탈리아의 알레시Alessi는 주전자, 냄비, 감자깎기 등 주방용품을 판매하는 회사였는데, 필립 스탁Philippe Starck과 같은 포스트 모던한 제품 디자이너들과 협력하면서 디자인 회사로 거듭났습니다. 그들은 칫솔에서 쓰레기통에 이르기까지 집안의 모든 용품을 색다르게 디자인해 판매합니다. 사람들은 흔히 볼 수 없는 독특하고 멋진 쓰레기통을 보면, 바꿀 생각이 전혀 없는데도 새로운 것을 구입하곤 합니다.

미니멀하면서 깔끔한 스칸디나비아 디자인도 나름대로의 특색을 갖고 있습니다. 덴마크의 뱅앤올룹슨Bang & Olufsen은 음향에 관심이 많은 오디오 마니아들이 선호하는 제품은 아닙니다. 그러나 눈에 띄는 독특한 디자인 때문에 상류층의 거실을 장식하곤 합니다. 남들이 가지고 있지 않은 제품을 과시하려는 자기만족 욕구를 충족시키기 때문입니다.

정조가 2년 9개월에 걸쳐 완공한 수원화성은 아름다운 성곽 중에서도 으뜸으로 손꼽힙니다. 다산 정약용의 실학정신에 근거해 실용적이고 아름답게 축조된 화성은, 유네스코 세계문화유산으로 지정되기도 했습니다. 정조는 성곽의 실용성뿐 아니라 외관에까지 심혈을 기울이는 왕을 의아하게 여기는 신하들에게, "어리석은 자들이로다. 아름다움이 바로 힘이니라!"라고 말했다고 합니다.

오늘날 화두가 되고 있는 상상력과 창의력, 컨버전스와 이노베이션의 핵심은 디자인입니다. 소비자가 변화와 혁신을 느끼고 확인하는 통로가 바로 디자인인 것이죠. 30년간 IBM을 이끌었던 왓슨Thomas Watson Jr. 회장은 '좋은 디자인이 곧 좋은 사업(Good design is good business)'임을 끊임없이 외쳐왔습니다.

인류에게 유일한 만국 공통어가 있다면, 그건 디자인뿐일지도 모릅니다. 디자인을 핵심역량으로 삼지 않고서는 21세기를 결코 앞서나갈 수 없겠죠. 21세기 우리의 먹거리는 바로 디자인이라 해도 과언이 아닙니다.

기업을 살리고 죽이는 디자인

독일의 스포츠용품 업체인 푸마Puma는 아디다스Adidas를 운영하는 아디 데슬러Adi Dassler의 동생 루돌프Rudolf Dassler가 1948년에 세운 회사입니다. 1980년대까지 푸마는 축구화 브랜드라는 인식으로 시장에 자리 잡고 있었습니다. 하지만 특색 없는 이 브랜드는 점차 사람들의 기억에서 사라져 1993년에는 파산 직전까지 이르게 됩니다. 새로이 영입된 자이츠Jochen Zeitz 사장은 생산기지를 아시아로 옮기는 등 뼈를 깎는 원가절감으로 고군분투했지만, 1999년 매출액은 3억 7,000만 유로로 바닥을 치고 말았습니다.

그러자 자이츠 사장은 전략을 바꿨습니다. 푸마를 세상에서 가장 멋진 디자인 브랜드로 만들기로 한 것이죠. 푸마는 독일의 세계적인 패션 디자이너 질 샌더와의 콜라보레이션을 필두로, 파격적이며 창의적인 제품 디자이너 필립 스탁, 독창적이며 진취적인 패션 디자이너 알렉산더 맥퀸 등의 도움을 받아 패션 스포츠 브랜드로의 반전을 시도했습니다. 그 결과 7년이 지난 2006년, 27억 5,000만 유로의 매출에 2억 6,000만 유로의 순이익을 남기는 회사로 변신했습니다. 자이츠 사장이 푸마를 살려낼 수 있었던 것은 운동화의 기능을 넘어 미적 기능을 첨가한 디자인에 눈을 돌렸기 때문입니다. 푸마는 이에 그치지 않고 의류사업에도 진출해 승승장구하고 있습니다.

2004년 초, 한국의 모토로라는 식스시그마라는 기치 아래 품질경영을 내세우며 안간힘을 쓰고 있었지만, 삼성과 팬택, LG의 등쌀에 밀려 짐을 싸야 할 형편이었습니다. 그런 모토로라를 살린 것이 면도날처럼 얇다는 의미의 레이저Razr폰입니다. 레이저폰에 특별한 성능이 있는 것은 아닙니다. 다만 디지털 감성에 맞춘 뛰어난 디자인이 판세를 뒤집은 것이죠. 레이저폰은 2007년까지 전 세계적으로 1억 대 판매를 돌파하며 단일모델로는 가장 높은 판매기록을 세웠습니다. 그러나 후속모델인 레이저스퀘어는 그만한 성과에 미치지 못했습니다. 2006년 22.1%의 점유율로 33.4%의 노키아를 바짝 뒤쫓던 모토로라는, 2008년 점유율이 13%까지 떨어지면서 삼성에 추월당했는데, 선행모델보다 디자인이 참신하지 못했기 때문입니다.

이처럼 기업을 살리기도 하고 죽이기도 하는 것이 바로 디자인입니다. 자동차마다 안전과 신뢰도가 뛰어나다고 주장하지만, 비슷한 가격대의 자동차라면 성능의 차이가 두드러지지 않습니다. 요즘은 저렴한 시계라도 시간은 대체로 잘 맞습니다. 20세기 중반부터 글로벌 경쟁을 통해 품질이 평준화되자 '디자인'은 전 세계 기업의 화두로 떠올랐습니다. 품질이 좋거나 부가적인 기능이 추가되었다고 제품이 팔리던 '생산형 시대'가 지나고 '창조형 시대'가 온 것이죠. 창조적 아이디어로 제품의 차이를 만드는 데 중추적 역할을 하는 것은 결국 디자인입니다.

기업들이 앞 다투어 디자인의 중요성을 강조하는 것도 이 때문입니다. 소니가 한창 잘나가던 시절, 오가 노리오 명예회장은 "우리는 경쟁 제품들이 기술이나 성능 면에서는 기본적으로 동일하다고 가정합니다. 시장에서 제품을 구별 짓는 유일한 것이 있다면, 그것은 디자인입니다."라며 디자인이 경쟁력의 원천임을 강조했습니다.

삼성의 이건희 회장이 2005년 밀라노에서 주최한 디자인 전략회의에서 "최고 경영진부터 현장 사원에 이르기까지 모두가 디자인의 의미와 중요성을 새롭게 깨닫고 삼성의 제품을 품격 높은 명품으로 만들어야 합니다."라고 강조한 데는 다 이유가 있습니다. 이건희 회장은 기능과 기술에서 세계 1등이 되는 것으로는 충분치 않으며, 감성의 벽까지 넘어야 한다는 점을 이미 간파한 것입니다.

모든 영역에 필요한 디자인 | 물론 디자인의 파워가 제품에 국한되는 것은 아닙니다. 가전제품이나 패션, 가구, 자동차 등의 산업 디자인이든, 광고나 CI, 영상, 포장 등의 시각 디자인이든, 인테리어나 건축, 조경 등의 환경 디자인이든, 우리 생활 전반에 디자인이 영향을 미칠 수 있는 영역은 수없이 많습니다.

도쿄 오모테산도의 비탈진 언덕에는 1927년에 지은 '도쥰까이 아오야마'라는 아파트가 있었습니다. 그런데 오모테산도가 상업지역이 되면서, 세계적으로 유명한 건축가 안도 타다오에게 의뢰해 이 아파트를 주상복합 상가로 재건축하게 됩니다. 사실 이 지역은 언덕길이고 한 면이 250m나 되는 비대칭의 좁은 삼각형 모양인데다, 건물의 높이를 가로수

이하로 제한해야 하는 등, 공간을 창출하기가 매우 힘들었습니다.

하지만 천재적인 건축가 안도 타다오는 가로수 높이인 지상 3층만큼 지하 3층을 만들고 언덕의 완만한 경사를 따라 나선형의 계단 형태로 동선을 만듦으로써, 느티나무 가로수길의 차분한 분위기를 해치지 않으면서도 미래지향적인 주상복합 상가지역을 탄생시켰습니다. '마이너스 10세의 사고를 가진 어른들'을 타깃으로 2006년에 개장한 '오모테산도 힐즈'에는 38개 동의 아파트와 90여 개의 다양한 상점이 들어섰으며, 나이가 들어도 멋쟁이로 살고 싶어 하는 사람들로 늘 북적이고 있습니다.

2003년 4월, 비전 있는 부동산 재벌 모리는 저녁이면 남성들이나 몰려들던 유흥가 롯본기에 복합문화공간인 '롯본기힐즈'를 세웠습니다. 이제 롯본기는 하루 종일, 남녀노소 모두가 쇼핑, 식사, 레저 등을 즐기는 명소가 되었습니다. 디자인이 창출한 새로운 수요입니다.

그늘이 드리웠던 이 지역에 활기와 생명력을 불어넣었듯이, 디자인은 소비자의 만족을 넘어 행복수준을 높이고, 생활을 변화시키며, 사회를 부흥시킵니다.

디자인 경영의 함정 | 그렇다고 디자인이 만병통치약은 아닙니다. 오히려 잘못된 디자인은 화를 자초할 수 있습니다. 1999년 3억 원의 자본금으로 출발한 MP3 제조업체 레인콤은, 디자인 차별화를 통해 새로운 시장을 열었습니다. 레인콤은 아이리버라는 독자 브랜드로 미국 최대 가전업체 매장인 베스트 바이Best Buy에 입점했고, 한때는 미국시장 점유율 1위에 오르는 등 기염을 토했습니다. 2000년 매출액이 80억 원에 불과하던 기업이, 2004년에는 4,540억 원 매출에 651억 원의 이익을 내는 기업으로 성장한 것입니다. 아이리버는 성능도 성능이지

만, 프리즘 모델 등 뛰어난 디자인으로 세계시장의 인정을 받았습니다.

그러나 아이러니컬하게도 곧이어 디자인 경영의 함정에 빠지게 됩니다. 그저 여러 종류의 디자인을 다산多産하는 데 몰두하다 보니, 아이덴티티가 없는 잡다한 제품을 늘어놓게 된 겁니다. 시장의 반응은 즉각적이고도 냉혹했습니다. 2005년 4분기에 389억 원의 손실을 낸 것을 시작으로, 4분기 동안 무려 1,121억 원의 손실을 기록한 것입니다. 날개 없는 추락을 계속하던 레인콤은 디자인 컨셉을 재정립하고 아이덴티티를 확립해 흑자로 돌아섰으나 앞으로의 상황은 두고 봐야 할 것 같습니다.

기업에서 디자인 마케팅의 중요성을 많이 이해한다고는 해도, 잘못 활용하는 경우도 드물지 않습니다. 디자인 마케팅이 가끔은 아트 마케팅art marketing이란 이름으로 잘못 쓰이는 경우가 그러한 예입니다. 예술에 대한 깊은 이해 없이 아트를 제품에 결합해 소비자의 주거환경이나 공공생활에 공해를 유발하는 경우도 종종 눈에 띕니다. 예를 들어 가전업체가 냉장고나 에어컨 등에 유명 디자이너의 이름을 내세우며 얼룩덜룩한 꽃문양을 그래픽 처리한 것은 아트 마케팅이 아니라, 판매를 염두에 둔 일회성 장식에 불과하다고 봅니다. 주변과 어울리지 않는 커다란 그림으로 장식한 아파트 외관은 피할 수도 없는 시각적 소음이지요. 아트와의 잘못된 결합을 소비자들로 하여금 첨단유행으로 착각하도록 만든 것입니다.

이처럼 브랜드 컨셉은 아랑곳하지 않고 멋있는 디자인을 하려는 디자이너에게 휘둘리는 경우가 드물지 않습니다. 반대로 서툰 마케팅 담당자가 감각이 뛰어나지도 않으면서 제품이나 디스플레이, 광고 디자인 등에 대해 자신의 주장을 고집할 때도 있지요. 물론 마케팅 담당자도 디자인과 예술에 대한 감각을 높이기 위해, 공부도 하고, 전람회도 가고,

외국의 뛰어난 디자인이나 예술품을 자주 접해 견문을 넓히고, 기회가 있을 때마다 디자이너들과 자주 만나 그들의 관점을 이해하려 노력해야겠죠. 그러나 디자인은 디자이너에게 맡겨야 합니다. 서툰 간섭은 오히려 죽도 밥도 아닌 디자인을 만들기 쉽습니다.

잘 아시는 '후쿠다 보고서'는 1989년 삼성전자에 디자인 고문으로 영입된 후쿠다 씨가 자신이 느낀 삼성 디자인 부문의 문제점을 정리한 56쪽짜리 보고서입니다. 〈경영과 디자인〉이라는 이름의 건의서인데 경영자와 디자이너 간의 시각차를 담고 있습니다. 이건희 회장을 분노케한 이 보고서에 따르면, 상품을 디자인할 때 A안, B안, C안이 있다면 각각의 안은 출발하는 개념이 달라 서로 섞을 수 없는데도 윗사람들이 적당히 섞어서 제품을 만들라고 지시하는가 하면, 느닷없이 "이 상품을 사흘 안으로 디자인해달라."고 주문하는 예가 드물지 않다는 겁니다. 디자인을 마치 그림 그리는 일 정도로 여기는 발상이라는 거죠. 그런데 많은 기업에서 아직도 이런 일이 비일비재합니다.

예술과 디자인 | 소비자들은 눈을 끄는 디자인에 일단 반응합니다. 그러다 보니 기업은 자칫 본질을 망각한 채 겉으로 보이는 데 더 신경을 쓰곤 합니다. '디자인을 위한 디자인'에 빠지는 셈이죠. 디자인에 관심을 갖는 기업들이 경계해야 할 점이 바로 예술작품을 만들려는 유혹입니다. 디자인에서는 예술적인 요소도 물론 중요하지만, 그에 앞서 소비자의 취향과 동향을 파악할 수 있어야 합니다.

말이 나온 김에 예술과 디자인의 차이를 좀 더 살펴보죠. 예술은 무한한 심미성을 추구하며, 남들이 받아들이지 못하더라도 세상의 만물을 새롭게 보고 남달리 표현하려는 데 그 가치가 있습니다. 반면 디자인은 궁극적으로 경제적 목적을 달성해야 합니다. 아무리 예술적으로 가치 있는 디자인이라도 제작비용이 과다하게 들어가거나 제한적인 호응으로 인하여 매출에 한계가 있다면 디자인으로서의 가치는 크지 않습니다.

예술품의 주체는 예술을 창조하는 예술가입니다만, 디자인의 주체는 디자이너가 아니라 사용자임을 인식하는 것이 중요하죠. 예술가는 스스로의 동기(self directed)에 의해 작품을 만들지만, 디자인은 제품의 새로운 아이디어나 변화, 혁신(innovation directed)을 가시화하는 작업입니다.

예술이 창출하는 좋은 작품은 시대를 초월한 감동을 줍니다. 반면 디자인은 새로운 라이프스타일과 유행을 창출하는 데 관심을 갖습니다. 그래서 아무리 잘된 디자인이라도 시간이 흐르면 수집(collection)의 가치는 있을지언정, 대중적인 호응은 줄어듭니다. 예술이 주는 가치는 장식적인 면이 강하므로 시간이 지나도 그 가치를 인정받습니다만, 디자인은 실용적인 면이 더 중요하기 때문에 변화무쌍한 욕구를 가진 사람들에게 시대적 호응을 얻을 수 있어야 합니다.

예술을 창조하는 과정이 반드시 체계적일 필요는 없습니다. 창조의 과정 자체가 퍼포먼스이며 창의적이고 비정형적이어서 그 과정을 일반화할 수 없는 경우가 많지요. 그에 반해 디자인의 과정은 체계가 있어야 합니다. 하지만 디자이너들의 작업과정에도 예술적 성향과 창의적 방식이 동원되므로 체계를 갖추고 조직적으로 작업에 임하는 것이 쉽지는 않습니다. 그래서 아이디오IDEO처럼 디자인 방식을 체계화한 기업이 다른 기업의 벤치마킹 대상이 됩니다.

디자인에서 앞선 나라의 디자이너가 한국 디자이너보다 더 잘하는 것이 있다면, 그림이 아니라 리서치와 포지셔닝입니다. 디자인은 그림을 그리는 일이 아니라 사고의 영역이기 때문입니다. 아이디오에 디자인을 의뢰하면 그들은 이 제품을 통해 소비자들에게 무엇을 체험하게 만들고 싶은지부터 묻는다고 합니다. 디자인 자체는 뒷전이고요.

　디자인이 마케팅에서 차지하는 비중이 높아지면서 개인적으로 디자인에 대해 공부할 필요를 느끼고, 핀란드의 헬싱키 대학에서 2주간 디자인 특별강좌를 청강한 적이 있습니다. 전 세계의 중진 디자이너들이 모였는데 미술에 관한 공부를 하는 것이 아니라, 마케팅 전략에 대한 논문들을 읽고 토의하는 것을 보고 깜짝 놀랐습니다. 전략에 대한 그들의 해석은 매우 현실적이고 구체적이더군요. 신선한 충격이었습니다. 그들에게 초미의 관심사는 디자인에 '스타일'이 있느냐가 아니라 '아이디어'가 있느냐는 것이었습니다.

컨셉에 따라 디자인은 달라져야 한다

디자인에서 가장 염두에 둬야 할 것은 좋은 디자인이다, 아니다가 아닙니다. 디자인은 매우 전략적인 이슈입니다. 서로 다른 수준과 관심을 가진 소비자들은 서로 다른 표현과 감각을 원합니다. 따라서 먼저 무엇

표 2-4 **브랜드 컨셉과 디자인**

	브랜드	디자인
과제	무엇을 표현할 것인가? WHAT TO SAY?	어떻게 표현할 것인가? HOW TO SAY?
과정	컨셉 만들기 CONCEPTION PROCESS	인식 만들기 PERCEPTION PROCESS

을 표현할지(what to say), 컨셉과 포지셔닝을 확고히 해야 합니다. 디자인은 이를 어떻게 표현할 것인지(how to say)의 문제입니다.

일단 무엇을 표현할 것인지(conception process)를 정하면, 이를 가시적으로 보이거나 들리거나 만질 수 있는 무엇으로 만드는 것(perception process)이 디자인입니다. LG나 삼성 등, 우리나라 기업들과도 밀접한 관련이 있는 시모어파월Seymourpowell이란 영국 디자인 회사의 창립자 딕 파월Dick Powell은 한국을 방문해 인상적인 말을 남겼습니다. "컨셉을 잡은 후 이걸 어떻게 형체화(embody)하느냐가 디자인의 과제입니다. 소비자 니즈와 관련된 문제를 해결하되, 기대치 않았던 탄성(Wow~!)을 자아내야(relevant, but unexpected solution) 멋진 디자인입니다."

결국 디자인은 브랜드 컨셉에 따라 달라집니다. 이는 시장의 상황(circumstances), 경쟁의 구도(competition), 기업의 능력(competence) 및 고객의 행동(customer)이라는 4C를 동시다발적으로 고려해 정해야 합니다. 제품에 따라 구체적으로 달라지겠지만, 여기서는 표 2-5와 같이 '브랜드 컨셉'을 세 가지 유형으로 나누어 큰 틀에서 살펴보도록 하겠습니다.

표 2-5 **브랜드 컨셉과 고객의 욕구**

브랜드 유형	충족하려는 욕구	브랜드 표현
효능충족 브랜드	실용적 효능	기능성 FUNCTION
긍지추구 브랜드	긍지 및 과시	과시성 FACE
경험유희 브랜드	감각적 경험 및 자기만족	유희성 FUN

세 가지 유형의 브랜드 컨셉 | 어떤 제품은 실용적 효능(practical utility)을 추구하려는 심리를 충족시킵니다. 즉 소비를 통해 실제 당면한 문제를 해결하는 겁니다. 가령 출퇴근하는 데 차를 이용하고 싶다는 욕구를 충족시키기 위해 '아반떼'를 구매한다면, 아반떼라는 브랜드는 소비자의 실용적 효능이라는 심리를 충족시켜주는 것이겠죠.

그런데 어떤 사람들은 아반떼 가격의 3~4배를 주고 '에쿠스'라는 차를 탑니다. 출퇴근이라는 효능만 생각한다면 3~4배에 해당하는 돈을 주고 구매할 필요가 없을지 모릅니다. 속도가 3~4배 빠른 것도 아니고, 크기가 3~4배 큰 것도 아니니까요. 에쿠스를 사는 사람들은 자신의 지위를 과시하거나 사회계층을 의식해서, 또는 자아를 확인하기 위한 욕구 등을 충족시키기 위해 3~4배나 되는 돈을 기꺼이 지불합니다. 자신에 대한 긍지(prestige)를 높이고자 하는 욕구를 충족시켜주는 셈이죠.

어떤 사람들은 감각적 즐거움이나 인지적 자극의 욕구를 추구하기도 합니다. '티뷰론' 같은 스포츠카가 그런 경우인데요. 티뷰론을 사서 기사에게 운전하게 하고 뒷좌석으로 기어들어가는 사람은 없겠죠. 티뷰론 같은 차는 직접 몰고다니며 감각을 자극하는 맛에 타는 것이니까요. 즉 실제 경험하고 느끼며(sensory needs), 자기 자신을 만족시키고 싶은 욕구(ego satisfaction)를 충족하려는 것입니다.

이처럼 각기 다른 욕구를 가진 소비자는 그에 맞는 브랜드를 선택하게 됩니다. 이때 브랜드가 충족시켜주는 욕구에 따라, '효능충족', '긍지추구', '경험유희' 브랜드로 나누어볼 수 있습니다. 다른 각도에서 본다면, 효능충족 브랜드란 제품의 기능성(function)을 중시하는 것입니다. 긍지추구 브랜드는 제품을 소유한 사람의 과시성과 체면(face)을 충족해야 하며, 경험유희 브랜드는 제품의 유희성(fun)을 강조합니다.

각 브랜드가 주는 가치 이제 각 브랜드가 주는 가치를 살펴보겠습니다. 표 2-6을 함께 봐주십시오. 효능충족 브랜드에서 중요시하는 가치는 물론 실용적 가치(utility value)입니다. 즉 이 제품이 나에게 해주는(what the brand does to me) 것이 무엇인지, 눈에 보이는 효익(tangible benefit)을 말합니다.

긍지추구 브랜드에서 중요시하는 가치는 사회적 가치(social value)입니다. 즉 이 제품이 다른 사람에게 나에 대해 무엇을 말해주는지(what the brand says about me), 겉으로 드러나는 가치(explicit value)를 말합니다.

경험유희 브랜드에서 중요시하는 가치는 개인적 가치(personal value)입니다. 즉 이 제품이 나에게 무엇을 말해주는가(what the brand says to me)라는 내재된 가치(implicit value)를 말합니다.

이때 디자인이 부가할 수 있는 가치를 볼까요? 효능충족 브랜드는 잘된 디자인을 통해 다른 브랜드 대신 우리 브랜드를 사게 만들 수 있습니다. 칫솔과 같은 제품은 디자인이 좋으면 다른 브랜드나 제품으로부터 쉽게 옮겨옵니다.

표 2-6 **디자인으로 부가되는 가치**

컨셉	중시하는 특성	가치	브랜드 의미	디자인으로 부가되는 가치
효능충족	기능성 FUNCTION	실용적 가치	WHAT THE BRAND DOES TO ME	· 저것을 사는 대신 이것을 사게 만든다
긍지추구	과시성 FACE	사회적 가치	WHAT THE BRAND SAYS ABOUT ME	· 안 살 것을 사게 만든다. · 더 비싼 값을 받게 해준다.
경험유희	유희성 FUN	개인적 가치	WHAT THE BRAND SAYS TO ME	· 관련 제품을 사게 만든다. · 또 사게 만든다.

긍지추구 브랜드의 경우, 좋은 디자인은 안 사도 될 것을 사게 만들 뿐 아니라 더 비싼 값을 받도록 해줍니다. 흔한 예로 명품 브랜드를 들 수 있겠죠. 쇼윈도를 들여다보던 여성이 맘에 드는 가방을 보고 와서는 참으려 해도 눈에 아른거려 결국 사게 되는 경우가 해당합니다.

경험유희 브랜드의 경우, 디자인이 멋지면 관련제품을 사게 만들 뿐 아니라 또 사게도 만듭니다. 아이팟이 대표적인 사례인데요. 케이스, 스피커, 장식 스티커 등 액세서리뿐 아니라, 기종은 같지만 다른 색상의 제품을 사기도 하고, 업그레이드된 기종이 나오면 쓰던 것이 멀쩡한데도 또 삽니다.

이번에는 표 2-7을 보면서 브랜드 컨셉에 따른 디자인 방향을 살펴보겠습니다. 여기서 말씀드리는 것은 정답이라기보다 어디까지나 하나의 예시입니다.

색상을 보면 효능충족 브랜드는 실용적이어야 하므로 때가 덜 타는 베이지나 회색 등이 자주 쓰입니다. 긍지추구 브랜드의 경우 고급스러움을 표현하기 위해 황금색이나 검정색 등 무거운 색깔(dark tone)을 즐

표 2-7 **브랜드 컨셉별 디자인 방향의 예시**

컨셉	색상	모양	소재	포장
효능충족	때가 덜 타는	기능적인	값싸면서 튼튼한 (플라스틱)	실용적인
긍지추구	고급스러운	점잖은	최고급의 (로즈우드, 플래티늄)	버리기에 아까운
경험유희	원색의	튀는	깔끔하면서 견고한 (무광 스테인리스)	현란한

모든 비즈니스는 브랜딩이다

겨 씁니다. 경험유희 브랜드라면 다양하고 발랄한 느낌이 들도록 원색
을 쓰는 것도 나쁘지 않겠죠.

모양 면에서 효능충족 브랜드는 '형태는 기능을 따른다(form follows
function)'는 전형적 디자인 원리에 충실하면 될 것 같습니다. 조금이라
도 더 기능적이고 편안한 모양이 좋겠죠. 긍지추구 브랜드의 경우, 중후
해 보이면서 점잖고 질리지 않는 이미지가 바람직합니다. 간혹 핸드메
이드가 그 가치를 인정받기도 하죠. 경험유희 브랜드의 경우, 재미를 위
해 색다름을 강조한, 소위 '튀는' 디자인이 각광받기도 하고요.

소재 면에서 효능충족 브랜드의 경우는 값싸면서 튼튼한 것이 일반적
으로 환영받습니다. 따라서 플라스틱 재질 같은 것이 좋겠죠. 긍지추구
브랜드야 최고급 소재를 써야 할 테니, 나무라면 로즈우드, 쇠붙이라면
플래티늄과 같은 소재를 생각할 수 있겠습니다. 경험유희 브랜드의 경
우 미니멀한 디자인이 컨셉에 어울릴 것 같고, 그러면서도 견고해야겠
죠. 그러니 무광 스테인리스도 나쁘지 않은 선택일 겁니다.

포장의 경우, 효능충족 브랜드는 과다한 비용을 쓸 필요가 없을 겁니
다. 실용적이고 튼튼한 포장이면 되겠죠. 긍지추구 브랜드의 경우 고급
스러움은 포장에서도 드러납니다. 명품 브랜드에서는 버리기 아까울 정
도로 고급스러운 포장을 흔히 봅니다. 경험유희 브랜드는 재미 요소가
중요하니 깨끗하면서 현란하고 눈에 띄는 패키지가 좋겠죠.

공학적 디자인, 소비자 체험을 더 쉽게

미국인들은 2~3년에 한 번씩 집을 칠하곤 하는데, 대개 손수 칠을 합
니다. 그런데 기존의 페인트 통은 모양이 둥글어서 롤러를 담글 수 없기

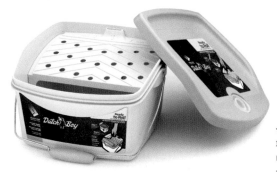

성공의 열쇠
페인트 자체가 아니라 용기
디자인의 차별화로도 과연
마켓리더가 될 수 있을까요?

에 페인트를 다른 용기에 덜어써야 할 뿐 아니라, 쓰고 남은 페인트가 말라붙으면 나중에 뚜껑을 열기도 매우 불편합니다.

하지만 더치보이Dutch Boy라는 회사가 디자인한 사각의 플라스틱 페인트 통은 뚜껑을 열고 닫기도 편리할뿐더러, 윗부분은 롤러를 직접 굴려 페인트를 묻힐 수 있습니다. 페인트의 품질을 뛰어넘어 독특한 기능적 디자인으로 시장을 선도하는 제품이 되었죠.

이 책에서는 미학적 디자인을 중점적으로 다루고 있지만, 디자인을 통해 차별화를 꾀하기 위해서는 미학적인 면뿐 아니라 공학적인 면도 반드시 고려해야 합니다. 저명한 외과의사인 라이스 헤밀턴Rhys Hamilton 박사는 이렇게 말했습니다.

"의사인 제게, 디자인은 두 가지 측면에서 영향을 미칩니다. 공학적으로 좋은 디자인은 도구를 더 쉽게 사용하도록 해줍니다. 그리고 미학적으로 좋은 디자인은 도구를 더 즐겁게 사용하도록 해줍니다." 미학적 디자인뿐 아니라 공학적 디자인도 중요함을 잘 표현하는 말입니다.

표 2-8에서 보듯 이 셋의 상호작용은 성공적인 디자인을 위한 필수요

표 2-8 **좋은 디자인의 세 가지 요소**

마케팅 관리
MARKETING MANAGEMENT

미학적 디자인
AESTHETICAL DESIGN

공학적 디자인
ENGINEERING DESIGN

건입니다. 공학적 디자인에 대해서는 길게 설명드리지 않고, 주변의 사례를 통해 그 중요성만 간단히 살펴보겠습니다.

우리는 알게 모르게 불편한 디자인 속에서 하루하루를 살아갑니다. 불편함에 익숙해져서 불편한지도 모르고 사는 거죠. 마케팅을 하는 분들이라면 공학적 디자인의 문제를 잘 지적한 도널드 노먼Donald A. Norman 교수의 《일상물건의 심리학(Psychology of Everyday Things)》을 꼭 읽어보시기 바랍니다. 이 책에는 익숙해진 불편함 속에서 새로운 제품 아이디어를 찾는 법이 잘 나와 있습니다.

일상생활에서 부딪히는 문제를 한 가지만 얘기해볼까요? 사람들은 하루에도 여러 번 소변을 봅니다. 그런데 위생적 도시를 만드는 데 지대한 공헌을 한 수세식 좌변기라는 것도 한 번 더 살펴보면 은근히 불편합니다. 저는 허리 디스크가 있어서 과로하면 가끔은 허리를 굽히기가 편치 않습니다. 그런데 소변을 보고 나서 물을 내리려면 허리를 굽혀야 하지요. 허리를 안 굽히고 물을 내릴 수는 없을까요? 또한 어린 남자애들은 변기에 소변을 흘리기 십상이지요. 사실 어른들도 주의하지 않으면 마찬가지지만요.

남성용 소변기도 그렇습니다. '한걸음 더 다가서십시오', '남자가 흘리지 말아야 할 것은 눈물만이 아닙니다' 등 이런 구차한 구호를 변기 앞에 붙여놓습니다. 소변을 흘리면 대부분의 사람들은 자기가 잘못했다고 생각합니다. 아닙니다. 디자인이 잘못된 겁니다. 수십 억 명이 하루에도 몇 번씩 쓰는 변기인데 제대로 디자인된 것이 없으니 답답한 노릇이지요.

기왕 화장실 얘기가 나온 김에 비행기 화장실 이야기를 해봅시다. 비행기에서는 기압 때문에 반드시 변기뚜껑을 닫고 물을 내려야 한다고 쓰여 있습니다. 설명이 그림으로도 나와 있지만, 많은 사람들이 깜빡 잊고 습관처럼 그냥 물을 내리게 됩니다. 설명이든 그림이든 별도의 지시가 있는 것 자체가 잘못된 디자인입니다. 좋은 디자인은 어디를 잡아야 하고, 어디를 돌려야 할지 자연스럽게 알려주니까요.

도널드 노먼 교수는 "인간은 실수하게 되어 있다. 실수하는 것은 지극히 인간적인 일이다. 좋은 디자인이라면 인간의 실수를 감안할 수 있어야 한다."고 주장합니다. 그런데도 사람들은 흔히 "어이쿠, 조심했는데도 오줌방울이 떨어졌네.", "아차, 뚜껑 안 닫고 물을 내렸구나."라며 자신을 탓합니다. 그러면서 불편함에 길들여져 사는 거죠.

비행기 얘기를 좀 더 해볼까요? 비행기 화장실에서 손을 씻으려면, 누르면 잠깐 물이 나오는 수도꼭지를 이용해야 합니다. 물을 아끼려는 시도는 이해됩니다만 자꾸 끊어지니 불편합니다. 손을 씻고 난 후 생기는 비누거품과 물이 제대로 흘러내려가지 않아서 또 주의사항이 쓰여 있습니다. '다음 손님을 위해 세면대를 휴지로 닦아주세요' 그게 여간 성가신 일이 아닙니다. 결국 승무원이 때때로 들어가서 청소를 해야 하지요. 손 닦는 것보다 거품 청소하느라 쓰는 물이 더 많을 것 같습니다.

비행기 운전석에는 크고 작은 단추들이 수없이 많지요. 아주 조심하는 데도 가끔은 비행기가 추락합니다. 많은 경우 인간의 실수였다고 결론을 내리지만, 다른 관점에서 보면 조종사가 실수하기 쉬운 디자인일 수도 있는 거죠.

첨단기술의 집합체라는 비행기의 디자인도 이 지경입니다. 기술의 문제라기보다 사람들의 행동과 심리에 대한 진지한 고민 없이 디자인하기 때문이라는 것이 노먼 교수의 주장입니다. 인간에게 맞추어 설계하지 않았기 때문에 인간이 기계구조에 익숙해질 때까지 수없이 연습해야 하는 게 현실입니다. 사람들이 불편함에 익숙해져서 그렇지, 개선해야 할 디자인은 도처에 많습니다.

디자인 개선이 어려운 이유 | 기업은 디자인을 끊임없이 개선한다고 하는데, 좀처럼 진전되지 않는 이유가 몇 가지 있습니다. 첫째는 구 모델이 고객에게 선을 보이기도 전에 새로운 모델의 디자인을 시작하기 때문입니다. 당연히 고객이 제품을 충분히 경험한 후의 의견을 수렴하는 시간이 부족하겠죠.

또한 디자이너는 디자인하는 동안 자기가 설계하는 제품의 전문가가 됩니다. 그래서 초보 사용자가 어디서 어려움을 겪을지 알지 못하는 경우가 왕왕 생깁니다. 잘된 디자인이라면 사용자 설명서를 보지 않고도 조작할 수 있어야 하는데, 많은 기업이 매뉴얼을 첨부하는 것으로 책임을 다했다고 생각합니다. 매뉴얼은 이미 작동방식을 아는 사람이 보면 이해가 되지만, 모르는 사람이 보면 여전히 이해하기 어려운 경우가 많습니다. 사용자 관점에서 만든 게 아니기 때문이죠.

미적 디자인에 대한 욕심도 문제를 배가시킵니다. 레스토랑 식탁에

놓인 소금통과 후추통을 보면 똑같은 모양인 것들이 많습니다. 두 병의 통일성이라는 미적 요소를 해치고 싶지 않은 디자이너의 욕심 때문에 사용자가 불편을 겪는 거죠. 구멍의 숫자로 구별하게 하거나 S(salt) 또는 P(pepper)라고 써서 미적 디자인을 고려하긴 하지만 사용자는 늘 불편합니다.

이처럼 사소한 예시들만 봐도 기술자는 기술적 관점에서만, 디자이너는 예술적 관점에서만 보기 때문에 문제가 발생함을 알 수 있습니다. 따라서 마케팅 담당자는 디자인의 초기 단계부터 사용자의 관점을 반영하도록 디자이너들을 유도해야 합니다. 공학적 엔지니어와 미학적 디자이너도 마케팅에 더 관심을 기울여, 사용자 중심의 디자인을 할 수 있어야겠죠.

디자인을 마케팅 포인트로 활용하라

디자인 마케팅에서 가장 핵심이 되는 내용은 디자인을 마케팅에 잘 활용해야 한다는 것이죠. 디자인이 세계적인 핫 이슈가 되었던 2002년, 세계적 경제지 〈포브스Forbes〉가 전 세계 럭셔리 브랜드luxury brands에 순위를 매긴 바 있습니다. 이 랭킹에 들기만 해도 대단한 거죠. 표 2-9에서 보듯이 대부분 알 만한 명품들입니다. 20위의 아르마니부터 랑콤, 조니워커, 루이비통, 메르세데스 벤츠, 롤렉스, 샤넬 등…. 알려진 명품 브랜드는 다 있네요. 그런데 그중에서 유독 눈에 띄는 브랜드가 있습니다. 바로 1위를 차지한 '앱솔루트 보드카'입니다.

보드카가 뭡니까. 잘 아시다시피 러시아의 대표적 술이죠. 공식적인 정의는 무색(colorless), 무취(odorless), 무미(tasteless)의 알코올입니다.

표 2-9 **전 세계 럭셔리 브랜드 순위**

RANK	BRAND	TOTAL	RANK	BRAND	TOTAL
1	ABSOLUT	29.6	11	AMERICAN EXPRESS	25.4
2	HARLEY-DAVIDSON	29.5	12	LOUIS VUITTON	25.3
3	TIFFANY	28.7	13	JOHNNIE WALKER	24.9
4	RITZ-CARLTON	27.3	14	PRADA	24.6
5	BMW	27.1	15	DIESEL	24.0
6	CHANEL	26.8	16	STARBUCKS	23.7
7	ROLEX	26.1	17	ESTEE LAUDER	23.2
8	GUCCI	26.1	18	LANCOME	21.4
9	MERCEDES	25.9	19	FOUR SEASONS	21.3
10	BACARDI	25.5	20	ARMANI	20.9

출처 : 〈포브스〉

색이 있어서도 안 되고, 향이 나서도 안 되며, 맛이 느껴져서도 안 되는 알코올이에요. 말하자면, 맹물과 같은 알코올입니다. 그래서 칵테일용으로 흔히 쓰이며, 차별화가 쉽지 않은 제품입니다. 그렇다면 대체 맛도 향도 없는 술이 어떻게 세계 넘버원 럭셔리 브랜드가 되었을까요?

사실 앱솔루트는 최상품도 아닙니다. 북유럽이나 러시아 사람들이 높게 평가하는 보드카는 따로 있습니다. 멋진 디자인의 병 모양이 독특하긴 합니다. 다른 술병처럼 종이 레이블을 붙인 게 아니라 브랜드를 양각으로 새긴 데다 병과 글자색의 조화도 아름답습니다. 그러나 술병의 독특한 디자인만으로 세계적인 럭셔리 브랜드들을 제치고 1등을 한 건 아니겠죠.

이들은 독특한 병 디자인을 마케팅에 십분 활용했습니다. 병 모양을 패러디한 미술 시리즈(Absolut art campaign), 도시 시리즈(Absolut city campaign), 계절 시리즈(Absolut season campaign) 등의 광고를 통해 소비자들의 흥미를 극도로 유발한 것이죠. 가령 도시 시리즈는 각 도시의 특징을 병 모양과 연결시킨 기발한 광고로 사람들의 흥미를 자아낸 것입니다.

앱솔루트 광고를 몇 장 볼까요? 앱솔루트 에든버러는 스코틀랜드의 고유의상을 활용한 광고인 것 같습니다. 암스테르담에 가면 안네 프랭크가 살던 집이 있는데, 이를 눈여겨보면 앱솔루트 병 모양처럼 보입니다. 로마의 경우 영화 〈로마의 휴일〉에 나오는 유명한 스쿠터를 병 모양으로 재치 있게 표현했네요. 스페인 바르셀로나는 건축가 가우디의 도시라고 해도 과언이 아니죠. 앱솔루트 바르셀로나는 가우디의 건물벽화 모양으로 보드카 병을 그린 것이 눈에 띕니다.

이처럼 광고를 보다 보면 기발한 아이디어에 저절로 미소를 짓지 않을 수 없습니다. 우표를 수집하듯 앱솔루트 광고를 광적으로 수집하는 사람들도 상당하기에, 잡지들은 앱솔루트 광고를 유치하기 위해 치열한 경쟁을 벌입니다. 어떤 잡지든 앱솔루트 광고가 실리면 평소보다 적어도 3배 이상 팔리기 때문이죠.

앱솔루트의 사례는 디자인을 잘하는 것도 중요하지만, 이를 마케팅에 잘 활용하는 것이 훨씬 중요하다는 사실을 보여줍니다. 단순히 아름다운 제품을 만들거나 디자인을 하는 데 그치지 않고 이를 마케팅에 활용해 성과를 거둬야 하는 거죠. "디자인은 상품과 여러 활동을 통해 브랜

디자인을 마케팅
앱솔루트를 안 마셔봤어도 이런 병 모양을 보신 기억은 있으시죠?

드로 이어지지 않으면 스스로는 큰 힘이 없다."는 현대카드 정태영 사장의 말이 떠오르는 대목입니다.

세계적인 명품그룹 LVMH도 디자인에 마케팅을 접목해 성공한 케이스입니다. 1980년대 유럽의 최고급 패션 브랜드들은 디자인에만 신경 쓰며 콧대높은 경영을 하다가 쇠락의 길로 접어들게 되었습니다. 그러다 1989년 베르나르 아르노Bernard Arnault가 LVMH의 회장이 되면서, 가족경영으로 유지되던 명품 브랜드들을 인수하기 시작합니다. 그는 유럽의 명품 브랜드에 미국식 공격적 마케팅을 접합해 세계 최고의 명품그룹을 탄생시켰습니다. 현재 LVMH는 루이비통, 펜디, 겐조 등 패션 브랜드뿐 아니라 드비어스, 쇼메 등의 보석류, 헤네시, 모에샹동 등의 주류를 포함한 명품 브랜드 60여 개의 소유주로, 전 세계 1,900여 개의 매장에서 150억 유로(약 21조 원)가 넘는 매출을 올리고 있습니다. 아무리 멋진 디자인이라도 마케팅과 적극적 결합을 시도하지 않았다면 상품의 가치를 인정받지 못했을 겁니다.

지금껏 디자인에 대해 살펴보았습니다만, 마케팅처럼 디자인 또한 한 마디로 정의하기 힘든 용어가 아닌가 싶습니다. 다음에 나오는 내용은 영국의 디자인 위원회에서 사회 각계각층의 사람들에게 디자인에 대해 물어본 것을 정리한 것인데요. 이제껏 다룬 내용과 흐름이 다를 수는 있겠지만, 디자인을 좀 더 잘 이해하는 데 참고가 될 듯합니다.

· 디자인의 의의

"디자인은 예술이 산업에 바치는 선물이다."

　　　　　　　　　　　　　　　　　—폴 핀치(Paul Finch, 〈Architect's Journal〉 편집장)

"디자인은 어떤 제품에 또 다른 차원을 더하는 것이다. 매출을 늘리고 수익을 증대시킨다. 뿐만 아니라 제품을 구매하는 사람들과 제품을 만드는 사람들, 그리고 제품을 바라보는 사람들에게 지속적으로 기쁨을 가져다 준다.

-존 하비존스(John Harvey-Jones, 영국의 기업인이자 저명한 방송인)

· 디자인의 특성

"디자인은 그냥 일하는 것과 제대로 일하는 것과의 차이다."

-마크 피셔(Mark Fisher, All-Party Group on Design 회장)

"디자인 요소를 충분히 채워서 시작했다면, 그다음엔 생략하는 것이 더 많은 것을 보여준다."

-로드니 킨스먼(Rodney Kinsman, OMK Design 소장)

· 디자인의 역할

"바람직한 디자인은 삶을 향상시키고, 일자리를 만들어내며, 사람들을 행복하게 만들 수도 있다. 그리 나쁜 일은 아닌 듯 싶다."

-폴 스미스(Paul Smith, 폴 스미스 회장)

"디자인은 일개 아이디어를 세계적인 제품으로 바꿀 수 있는, 즉 단순한 발명을 혁신적 제품으로 바꿔놓을 수 있는 장치다."

-폴 엠브릿지(Paul Ambridge, 특허권자 및 발명가협회 회장)

· 좋은 디자인이란

"좋은 디자인과 그렇지 못한 디자인 사이에는 아주 작은 생각의 차이가 있을 뿐이다."

-닐 코슨즈(Neil Cossons, London Science Museum 소장)

"좋은 디자인은 단순히 미학적이거나 사용하기 쉬운 상품을 만들어내는 데 그치지 않는다. 그것은 제품의 부가가치를 높이고 새로운 시장을 창출하는, 비즈니스의 핵심이다."

－토니 블레어(Tony Blair, 전前 영국수상)

12장

호랑이는 가죽을 남기고,
브랜드는 스토리를 남긴다

EPISODE MARKETING

간혹 제 강연을 들은 분들을 나중에 어디선가 만나면, 강의가 좋았다고 인사해오는 경우가 있습니다. 그런데 특히 무엇이 기억에 남느냐는 질문에 어떤 이론을 거론하는 분은 보지 못했습니다. 대부분 제가 예로 든 일화나 사례를 떠올립니다. 사람들은 어떤 관념적 사실(fact)보다 스토리(story)를 더 잘 기억하는 성향을 가지고 있기 때문입니다.

제품에 대한 정보를 전할 때도 이를 스토리로 구성하면 더 기억에 남을 거라는 기대에서 기업들은 '스토리텔링 마케팅'에 관심을 갖습니다. 그래서 플롯이니 등장인물이니 갈등구조니 하는 것들을 합해 인위적으로 브랜드 스토리를 만들어내는 기업들도 눈에 띕니다. 하지만 이러한 시도는 '스토리'라는 용어를 잘못 이해한 결과입니다. 우리에게 필요한 스토리 구성방법은 영화나 컴퓨터 게임 등의 스토리 구성과는 다릅니다.

대부분의 기업에 필요한 스토리란 그저 소비자들에게, 그리고 소비자들끼리 간단히 전할 수 있는 에피소드(episode, 단편적인 사건에 관한 이야기)를 일컫습니다. 기업의 열정이 담겨 있어 듣는 이의 가슴에 와 닿는다면 좋은 스토리라 할 수 있겠죠.

얼마 전 텔레비전에서 죽염제조로 무형문화재가 된 분에 대한 방송을 보았습니다. 평생 소금 하나에 매달린 열정이 감동적이더군요. 방송을 다 보고 나니 소금도 아무 거나 먹으면 안 되고 바로 저런 소금을 사먹어야겠다는 생각이 들었습니다. 한편으로는 소금에다가도 스토리를 붙이는데, 스토리를 못 더할 제품이 어디 있겠는가 하는 생각도 들었습니다.

일본에 '다카시마야'라는 백화점이 있습니다. 지금이야 좋은 의미에서 대중화되었지만 본래는 최고급 백화점이었습니다. 에비뉴엘이나 갤러리아 명품관 같은 고급 백화점에 갈 때는 왠지 옷을 잘 차려입어야 무시당하지 않을 것 같은 기분이 듭니다. 점원들의 콧대도 높을 것 같고, 뭔지 냉정하고 도도할 것 같은 선입견을 갖게 되지요. 다카시마야도 그런 고압적 분위기가 느껴지는 백화점이었습니다.

잠깐 이야기를 바꾸어, 일본의 아홉 살 난 여자아이 이야기를 하겠습니다. 아버지 없이 엄마와 둘이 사는 아이였습니다. 엄마가 청소부 일을 하며 가난하게 사는데, 이 어린 것이 안타깝게도 소아 백혈병에 걸린 겁니다. 시름시름 앓는 딸을 보며, 엄마가 애처로이 물었습니다. "애, 너 뭐 갖고 싶은 거 없니? 먹고 싶은 거 없어?" 그러자 딸이 갑자기 눈을 동그랗게 뜨고 엄마를 쳐다보더니 포도가 먹고 싶다고 하더랍니다. 이때가 1980년 겨울이었다지요.

그래서 엄마가 포도를 찾아다니는데 추운 겨울이다 보니 아무 데서도 포도를 구할 수 없는 겁니다. 다카시마야는 워낙 고급 백화점이니까 감히 엄두를 내지 못하다, 너무 급한 마음에 혹시나 싶어 지하 식품매장으로 가보았습니다. 아니나 다를까 거기에 먹음직스러운 거봉포도가 있는 겁니다. 그런데 일본이 워낙 과일값이 비싸죠. 게다가 한겨울이고, 고급 백화점인 데다 거봉포도니 얼마나 비쌌겠습니까? 청소부 아줌마가 살 수 없는 가격이었겠죠.

죽어가는 딸이 먹고 싶어 하는 포도를 바라보며 그 엄마는 북받치는 눈물을 흘릴 수밖에 없었습니다. 그러자 한 점원이 달려와서 왜 그러냐고 물었고, 엄마는 사실을 이야기했지요. 딱한 사정을 들은 점원은 포도

스무 알을 잘라 봉지에 넣어 아무 말 없이 엄마 손에 쥐어줬답니다. 엄마는 아이에게 포도를 먹였지만, 결국 아이는 세상을 떠나고 말았습니다.

아이엄마는 장례를 치르고 난 후 인사를 드리러 의사 선생님을 찾아갔습니다. 비록 아이는 죽었지만 그동안 정성껏 돌봐주셔서 감사하다고 말씀드린 끝에, 애가 포도라도 먹고 가서 마음이 덜 무겁다고 했지요. 의사가 포도 얘기가 뭐냐고 묻자 아이엄마는 다카시마야 백화점의 점원 이야기를 했습니다. 감동한 의사는 이를 글로 써서 신문사에 보냈습니다. 신문사도 감동하여 조그맣게 글을 실어주었죠.

다카시마야가 냉정하고 거만한 백화점일 거라고 생각했던 사람들은, 의사의 글을 읽고는 생각과 달리 따뜻한 백화점이라고 여기게 되었습니다. 결국 사람들이 점점 더 많이 다카시마야를 찾게 되었고, 나중에는 뉴욕에까지 진출해 맨해튼 번화가에도 자리 잡게 되었지요. 여러분도 다카시마야를 처음 듣는 분이든 이미 알고 있는 분이든, 다음에 일본에 갈 기회가 있으면 한번 가보고 싶어지지 않습니까?

그게 바로 '스토리'의 힘입니다. 고객은 브랜드와 연관된 스토리가 있으면 단순히 인식(aware)하는 게 아니라 갈망(aspire)하게 됩니다. 인식은 그저 기억되는 것이지만, 갈망은 찾게 되는 것을 말합니다. 다시 말해 다카시마야 백화점이라는 게 있다더라에서 그치지 않고, 언젠가 꼭 가보고 싶어지게 된다는 것이죠.

인식(AWARENESS)에서 갈망(ASPIRATION)으로

인식은 기억되는 것(BEING REMEMBERED)을 말하고
갈망은 찾게 되는 것(BEING SOUGHT OUT)을 말한다

스토리는 감성을 자극한다

기업에서 스토리에 왜 관심을 가져야 하는지 좀 더 알고 싶다면 롤프 엔센Rolf Jensen의 《드림 소사이어티》를 꼭 읽어보시기 바랍니다.

그에 의하면 인류는 수렵사회 9만 년, 농경사회 1만 년, 산업사회 200년, 정보사회 25년을 살아왔는데, 이제는 꿈의 사회(dream society)가 도래했다는 겁니다. 즉 미래의 사회는 단순히 정보 교류를 뛰어넘어 이야기와 감성에 의해 추진될 것이므로, 누가 마음을 사로잡는 재미있는 이야기를 차지하느냐가 중요하다는 거죠.

펩시콜라는 펩시캔에 영화 〈스타워즈〉를 광고한 적이 있습니다. 그 당시 모든 펩시캔에는 스타워즈의 영화 장면이 인쇄되어 있었죠. 그러면 영화사가 펩시에 광고비를 냈을까요? 아닙니다. 누가 돈을 지불하느냐는 누가 더 좋은 스토리를 가지고 있느냐로 결정됩니다. 펩시가 스타워즈를 독점적으로 광고하는 특권에 대한 대가를 지불했습니다. 미래의 사회는 누가 더 좋은 스토리를 가지고 있느냐로 자웅을 겨루게 된다는 것이 엔센의 주장입니다.

맨체스터 유나이티드 | 이러한 관점에서 본다면, 맨체스터 유나이티드(Manchester United, 이하 맨유)는 무슨 회사입니까? 축구 사업을 하는 회사인가요? 아니죠, 맨유는 축구를 통해 이야기를 전하는 기업입니다.

2008년 〈포브스〉지가 추정한 맨유의 브랜드 가치는 18억 달러로, 전 세계 구단 중 1위입니다. 2위인 레알 마드리드의 12억 8,500만 달러를 훨씬 앞서고 있습니다. 그 밖의 유명구단인 AC 밀란 (7억 7,000만 달러)

이나 첼시(7억 6,400만 달러)와는 비교가 안 될 정도입니다.

이처럼 경이로운 가치로 계산되는 것은, 축구경기라는 '제품'이 아니라 맨유라는 '브랜드'를 생산하기 때문입니다. 맨유의 브랜드 파워는 당연히 탁월한 축구실력과 성적에서 나옵니다. 하지만 브랜드 파워를 키우려면 실력만으로는 충분하지 않죠. 맨유의 경우 바로 스토리텔링 마케팅이 큰 몫을 했습니다. 맨유의 취재를 위해 영국에 다녀온 〈조선일보〉 백승재 기자에게서 직접 들은 이야기를 토대로 말씀드리겠습니다.

1878년 창립된 맨유는 투쟁과 승리에 대한 극적인 스토리를 갖고 있습니다. 공식 서포터즈만 450만 명에 이르는 팬들에게 단순히 축구경기만 보여주는 게 아니라, 역사의 한 부분이 되어 감동적인 신화와 꿈을 함께 나누게끔 합니다. 맨유 구장 투어에 참여하는 관객은 실제 선수가 되어보는 체험을 할 수 있다는군요. 선수 대기실에서 루니나 박지성 선수의 지정석에 앉거나 녹음된 관중의 환호성에 맞춰 마치 선수인 것처럼 경기장에 입장할 수 있답니다. 자신들이 응원해 쟁취한 우승 트로피를 들고 사진을 찍을 수도 있고요.

맨유 구장은 단순히 축구장이라기보다 스토리로 가득한 극장을 방불케 한답니다. 실제 구장의 다른 명칭 또한 전설적인 바비 찰튼 선수가 이름을 붙인 대로 '꿈의 극장(The Theatre of Dreams)'입니다. 구장 입구에 즐비하게 늘어선 각종 우승 트로피는 관객들을 압도합니다. 구장 한편에는 1958년 2월 6일에 고정된 시계가 있다고 하네요. 맨유 선수와 스태프 22명이 비행기 추락사고로 숨진, 이른바 '뮌헨 참사'를 추모하는 것이랍니다. 그런 고난의 과정이 오히려 팀을 강하게 만들었음을 암시하는 거겠죠.

각 경기에 대한 스토리는 물론, 천문학적인 이적료를 포함한 각 선수들의 스토리, 퍼거슨 감독의 독설과 열정, 등번호 배정에 관한 사연 등, 맨유의 끊임없는 이야깃거리는 친구나 가족들과의 대화에 중요한 소재가 되고 있습니다.

빅 피쉬 | 스토리텔링 마케팅에 대한 관심이 급격히 증가하면서 많은 연구와 책들이 나왔습니다. 그중에서도 스토리의 중요성과 의미를 정말 잘 보여주는 것이 바로 영화 《빅 피쉬Big Fish》입니다.

진실만을 전달하려는 신문기자인 윌리엄은 허풍을 섞어 과장된 이야기를 지어내는 아버지가 항상 불만이었습니다. 그래서 결혼 후 아버지를 멀리 하기 위해 파리 특파원을 자청합니다. 그는 어머니하고만 연락하고 지내다 3년 후 아버지의 병세가 위독하다는 연락을 받고 고향으로 돌아옵니다. 그때부터 아버지가 돌아가실 때까지 며칠 동안, 허구라고 생각했던 아버지의 이야기에서 거짓과 진실을 가려내려 합니다.

그 과정에서 그는 아버지의 이야기들이 조금 각색되긴 했지만 완전히 거짓은 아니었음을 알게 됩니다. 이제껏 아버지가 양념을 치며 과장되게 얘기하는 것이 불만이었는데 인생을 풍요롭게 만드는 것이 바로 이러한 꿈과 상상력이 빚어낸 '이야기'임을 깨닫고, 차츰 아버지의 삶을 이해하게 된다는 내용입니다.

이 영화에 나오는 두어 장면을 살펴보겠습니다. 사진기자이자 감수성이 풍부한 며느리는 시아버지의 이야기를 좋아합니다. 시아버지는 자신의 병상을 지키며 이야기를 듣는 며느리에게 "대부분의 사람들은 곧이곧대로 이야기하지. 그러면 복잡하진 않지만, 별 재미도 없잖니?"라고 말합니다. 밋밋한 '정보'보다 '스토리'가 우리네 삶에 윤활유가 되고 감동을 준다는 말이겠죠. 이야기의 결론만 얘기하면 과정을 즐기는 맛이 없어지지요. 기업의 마케팅도 마찬가지입니다. 잘못된 마케팅은 주장만을 외칩니다. 사람들이 자연스레 수긍할 수 있는 이야기가 더 효과적인데 말입니다.

이 영화의 마지막 장면에도 멋진 대사가 나옵니다. 아버지의 장례를 치르고 난 후, 아버지의 허풍 섞인 이야기의 의미를 뒤늦게 깨달은 아들의 독백입니다. "어떤 사람이 자기 이야기를 하고 또 하고 또 하다 보면 그 자신이 스토리가 된다. 그러면 그가 죽고 난 뒤에도 스토리는 살아남고, 그렇게 함으로써 그도 영원히 살게 되는 것이다."

이순신 장군은 400여 년 전에 돌아가셨지만, 그 분은 아직 우리 곁에 살아 있습니다. 우리가 그분과 관련된 이야기들을 기억하고 있기 때문이죠. 사람이 죽어서 이름을 남긴다는 것은 그 이름과 관련된 이야기를 남긴다는 뜻이 아닐까요. 여러분이 자손들에게 두고두고 기억되고 싶으면, 멋진 이야기들을 남겨야 할 겁니다.

기업도 마찬가지입니다. 패션 디자이너 코코 샤넬이 죽은 지 수십 년이 지났지만, 영화로 만들어질 만큼 풍부한 이야깃거리 덕분에 그 정신은 지금껏 이어지고 있습니다. 패션기업 샤넬은, 샤넬이 죽은 후 더 번창하고 있습니다. 브랜드와 관련된 전설 같은 이야기가 없이는, 영원불멸의 브랜드를 만들지 못합니다.

현대그룹에는 창업주 고 정주영 회장과 관련된 일화들이 적지 않습니다. 그분이 돌아가신 지 오래지만, 그 일화들은 지금도 광고의 소재로 쓰이거나 현대그룹의 정신을 사람들에게 널리 알려 호감을 이끌어내는 데 활용됩니다. 스토리야말로 뿌리 있는 브랜드를 만드는 데 필수 불가결한 요소일 것입니다.

에피소드로 메시지 효과를 극대화하라

이처럼 에피소드는 사람의 마음을 움직이고 입소문을 만드는 원천이 됩니다. 에피소드를 활용한 마케팅은 크게 세 가지로 나누어볼 수 있습니다.

첫째는 '화젯거리를 제공'하는 것입니다. 대표적인 예가 베네통 광고인데요. 베네통이 세계적으로 덜 알려졌을 당시 저명한 사진작가 올리비에로 토스카니Oliviero Toscani가 환경오염, 전쟁, 에이즈, 가난 등의 사회문제를 광고에 활용하면서, 사람들의 입에 오르내리는 브랜드가 되었습니다. 아마도 이 광고를 본 많은 이들이 파격적인 이슈와 충격적인 사진 때문에 베네통에 대한 이야기를 나누었을 겁니다. 에피소드가 브랜드에 관련된 대화를 촉진(encourage)한 셈이지요.

버진Virgin 그룹의 리처드 브랜슨 회장은 괴짜 CEO로 알려져 있죠. 그는 열기구를 타고 세계여행에 나서는가 하면, 민간우주 여객선 스페이스십 투SpaceShip Two의 예비 우주여행객을 모집하기도 합니다. 그가 제공하는 흥미로운 이슈 덕분에 보다 많은 이들이 버진 그룹에 대한 이야기를 주고받습니다. 끊임없이 화제를 불러일으키는 버진 그룹은 모험적, 창의적, 도전적이라는 이미지를 유지하며 무려 360개의 기업을 거느리고 있습니다.

둘째, 에피소드는 기업에 관한 정보나 메시지를 좀 더 '재미있게 전달'할 수 있습니다. 성경을 보면 가르침을 나열하지 않습니다. 모두 비유와 예시 그리고 이야기로 풀어놓았죠. 그래야만 사람들이 더 귀를 기울이고, 더 잘 이해하며, 내용을 마음 깊이 새길 수 있기 때문입니다.

기업에 관한 정보도 그냥 전하면 무미건조하죠. 그럴 때 기업의 웹사이트를 활용하면 알려지지 않은 비화나 일화를 흥미롭게 제공할 수 있습니다. 티파니 사이트(www.tiffany.com)는 다양한 이야깃거리들로 제품에 대한 관심을 유발합니다. 창립자에 대해서는 물론, 뉴욕 본점 입구에 걸려 있는 아틀라스Atlas 시계에 관한 이야기까지 많은 스토리가 공개되고 있습니다. 또한 티파니가 문을 연 1837년부터 매해마다 티파니와 관련된 흥미로운 정보들이 팝업창을 통해 나타납니다. 가령 1861년에는 링컨 대통령이 부인에게 줄 티파니 반지를 주문했다든지, 1980년에는 피카소의 친딸인 팔로마 피카소가 티파니의 디자이너로 영입되었다든지, 기업의 가치를 표현하는 이야기들이 흥미를 자아내도록 묘사되어 있지요. 에피소드가 브랜드에 관련된 대화를 중개하기(mediate) 때문에, 티파니의 티파니다움을 더 극적으로 전달할 수 있는 것입니다. 브랜드와 연관된 스토리를 알게 되면 고객의 브랜드에 대한 호기심은 배가됩니다.

셋째, 기업이 직접 만든 스토리뿐 아니라, 브랜드에 관해 사람들 사이에 '떠돌아다니는 이야기를 활용'할 수도 있습니다. 스탠퍼드 MBA 출신의 필 나이트와 육상코치였던 빌 바우어만이 동업해 만든 회사가 나이키입니다. 1964년에 창업했지만, 품질과 유통 등에서 문제가 생겨 두각을 나타내지 못했습니다. 브랜드 이름도 몇 번을 바꾸었는지 모릅니다. 오니즈카Onizuka에서 시작해 타이거Tiger, 아식스Asics를 거쳐 나이키Nike로 확정하기까지 무려 8년이 걸립니다. 이때 개발된 제품 중에 와플 솔waffle sole이라는 신발바닥이 나이키를 성공으로 이끌었죠. 이 와플 솔의 탄생과 관련된 유명한 일화가 전해집니다. 빌 바우어만이 선수들의 최고 기록을 갱신하기 위해 고민하던 중 우연히 아내가 만들고 있던 와플을 보고 와플 모양의 밑창을 만들었는데, 이것이 선수들의 기량 향상에 큰 도움이 되었다는 얘기입니다.

실제 과학적인 근거로 와플 솔을 만든 것인지, 아내의 음식 때문인지 진실은 알 수 없지만, 이 이야기가 와플 솔 신발을 알리는 데 큰 기여를 한 것은 사실입니다. 이런 경우 에피소드는 브랜드에 대한 대화를 충동 (stimulate)하는 역할을 합니다.

아무쪼록 기업의 메시지 효과를 극대화시키고 싶으시다면, 소비자들 간의 대화를 부추기거나, 매개하거나, 활성화시킬 만한 스토리를 꼭 준비하시기 바랍니다.

에피소드 효과의 원리를 이해하라

영국 브리스톨에 살던 마크 바로라는 사람이 니퍼라는 개를 키우며 살다 1890년에 죽었습니다. 그러자 화가이던 동생 프란시스 바로Francis Barraud가 그 개를 데려다 키웠습니다.

당시는 축음기가 세상에 나온 지 얼마 안 되었을 때였는데, 이 개가 마크 바로와 함께 살면서 축음기를 들었던 모양입니다. 길을 가다가도 축음기만 보면 주인을 그리워하는 듯 나팔관을 애처롭게 들여다보더라는 거예요. 동생이 그러한 개의 모습이 안쓰러워서 그린 그림이 바로 다음 사진입니다. 그림의 제목은 '주인의 목소리(His Master's Voice)'인데요, 이 그림을 어디서 본 것 같지 않습니까? 바로 축음기 회사 RCA 상표의 소재가 된 그림입니다.

축음기라는 것은 에디슨만 발명한 게 아니고 여러 사람들이 동시다발적으로 발명했답니다. 에밀 베르리너라는 사람도 그중 한 명이었는데, 그는 이 그림을 구매해 곧바로 트레이드마크로 등록했습니다. 그 후 빅

RCA Dog
측은하게 축음기를 들여다보는 개의 스토리가 궁금하지 않으세요?

터Victor사로 상표권이 넘어갔는데 RCA와 합병하면서 니퍼는 'RCA Dog'
으로 널리 알려지게 되었습니다. RCA가 유명해진 데는 제품도 좋았지
만 이 개의 공헌이 컸습니다. 지금은 상표권이 다시 테크니칼러
Technicolor SA로 넘어갔는데, 아직도 니퍼는 판촉활동에 많이 동원되고 있
습니다.

그런데 여기에는 숨겨진 뒷이야기가 있습니다. 사실 프란시스 바로라
는 화가가 그림을 그린 건 개가 죽고 3년이 지난 뒤였다는 겁니다. 이 개
는 생전에 축음기라는 걸 본 적이 없었다는군요. 그러니까 이 그림은 어
디까지나 화가의 상상만으로 그린 겁니다. 그렇다고 RCA가 이 그림에
대해 특별히 설명한 적은 없습니다. 사람들 사이에 짐작으로 돌아다니

던 얘기가 그냥 마음에 와 닿은 거지요. 이처럼 스토리는 반드시 사실이 아니어도, 악의가 없고 내용이 재미있으면 사람들 입에 오르내립니다.

우리나라에서는 약술이라 하여 건강에 좋다는 것이면 별의별 것을 다 넣어 술을 담급니다. 한약재는 물론이거니와 동백, 매실, 모과, 무화과, 벚꽃, 생강, 석류, 솔잎, 영지, 유자, 은행, 장미 등, 약술의 재료는 끝도 없습니다. 남자들은 정력에 좋다면 심지어 뱀을 우려낸 술도 기꺼이 먹습니다. 그 외에도 정력에 좋다고 주장하는 약술이 많은데, 산딸기가 들어간 술이 유독 사람들의 관심을 끌게 된 이유는 뭘까요?

옛날에 한 남자가 산에서 길을 잃고 헤매다 배가 고파 눈에 띄는 대로 덜 익은 산딸기를 먹었답니다. 맛은 시지만 너무 배가 고파 엉겁결에 정신없이 따먹고는 겨우 길을 찾아 집으로 돌아왔습니다. 그런데 다음 날 아침 소변을 보는데 소변줄기가 너무 세서 요강이 뒤집어지고 말았답니다. 그래서 '뒤집을 복覆'과 '동이 분盆'을 합해 '복분자'라고 부르게 되었답니다.

그런데 잘 생각해보면 복분자 술을 마시고 아무리 정력이 좋아졌다고 해도, 실제로 소변이 요강을 뒤엎을 수 있을까요? 거짓말인 줄 뻔히 알면서도, 사람들은 "이걸 마시면, 요강이 엎어진다더라." 하며 즐거이 술을 마십니다. 스토리의 힘이 그런 겁니다.

거짓으로 이야기를 만들라는 것이 아닙니다. 다소 과장되어도 재미있거나 사람들의 마음을 움직일 수 있으면 긍정적인 반응이 일어난다는 말입니다. 요즘 애들은 영리해서 대여섯 살만 되면 산타클로스가 실제 존재하지 않는다는 걸 압니다. 그래도 변장을 한 산타클로스에게 속아주고, 선물을 받겠다고 머리맡에 양말을 걸어놓고 잡니다. 아이들도 부모들도 기꺼이 연기를 하고 즐기는 거죠.

스토리 활용상 유의점

사람들은 누구나 '서툴게나마 심리학자(naive psychologist)'가 되어 남의 행동을 의식적으로든 무의식적으로든 분석하곤 합니다. 속으로는 매 순간 끊임없이 '왜 저렇게 할까?' 하는 질문을 던지죠. 물건을 살 때도 "저 직원이 오늘 따라 왜 더 친절하게 굴까?", "하필이면 왜 이 브랜드를 권할까?" 등, 소위 독심술을 발휘합니다. 심리학에서는 행동의 원인을 찾아 그 이유를 귀속시킨다는 의미에서 귀인(歸因, attribution) 행동이라고 부릅니다.

기업에 관한 어떤 이야기가 회자되면, 금세 사람들은 '그 기업이 왜 그렇게 행동했을까?'를 유추하기 시작합니다. 다시 말해 기업에 관한 아무리 좋은 스토리라도 장삿속을 들키는 순간, 사람들은 부정적으로 생각하게 됩니다. 그러므로 긍정적으로 귀인하게 하려면 다음을 고려해야 합니다.

첫째, 기업이 손해를 보면서라도 고객의 이득을 위해 말없이 행동한 것으로 보여져야 합니다.

특급 배송업체 페덱스FedEx는 미국 내라면 어디든 무조건 다음날 아침까지 배송해줄 것을 약속합니다. 그런데 한번은 눈이 엄청 많이 온 산골에서 배송을 요청해왔답니다. 직원은 도저히 갈 방법이 없자, 헬리콥터를 5만 달러에 대여해 타고 가서 우편물을 수거했습니다. 운송료 20~30달러를 받겠다고 5만 달러를 들인 것이죠. 기업의 손해는 엄청났지만 그들은 약속을 지킨 겁니다. 그들의 모토인 "우리는 배달을 위해 살아갑니다(We live to deliver)."를 단적으로 보여주는 스토리입니다. 이렇게 손해를 감수하고 고객과의 약속을 지켰다는 스토리는 사람들에게 금세 퍼지게 되지요.

둘째는 이야기의 원천이 기업과 상관없는 제3자면 더 좋습니다. 그것도 기자나 전문인이 아니라 일반 소비자와 같이 평범한 사람이면 좋겠지요. 한때 싸이월드에서 인기를 끌었던 어떤 여학생의 미니홈피가 그 예입니다. 이 학생이 강남역 근처에서 팔다리를 제대로 못 쓰는 불쌍한 앵벌이 아저씨를 보았는데, 어떤 여성이 쪼그리고 앉아 빵을 한 입에 먹기 좋게 떼어서 아저씨 입에 손수 넣어주고 있더랍니다. 이에 감동한 학생이 그 모습을 찍은 사진과 글을 올렸더니, 격려의 댓글이 무려 수천 개나 달렸습니다.

그런데 어떤 이가 "그런데 이 여자분이 유니폼을 입고 있네요."라고 댓글을 달자 곧바로 "A제과 유니폼입니다."라는 답이 달렸습니다. 그러자 사람들이 강남역 A제과에 그 여직원을 보러 몰려들었다고 합니다. 이렇듯 지어낸 얘기보다는 자연스러운 미담이 사람들을 끌어당기는 요소가 됩니다.

셋째, 긍정적 귀인을 유도하려면, 오른손이 한 일을 왼손이 모르게 하듯 스토리의 당사자가 나서지 않는 것이 좋습니다. 사람들이 기업의 의도적인 행동이라고 귀인하는 순간 그 효과는 떨어집니다.

제가 위에 얘기한 미니홈피의 주인을 직접 만나 들은 얘기입니다. 어느 날 그 가게에 '싸이월드에 나온 바로 그 제과점'이라는 플래카드가 걸리자, 그 후부터 사람들이 외면하기 시작했다고 합니다. 아마도 그 가게는 찾아오는 사람들에게 친절하게 안내하려고 그랬을 테지만, 사람들은 그렇게 귀인하지 않았던 것 같습니다.

스토리의 소재는 어디에나 있다

종종 나이 드신 분들이 자신이 살아온 인생을 책으로 쓰면 10권도 넘을 거라고 말씀하시곤 합니다. 누구에게나 특별한 경험이 있고, 이야깃거리가 있다는 의미죠. 브랜드도 마찬가지입니다. 좋은 스토리가 될 만한 소재를 찾는 과정을 스토리 마이닝story mining이라고 하는데, 어떤 브랜드든 뒤져보면 이야깃거리가 있습니다.

유럽의 썰렁한 3대 명소가 어디인 줄 아십니까? 독일의 로렐라이 언덕, 코펜하겐의 인어공주 동상, 그리고 브뤼셀의 오줌싸개 동상입니다. 오줌싸개 동상만 하더라도 사람들을 그곳으로 끌어모으는 이야기가 별게 아닙니다. 그래도 60cm밖에 안 되는 보잘것없는 동상을 보려고 전 세계에서 수많은 사람들이 몰려듭니다.

소문난 잔치에 먹을 것 없다는 말을 뒤집어보면, 먹을 것이 별거 아니어도 멋진 소문을 낼 수 있다는 의미겠죠. 더구나 여러분이 다루는 제품이나 서비스가 훌륭한 것이라면 스토리는 금상첨화가 될 것입니다.

저는 요즘, '희망고'라고 아프리카의 불우한 어린이들을 위해 망고나무를 심어주는 기금 마련을 돕고 있습니다. 1년에 두 번 오는 건기에 유일하게 열매를 맺는 망고나무를 심어주면, 굶어 죽을 어린이들을 살려낼 수 있답니다. 그런데 기아와 질병으로 죽어가는 어린이가 수백만 명이나 되니 도와달라고 있는 그대로의 통계적 사실을 전하는 것으로는 호소력이 약합니다. 반면 부모를 잃고 쌀 한 줌으로 네 형제가 먹고 살면서도 희망을 잃지 않으려 애쓰는 '한 아이'의 형편을 이야기로 전달하면, 사람들의 심금을 울려 지갑을 열게 할 수 있더군요. 스토리의 소재는 어디에나 있습니다. 다만 이를 어떻게 감동과 울림이 있는 이야기로

희망고
부모 잃은 네 형제가 망고나무 덕에
굶어죽지 않았다는 얘기를 들으면,
망고를 심는 일에 동참하고 싶어지지
않으세요?

만드느냐가 관건이죠.

이러한 의미에서 미국의 대법원 판사로 30년간 재직한 올리버 홈스의 말에 귀 기울일 필요가 있습니다.

"사람들은 양적으로가 아니라 극적으로(dramatically, not quantitatively) 판단한다." 객관적으로 사실을 전하기보다 드라마틱하게 사건을 부각시킬 때 배심원의 마음을 움직일 수 있다는 말이겠지요.

너무 거창한 소재를 찾으려고 애쓰지 마십시오. 이야기는 상상에서 나오는 겁니다. 아이들은 아무 것도 없는 곳에서, 학교라고 믿고 학교놀이를 하고 식탁이라고 믿고 소꿉놀이를 합니다. 붕붕거리며 자동차 탄 기분을 내고, 우주선을 타고 달나라에도 갑니다. 믿으면 있는 것입니다.

이제 기업이나 제품에 대한 정보를 전달하는 데 그칠 게 아니라, 고객을 사로잡을 재미있는 이야기를 준비해 그들의 마음을 파고들어야 하지 않을까요. 어떤 기업이든 뒤져보면 이야깃거리는 반드시 있습니다.

13장

고객과 희로애락을
함께하라

ENTERTAINMENT MARKETING

비행기는 처음 몇 번 탈 때야 좋을지 모르지만, 좁은 비행기를 타고 또 어딘가 멀리 갈 생각을 하면 걱정이 앞설 때도 많습니다. 지루하고 답답한 비행기 타는 일이 혹시 생일파티 하듯 즐거울 수는 없을까요?

사우스웨스트항공 | 미국에는 아메리칸항공(AA), 유나이티드항공(UA), 델타항공(Delta)이라는 빅3 항공사가 있고, 그 밖에 소규모 항공사들의 경쟁이 치열합니다. 그 엄청난 경쟁을 뚫고 빅3에 이어 4위를 차지한 것이 바로 사우스웨스트Southwest항공입니다. 더 중요한 사실은 1991년 이래 단 한 번도 손실을 보지 않은 흑자경영을 지속하고 있다는 겁니다.

이 회사가 초저가 항공사로서 성공한 데는 여러 가지 이유가 있는데요. 그중에는 우리가 잘못 알고 있는 부분들이 많습니다. 가령 단일기종으로 비용을 절감했다고는 하나, 단일기종을 쓴 다른 항공사들은 재미를 보지 못했습니다. 허브앤스포크hub-and-spoke 시스템이 아니라 작은 공항을 직접 연결하여 비용을 절약하는 노선전략을 쓴 덕분이라고도 하나, 유사한 전략을 쓰는 항공사들은 적자를 면치 못하고 있습니다. 노조가 없기 때문이라고 하지만, 노조가 문제를 일으키지 않을 뿐 실제로는 노조에 가입한 직원이 가장 많습니다.

이 항공사의 성공요인 중 내부요인으로는, 인간관계를 각별히 신경 쓰는 기업문화가 널리 알려져 있습니다. 이와 관련해서는 《사우스웨스트 방식(The Southwest Airlines Way)》이라는 책이 있으니, 관심이 있는 분은 읽어보시기 바랍니다.

그런데 이 회사의 기업문화와 관련해 우리의 눈을 끄는 외부요인이 있습니다. 소위 '엔터테인먼트 마케팅'을 표방한다는 것이죠. 그게 무엇일까 궁금해 여기저기 자료를 찾아보았는데, 예를 들어 담배를 피우는 사람에게 무안을 주기보다는 "담배는 밖에 나가 날개 위에서 피우시죠."라고 유머러스하게 말한다는 겁니다. 재미있긴 하지만, 그런 썰렁한 농담 덕분에 유일하게 흑자경영을 지속하는 항공사가 된 건 아니겠죠.

엔터테인먼트 마케팅이란 개념이 궁금하던 차, 미국에 갔을 때 마침 기회가 있어 사우스웨스트항공을 타봤습니다. 인터넷으로 티켓을 사서 공항에 갔는데, 보딩패스를 받고 보니 좌석번호가 안 찍혔더군요. 그래서 다시 가서 물으니까 원래 선착순 제도라 지정석이 없답니다. 우리나라는 고속버스도 지정석이 있는데, 아무리 초저가라지만 이 비행기는 시내버스 타듯이 아무 데나 앉는 거래요.

그래서 탑승구로 가서 줄을 서 있는데 제가 거의 맨 뒤에 타게 됐어요. 저는 공부할 목적도 있었으므로 승무원들이 첫 손님을 맞는 순간부터 관찰하고 싶었죠. 다른 사람들에게 자리를 양보하고 다음 비행기를 기다렸습니다. 2시간쯤 지나서 다음 비행기가 들어왔고, 제가 제일 먼저 탑승했어요. 그런데 보딩패스를 내고 비행기 입구로 갔더니 맞이하는 승무원이 아무도 없는 겁니다. 일단 손가방을 짐칸에 올리려고 하는데, 다른 비행기 같으면 열려 있을 짐칸이 모두 닫혀 있는 거예요. 짐칸에는 장난 같은 낙서들만 잔뜩 쓰여 있고요. 그래서 짐칸을 열어도 되나 망설이다가 하나를 열었더니, 아 글쎄 그 안에 승무원이 숨어 있지 뭡니

펀 서비스
귀사는 고객을 정말 신나고 즐겁게 하기 위해 얼마나 고민하십니까?

까. 유니폼도 없이 청바지에 예쁜 티셔츠를 입고 머리에는 토끼모양의 모자를 썼더군요. 깜짝 놀랐는데 "Help us out, help us out~"하며 자기들을 꺼내달라는 거예요. 그래서 다른 승객들과 함께 낑낑대며 승무원들을 끄집어내리느라 혼났습니다.

이 비행기는 저가항공이라 그런지 보통 6~7명의 승무원은 있어야 할 공간에, 승무원이 남녀 각 한 명씩만 있더군요. 그들은 마이크가 붙은 헤드셋을 쓰고 있었는데, 비행기가 서서히 움직이기 시작하자 다른 비행기들처럼 비상 시 어떻게 대처해야 하는지 설명을 시작했습니다. 하지만 승무원들이 시범을 보일 때 승객들이 어디 쳐다나 봅니까, 대부분은 다른 일을 하지요.

그런데 설명을 마친 여승무원이 손님 중 한 사람을 지명하며 "제 이름이 뭐라 그랬죠?"라고 묻는 겁니다. 설명하는 중에 자기 이름을 말했나 본데, 누가 기억을 했겠어요. 사람들이 멀뚱멀뚱 쳐다보니까, 큰소리로 "제 이름은 주디인데요, 오늘 주스라도 마시고 싶으면 제 이름을 알아두세요." 하더라고요.

그러더니 저쪽에 앉아 있는 승객에게 남자 승무원을 가리키며 "저 스튜어드 이름은 뭐라 그랬죠?"라고 묻는 거예요. 당연히 모르죠. 그랬더니 "제가 마지막으로 한 번 더 말씀드리는데, 저 승무원 이름은 존이에요. 오늘 스낵이라도 드시고 싶으면 알아두시는 게 좋을걸요." 그러는 겁니다.

그리고 이번에는 옆자리 승객들과 서로 인사를 하래요. 비행기 탔을 때 옆에 앉은 사람은 어떤 존재입니까? 그저 팔걸이를 놓고 실랑이할 때나 의식되는 사람이지요. 그런데 옆 사람하고 인사하고 자기소개를 하라는 겁니다. 그래서 대충 인사를 하니까, 비교적 앞자리에 앉아 있던 저를 삿대질하듯 지적하며 "그렇게 건성으로 하지 말고 제대로 인사하세요." 하는 겁니다. 좀 민망했죠. 그래서 제가 옆 사람에게 "저는 한국에서 마케팅을 가르치는 교수인데, 이 비행기가 엔터테인먼트 마케팅으로 성공했다기에 탔더니, 완전히 공포 분위기군요."라고 인사했던 기억이 납니다. 하여간 비행기가 이륙할 때 승무원 이름은 물론, 옆에 앉은 승객들 이름과 어디로 뭐 하러 가는지도 대충 알게 되었죠.

비행기에서 있었던 우여곡절을 다 말씀드릴 수는 없습니다만, 음료수를 나눠주는데 저쪽에서 서브하던 존이 주스가 떨어졌나 봐요. 자기들끼리 조용히 해결하면 될 텐데, 승무원 수가 적어서인지 존이 주디에게 주스가 떨어졌다고 외치는 겁니다. 뺨에 붙은 마이크에 대고 말하는 거니까 승객들한테도 다 들려요. 주디는 몇 개가 필요하냐고 큰소리로 되묻더니 존이 개수를 얘기하자 일회용 비닐팩에 들은 주스를 승객 머리 위로 던졌습니다. 그것도 장난치듯 등 뒤로 던지니까 제대로 날아갈 리 없지요. 그걸 잡겠다고 존이 점프를 하다 승객 위로 넘어지면서 "3루에서 아웃됐습니다~."라고 야구중계하듯 하니 주위에서는 깔깔대고 부둥켜안고 웃느라 난리가 났습니다.

그러더니 식사 대신 간단한 스낵을 나눠줍디다. 그것도 스낵을 나눠줄 손이 모자란다며, 승객 중에 자원자를 받더라고요. 승객들은 승무원이 아닌 다른 승객들이 나눠주니까 즐겁게 농담을 해가며 스낵을 받았습니다. 스낵을 다 먹을 때쯤 되니까 주디가 혼잣말처럼 "신기하게도 사우스웨스트 손님들은 수준이 높아요. 좀처럼 어지르지를 않네요."라는 겁니다. 그러니까 사람들이 시키지도 않았는데 쓰레기를 주섬주섬 주워서 앞에 놓여 있는 검은 비닐봉지에 갖다 넣는 거예요. 비행기가 금세 깨끗이 정돈이 되었죠.

그러자 주디가 "여러분한테 단편영화 보여드릴 시간인데, 영화를 보여드릴까요, 아니면 저희들이 노래를 불러드릴까요?" 하고 묻더군요. 사람들이 당연히 노래를 부르라고 했겠죠. 그러자 존이 기타를 들고 나와 둘이서 듀엣을 하는데, 세상에 그렇게도 못 부르는 노래는 처음 들었습니다. 음치 둘이서 듀엣을 하니까 정말 웃기더군요. 그런데 아마도 둘이 화음을 잘 맞췄더라면 처음엔 듣기 좋았을지언정, 금세 주위가 산만해졌겠죠. 둘의 음치 듀엣이 끝나기가 무섭게 사람들이 재미있다고 박수를 치면서 또 부르라고 "브라보!", "앙코르!"를 외치느라 야단이었습니다. 그러자 자기들은 아무 데서나 노래 부르는 사람이 아니라며 승객들에게 노래를 시키는데, 금방 화기애한 노래자랑 시간이 되었습니다.

그것도 비행기 안에서 말이죠.

저는 비행기를 탈 때면 보통 읽을 책을 가지고 갑니다. 대개 몇 페이지 보지도 못하지만 그날은 더더욱 웃고 떠드느라 아직 책을 꺼내지도 않았는데, 의자를 세우고 시트벨트를 하라는 겁니다. 착륙할 때가 된 거죠. 몇 시간 동안 지루할 새도 없이 목적지에 도착하였습니다.

그때 묘한 기분이 들더군요. 이제 승무원들도 잘 알게 되고, 게임을 하면서 옆에 앉은 승객들하고도 정말 친해졌는데, 이 서양 사람들을 죽을 때까지 다시 볼 일이 없을 거 아닙니까. 젊었을 때 같으면 전화번호를 교환하고 이메일 주소를 받아 적고 했겠지만, 그런 게 일상으로 돌아가 바쁘게 지내다 보면 다 부질없는 짓인 줄 아는 나이인지라 이 사람들과 헤어지는 것이 왠지 서운한 마음마저 들었습니다.

이 회사의 광고는 생일파티하는 광경을 보여줍니다. 파티를 즐기듯 즐기다 보면, 어느새 목적지에 도착한다는 뜻이죠. 이 항공사의 슬로건은 뭔지 아십니까? "Time flies while you're having fun!"입니다. "당신이 즐기는 동안 시간은 흘러갑니다."라는 말이지요. 비행기로 어딘가에 갈 때 가장 견디기 힘든 것이 지루함과 답답함인데, 그야말로 시간 가는 줄 모르고 비행기 여행을 즐기도록 해준다는 의미입니다.

고객의 일상을 파고들어라

그런데 엔터테인먼트 마케팅이라는 것이 단순히 고객을 즐겁게 한다는 펀fun적인 요소, 즉 깔깔거리고 웃는 것만을 뜻하는 건 아닙니다. 어떤 때는 돈 내고 영화 보러 가서 울고 나오지 않습니까? 또 어떤 때는 뭐 저런 나쁜 놈들이 있냐고 격분하기도 하고, 주인공과 함께 애를 태우며 긴장하기도 합니다. 결국 엔터테인먼트는 고객과 희로애락을 같이하는 것이지, 단순히 웃게 해주는 것만은 아닙니다. 상喪을 당한 고객을 위로해드렸다면, 그것도 넓은 의미에서 엔터테인먼트지요.

소비자들과 희로애락을 같이하려면 그들의 '가치관과 라이프스타일', 즉 VALS(Value And Life Style)를 잘 파악하고 있어야 합니다. 구체적으로 AIO, 고객이 하루 24시간을 어디에 쓰는지(activities), 무엇에 관심을 갖는지(interest), 세상의 다양한 이슈에 대해 어떤 생각을 가지고 있는지(opinion)를 알아야 합니다. 소비자 행동을 이해하는 것은 소비자의 전반적인 하루를 손바닥 들여다보듯 파악하는 것에서부터 시작된다고 볼 수 있죠.

그러므로 '소비자'를 글자 그대로 '제품을 사용하는 사람(consumer)'으로 간주할 것이 아니라, '재미있고 개성 있는 삶을 살아가려는 한 명의 인간(people)'으로 봐야 할 것입니다.

소비자(CONSUMER)에서 사람들(PEOPLE)로

소비자(CONSUMER)는 제품을 구매하려는 이들이고
사람들(PEOPLE)은 하루를 즐겁게 살려는 이들이다

스티브 잡스 │ 스티브 잡스는 세계 처음으로 쓸 만한 개인용 컴퓨터, PC를 만든 천재입니다. 그러나 그가 만든 애플 컴퓨터는 타의 추종을 불허하는 우수한 기종임에도, 전 세계 시장 점유율이 10%에 못 미쳤습니다. 게다가 스티브 잡스가 회사경영을 위하여 영입한 펩시의 존 스콜리 부사장에게 축출당해 자신이 만든 애플에서 쫓겨

나는 수모를 겪었던 것은 여러분도 잘 아실 겁니다.

그 후 스티브 잡스는 절치부심, 이를 갈며 기막히게 좋은 여러 제품들을 만들어냅니다. 예를 들어 펜티엄 이전에, 386 이전에, 286 이전에, AT 이전에, XT가 있었을 때 그가 만든 넥스트(NeXT)라는 워크스테이션은 최초로 웹브라우저를 사용한 아주 멋지고 우수한 기종이었습니다. 그러나 그 제품은 시장에 발도 못 붙인 채 없어지고 말았습니다.

1998년 애플이 부진의 늪에 빠지고 주가가 5달러까지 떨어지자 스티브 잡스는 애플로 다시 돌아오면서 백의종군하겠다고 말합니다. 연봉 1달러를 받은 것은 애플을 살려보겠다는 그의 굳은 의지를 보여줍니다. 그는 조너선 아이브Jonathan Ive라는 출중한 디자이너를 만나 아이맥을 만들고 다시 선풍적인 화제를 불러일으켰으나, 그것도 잠시였죠. 노트북 아이북iBook은 변기뚜껑 같다는 혹평을 들었고, 후속제품인 G4 등은 이렇다 할 성과를 거두지 못합니다. 이처럼 스티브 잡스는 평생을 통해 훌륭한 제품들을 많이 만들어냈지만, 2000년대 초반까지도 전 세계를 장악하는 제품을 만든 적은 한 번도 없었습니다.

그러던 그가 뒤늦게 전 세계를 평정한 제품을 만들게 되는데, 그것이 바로 아이팟입니다. 아이팟이 명실공히 세계시장을 휩쓸기 시작하면서 스티브 잡스는 각종 잡지의 커버를 장식하는 인물이 됩니다. 한번은 〈포춘Fortune〉지에 그의 인터뷰 기사가 실렸기에 읽어보았습니다. 잡스는 최상의 기술로 제품을 만들면 성공할 거라 생각했지만, 점유율 면에서는 늘 기대에 못 미쳤다고 했습니다. 잡스는 뒤늦게 "젊은이들의 삶을 그들의 방식에 따라 몸소 체험하고 나서야(after I experienced being a young people on their terms)" 성공의 열쇠를 찾게 되었다고 말합니다. 즉 청바지에 티셔츠를 입고 젊은이들과 어울려보니 그들의 라이프스타

고객의 VALS 체감하기
젊어서는 깔끔한 양복에 넥타이를 매던 잡스가
나이들면서 왜 청바지에 티셔츠를 즐겨 입었을까요?

일과 생각을 이해하게 되었고, 어떤 제품을 어떻게 디자인해야 하는지 감도 생기더라는 것입니다.

그렇게 탄생한 것이 아이팟입니다. 잡스는 멋진 디자인의 MP3 플레이어를 개발하면서 미국처럼 음악을 다운받기 불편한 환경에는 소프트웨어를 같이 만들어주어야 한다는 것을 깨달았습니다. 결국 아이튠즈를 만들어 음악을 제공하는 음반사나 음악을 듣는 소비자 모두를 만족시킬 수 있었죠. 단언컨대 아이튠즈가 뒷받침되지 않았더라면, 아이팟이 지금처럼 성공하지는 못했을 겁니다.

그 후, 잡스는 소비자의 라이프스타일에 따라 아이팟을 끊임없이 진화시켜 갑니다. 인기 록그룹 U2의 사인이 들어간 스페셜 에디션을 만들고, 곧이어 아이팟에 사진을 넣을 수 있게 했으며, 각종 색깔의 미니를 만드는가 하면, 운동할 때 간편하게 사용할 수 있는 셔플도 만들었습니다. 뒤이어 두께가 얇은 나노 버전들로 계속 업데이트하고 있습니다. 동영상과 사진을 편리하게 볼 수 있는 아이터치뿐 아니라 스피커를 비롯한 각종 액세서리들도 매출을 돕는 역할을 합니다. 이 모든 것은 기술의 발전이 아니라, 타깃 소비자의 라이프스타일을 잘 관찰하고 이해했기에 가능한 일입니다.

마침내 잡스는 모바일 시대의 라이프스타일에 따라 아이폰을 만들기에 이릅니다. 아이튠즈 또한 그 범위를 넓혀 단순히 음악을 다운받는 것에서 나아가 교육, 여행, 보험 상품은 물론, 앱스토어App Store와 링크해 60만 가지가 넘는 애플리케이션 프로그램을 판매하고 있습니다. 아이폰의 성공은 타깃 소비자를 면밀히 관찰하고 그들이 꿈꾸는 새로운 라이프스타일을 창출했기에 가능한 일이었습니다.

예전에는 동시대 사람들의 생각이나 생활패턴의 차이가 그리 크지 않았지만, 요즘은 사람들마다 다양한 삶을 살 뿐 아니라 그 방식 또한 시시각각 변화합니다. 그러므로 타깃고객의 VALS를 추적하고 이를 업그레이드하도록 제안하는 일이 마케팅의 핵심이 되고 있습니다. 다시 말해 기업이 소비자의 라이프스타일을 몸으로 체감하며 쫓아가지 못한다면, 마케팅을 제대로 한다고 말할 수 없겠죠.

기술 및 미디어, 통신분야의 저명한 투자자문회사인 코프만 브로스Kaufman Bros.는 "삼성이나 LG전자와 같이 앞선 기술로 시장을 주도하던 한국 기업들이 설 땅을 잃어가고 있다."고 지적합니다. 고객의 라이프스타일을 진정으로 이해하고 선도해가는 소프트웨어 분야에서 경쟁해본 적이 없기 때문이라는 겁니다.

구글의 넥서스 원Nexus One을 비롯한 다양한 스마트폰 제조업체들이 애플의 아이폰에 도전장을 내밀고 있습니다. 이 싸움의 승패는 기술의 우수성이나 애플리케이션의 숫자가 아니라 소비자의 라이프스타일을 누가 더 잘 파헤치느냐로 결정될 것입니다. 아이폰은 소비자 행동반경 내의 상점과 광고를 연결하는 아이디어를 내놓는 등, 24시간 소비자를 쫓아다닐 준비를 갖추며 앞서나가고 있습니다.

혹자는 애플이 자체 IT 기술도 없이 아웃소싱으로 제품을 만들어내므로 취약한 구조라고 평가절하합니다. 하지만 기술을 제공할 수 있는 기업은 많습니다. 결국 시장의 승자는 누가 소비자가 원하는 새롭고 활기찬 라이프스타일을 창출하느냐로 판가름날 것입니다.

이제 마케터들은 책상에 앉아 전략을 짤 것이 아니라, 몸을 던져 고객의 라이프스타일을 파고들어야 하지 않을까요.

가치관과 라이프스타일

우리나라에는 많은 화장품 회사가 있습니다만, 2003년 카드대란을 전후해 대부분의 업체들이 큰 어려움을 겪게 됩니다. 하지만 그런 중에도 아모레퍼시픽(태평양 화장품)은 지속적으로 성장해왔습니다. 그 이유 중 하나가 고객의 라이프스타일을 파악하는 데 각별한 노력을 기울였기 때문입니다.

화장품 산업에서는 방문판매 시장이 중요한데요. 아모레에서는 설화수와 헤라라는 두 고급 화장품을 방문판매하고 있습니다. 실제 그 두 품목만으로도 2000년대 초에 2,000~2,500억 원어치나 팔았습니다. 그런데 문제는 몇 년째 그 수준을 넘어서지 못한다는 점이었습니다. 원인을 살펴보니 방문판매원들이 자기 자신과 비슷한 '가치관 및 생활양식(VALS)'을 가진 고객에게는 곧잘 판매하였으나, VALS가 상이한 고객에게서는 어떻게 교감을 이끌어내야 할지 몰라 어려움을 겪고 있었기 때문이었습니다.

그래서 아모레퍼시픽은 2003년 각기 다른 '가치관이나 생활양식'을 가진 소비자들의 특징을 알아보고자, 1,000명의 여성을 대상으로 대규모 조사를 수행하였습니다. 그 결과 화장품을 구매하는 여성 소비자들을 여섯 가지 유형으로 분류할 수 있었는데, 표 2-10이 바로 그것입니다.

표 2-10 **여성 소비자의 유형별 특성**

	열등감	**자족감**	**우월감**
내향적	자포자기형	알뜰소박형	미시개성형
외향적	욕구불만형	안전건실형	대세리드형

첫 번째 유형은 의욕이 없는 소극적인 여성들입니다. '자포자기형' 여성들은 나서기를 싫어하고 마치 우울증에 걸린 사람들처럼 전반적으로 축 늘어진 생활을 합니다. 변화가 없는 현재를 유지하길 바라며, 배우자에게도 대체로 무관심합니다.

두 번째 유형은 소시민적인 꿈돌이 여성들입니다. 이 '알뜰소박형' 여성들은 경제적으로 여유롭진 않지만, 산동네 같은 곳에 살면서도 어디론가 일을 나가고, 희망을 갖고 자식을 키우며 남편을 뒷바라지하는 사람들입니다. 가족을 돌보며 대리만족하는 삶으로 자신의 희생을 인정받는 것이 삶의 보람이지요.

세 번째 유형인 '미시개성형'은 주체의식이 강하고 자신의 즐거움을 중시하는 여성들입니다. 자존감이 강하여 소리 없이 당당하고 배우자를 동료(partner)처럼 여깁니다.

그런가 하면, 매사에 활력과 의욕이 넘치며 대개 압구정동이나 대치동 등에 거주하는 '대세리드형' 여성들이 있습니다. 어떻게든 물질적인 성공을 이루려 하고 다른 사람들로부터 남보다 앞서 있다고 인정받을 때 행복을 느낍니다. 남편을 주인(master)처럼 잘 섬깁니다.

또한 대세리드형을 쫓아가고자 하나 경제적으로 그만한 위치에 가 있지 못해 늘 불만스럽고, 그래서 마치 권태기 여성처럼 남편에게 바가지를 긁거나 아이들에게 잔소리를 해대는 '욕구불만형' 여성들도 있습니다. 이들은 열등감을 보상받기 위해서인지 질투심이 강하며, 가진 것보다 높게 평가받을 때 행복감을 느낍니다. 남편은 애증의 대상입니다.

마지막으로 전형적인 이웃집 아줌마 타입의 '안정건실형' 여성들이 있습니다. 그저 편안한 타입의 여성들로, 가정에서나 경제적으로나 도덕적으로나 안정적인 삶을 추구합니다. 남편은 없으면 허전하지만, 있어도 심리적으로 큰 도움은 되지 않습니다.

이렇게 소비자의 유형을 나누어보는 것도 유용하지만, 여기서 정작 중요한 포인트는 소비자 시장을 관통하는 핵심차원(core dimensions)이 무엇인가를 읽을 수 있어야 한다는 점입니다.

핵심차원을 추출하기 위해 표 2-10을 다시 보겠습니다. 표의 가로축을 보게 되면, 왼편의 의욕이 없는 자포자기형 여성과 불만이 가득한 욕구불만형 여성은 '열등감'이라는 공통분모를 갖습니다. 반면 오른편의 자기 삶을 즐기는 미시개성형이나 활력이 넘치는 대세리드형은 '우월감'을 표출한다는 공통점을 가지고 있습니다. 또한 표의 가운데 위치한 소시민적 알뜰소박형이나 이웃집 아줌마 타입의 안정건실형 여성들은 둘다 현재 가진 것에 대해 그런대로 '자족'하며 사는 사람들입니다.

요약하자면, 셋으로 구분된 가로축의 항목은 열등감의 표현방식이라 볼 수 있습니다. 우월감이라는 것도 따지고 보면 열등감의 일종이기 때문입니다. 상표가 크게 보이는 옷을 입으려는 심리는 열등감을 감추려는 다른 표현이라 볼 수 있는 거죠.

다음으로 세로축을 보면, 상단에 위치한 자포자기형과 알뜰소박형, 그리고 미시개성형 여성들은 사회성이 '내향적'임을 알 수 있습니다. 이들은 남에게 자신을 드러내고 싶어 하지 않습니다. 자포자기형은 성격 때문에, 알뜰소박형은 어려운 경제적 상황 때문에 사람들과 어울리기를 꺼려 합니다. 미시개성형의 경우도 자기와 통한다 싶은 사람들과는 잘 어울리지만, 그 외의 사람들하고는 담을 쌓고 지내려는 경향이 있습니다.

예를 들어 직장에 다니는 미시개성형 여성이 자녀를 유아원에 맡겼다고 칩시다. 퇴근 후 애를 찾으러 갑니다. 그런데 다른 여성이 이 멋쟁이 미시여성에게 말을 걸어보고 싶은데, 새침하여 말을 붙이기가 힘듭니다. 그래서 이 여성의 아이한테 공연히 "어머, 얘는 이렇게 예쁜 옷을 어디서 샀을까?" 혹은 "저런 신발은 어디서 팔지?" 등을 혼잣말처럼 중얼거려봅니다. 물론 그 엄마의 반응을 유도해보려는 것이죠. 이때 미시여성은 마치 아무 소리도 못 들었다는 듯이 "애, 신발 다 신었으면 가자." 하며 그냥 가버릴 만큼 내향적입니다.

반면 하단의 욕구불만형이나 안정건실형 또는 대세리드형 여성들은 '외향적'입니다. 다른 사람들과 어울리거나 대화하는 일이 많은 사람들입니다. 욕구불만형은 남편의 험담도 스스럼없이 하고, 안정건실형은 이웃과 담이 없는 것처럼 생활합니다. 또 대세리드형은 자기가 잘살고 있음을 자랑하기에 바쁩니다.

이와 같은 시각으로 보면 시장의 모든 여성 소비자들을 단 2개의 축, 즉 '열등감의 표현방식'과 '사회성의 방향'이라는 두 가지 잣대에 따라 나눌 수 있습니다. 카운슬러라고 불리는 이 회사의 방문판매원들은 만나는 고객이 두 가지 차원 중 어디에 속하는지 구별하는 방법을 어렵지 않게 교육받았습니다. 그 자세한 내용은 《대한민국 여성소비자 : 그들의 라이프스타일과 소비패턴》을 참고하시기 바랍니다.

소비자 유형을 구별하는 다양한 방법 중 한 가지를 예로 들면, 표 2-11에서 보듯 모든 그룹들에게는 뭔가 없는 것이 있다는 겁니다. 소극적인 자포자기형 여성은 '의욕'이 없다고 볼 수 있습니다. 또한 소시민적인 알뜰소박형 여성은 안타깝게도 '돈'이 없고, 전형적인 이웃 아줌마 타입인 안정건실형의 여성들에겐 '젊음'이 없죠. 욕구충족이 안 되는 욕구불만형 여성들은 불만의 원천인 경제력을 보충하기 위해 본인이 나가서 돈을 벌 수도 있을 텐데 '행동'은 하지 않고 불만만 토로하는 여성들입니다. 그에 반해 생활이 풍족한 강남의 대세리드형 여성은 아마도 '없는 게' 없는 여성들이고, 자기를 즐기는 것이 중요한 미시개성형 여성들은 우스갯소리로 말씀드리자면 '눈에 뵈는 게' 없는 타입에 속할지도 모르겠습니다.

표 2-11 **누구나 없는 게 있다**

	열등감	자족감	우월감
내향적	의욕이 없다	경제력이 없다	뵈는 게 없다
외향적	행동이 없다	젊음이 없다	없는 게 없다

핵심차원에 따라 소비자를 구분하는 방법을 다양하게 교육받은 판매원들은 이제 자신의 상식수준에서가 아니라 전혀 다른 각도에서 소비자를 볼 수 있게 되었습니다. 다시 말해 시장을 보는 새로운 시야를 갖게 된 것입니다.

또한 이 회사에서는 방문판매원들에게 고객 유형별로 ① 어떻게 관계를 '개시'하고, ② 어떻게 욕구를 파악해 해결안을 들고 '접근'할 것인지, 그리고 ③ 어떻게 판매를 성취하고 '마무리'할 것인가에 관해 역할연기(role-play) 훈련을 했다고 합니다. 덕분에 그들은 망설이지 않고 고객에게 다가갈 수 있었고, 다른 직원에게서 고객을 새로 인계받았을 때 이미 파악한 유형에 따라 어떤 방식으로 접근해야 할지를 곧바로 판단할 수 있었습니다.

그 결과 놀랍게도 3년 만에 매출이 3배 이상으로 뛰어 2006년에는 방문판매에서만 매출액이 7,000억 원을 넘게 되고, 2011년에는 설화수가 7,500억 원, 헤라가 4,500억 원을 넘어섰습니다. 반드시 이 교육 때문만은 아니라 해도, 어떻게 다가가야 할지 막막하던 차에 고객들의 VALS, 즉 사고방식과 라이프스타일을 이해함으로써 이뤄낸 성과라 볼 수 있겠습니다.

같은 제품을 구매하는 소비자라 해도 VALS가 동일하지는 않습니다. 만일 여러분의 회사가 다양한 고객을 구분하는 '핵심차원'을 파악하지 못했다면, 현장에서 뛰는 판매사원들은 눈을 가린 채 시장을 헤매고 있는 셈입니다.

14장

브랜드에 인성 人性을
불어넣어라

EGO MARKETING

예전에는 현대건설이 지으면 현대 아파트, 한양건설이 지으면 한양 아파트라고 불렸는데, 요즘 아파트들은 래미안이니 푸르지오니 별도의 브랜드명을 갖고 있습니다. 지금은 GS건설로 바뀐 LG건설이 지은 아파트 이름은 '자이'입니다. 그런데 여러분, '자이'를 사람에 비유한다면 누가 떠오르십니까. 네, 이영애지요. 배우 이영애가 오랫동안 광고모델로 나오다 보니 자이에는 '이영애스러움'이 자연스레 배어 있습니다. 그렇다면 이영애스러움은 뭘까요? 이영애는 요즘 여성들이 되고 싶어 하는 모습을 많이 갖추고 있습니다. 젊고 아름다우면서도 당당하고 도도해 보이는 그 무엇이죠. 이런 것이 바로 '퍼스낼리티(personality)'입니다.

브랜드에는 이처럼 의인화(擬人化, personify)된 이미지가 있어야 합니다. GS건설은 아파트 건설업체 중 후발주자이지만, 지금은 삼성 래미안과 선두를 다투고 있습니다. 물론 아파트를 잘 지어서이기도 하겠으나, 이영애를 내세운 퍼스낼리티가 큰 몫을 했다는 것은 자타가 인정하는 사실이죠.

소비자를 끄는 것은 인성이다

브랜드도 사람처럼 자아(ego)가 중요합니다. 브랜드를 정체성(identity)만이 아니라 인성(人性, persona)의 관점에서 봐야 하는 것이죠. 브랜드를 아이덴티티로만 여기면, LG나 삼성 등 회사나 제품을 식별하는 도구가 됩니다만, 오늘날 브랜드에는 단순히 아이덴티티의 역할을 넘어서서 페르소나가 존재해야 합니다. 그것이야말로 브랜드가 소비자를 끌어당기는 요소이기 때문입니다.

정체성(IDENTITY)에서 인성(PERSONA)으로

정체성은 식별하는 데(RECOGNIZE) 도움이 되고
인성은 끌어당기는 데(ATTRACT) 도움이 된다

우리나라 양복으로는 갤럭시와 로가디스, 그리고 마에스트로가 유명합니다. 전통적으로 갤럭시가 시장 점유율 1위죠. 그런데 2004년 말부터 마에스트로가 갤럭시를 쫓아오더니 2006년 봄 시즌에는 턱 밑까지 추격해왔습니다. 왜 그랬을까요? 옷감이나 재단하는 방법을 바꾼 걸까요? 아닙니다.

혹시 마에스트로를 사람에 비유한다면, 누가 떠오르세요? 지금은 다른 사람이 모델로 활동하므로 잘 기억하지 못하겠지만, 2005년에서 2006년까지만 해도 금세 '박신양'이라고 대답했습니다. 그 당시 박신양을 모델로 내세운 광고를 한창 했거든요. 그런데 단순히 배우 박신양이 아니라 2004년에 방영된 인기 드라마 〈파리의 연인〉의 '박신양'인 겁니다. 그 퍼스낼리티가 마에스트로의 매출을 올리는 데 한몫한 거죠.

남자들이 양복을 사러 갈 때는 보통 부인이나 여자친구하고 같이 갑니다. 같이 간 사람이 옷을 고를 때 왠지 마에스트로에 손이 가는 건, 그걸 내 남자에게 입히면 마치 파리의 연인처럼 나를 보듬어줄 것 같아서인 거죠. 과장이라고요? 2006년 봄 시즌을 정점으로 마에스트로의 매출 증가율은 다시 감소했습니다. 사람들이 드라마 〈파리의 연인〉을 기억할수록 매출이 오르고 〈파리의 연인〉을 잊어갈수록 매출이 영향을 받은 것으로 본다면, 확대 해석일까요?

브랜드를 단순한 이름이 아니라 사람처럼 느끼도록 인성人性을 부여하고 상징화해야만, 사람들을 끌어당기는 요소가 될 수 있습니다.

퍼스낼리티와 페르소나

사람들은 각기 다른 성격(personality)을 가지고 있으며, 개인의 진짜 성격은 자신조차 완전히 파악하기 어렵습니다. 또한 사람들이 자기 성격대로만 사는 것도 아닙니다. 원래 내향적이라 해도, 사회생활을 하면서는 필요에 따라 외향적인 사람처럼 굴기도 합니다. 집에서 가족들이 "아빠는 너무 드라이해."라고 말하면 그 자리에서는 반박하면서도 마음속으로 그 말을 새겨둡니다. 그리고 밖에 나가서는 좀 더 유연하고 온화한 성격인 것처럼 행동하곤 합니다.

이처럼 성숙한 사람들은 자신의 모습과 성격을 바람직한 방향으로 만들어가는데, 이렇게 만들어진 성격을 페르소나(persona)라고 하지요. 심리학에서는 그 사람의 원래 성격인 퍼스낼리티를 '내적 성격'이라 하고, 다듬어서 남에게 보여지는 성격인 페르소나를 '외적 성격'이라고 부릅니다. 성숙한 성인은 페르소나를 잘 가꿀 줄 압니다.

다른 사람들이 보는 '나'는, 내가 생각하는 '나'와 다릅니다. 남들은 내가 보여주는 외적 이미지, 즉 페르소나에 반응을 하고 그 이미지로 평가합니다. 저명한 작가인 오스카 와일드Oscar Wilde가 "오직 어리석은 사람들만

이 겉모습으로 판단하지 말라고 한다. 이 세상의 진정한 신비함은 안 보이는 것이 아니라 보이는 것에 있다."라고 한 말은 새겨들음직합니다.

우리가 다른 사람의 내적 성격을 있는 그대로 알지 못하듯이, 소비자들도 브랜드의 진정한 성격(brand personality)을 모두 파악하지는 못합니다. 단지 기업이 소비자에게 전달한 이미지(brand persona)를 인식하고 그에 반응할 뿐입니다. 그러므로 소비자에게 비춰질 모습을 치밀한 계획 아래 신중하게 잘 구성하면 성공적인 브랜드 관리를 해나갈 수 있습니다.

다섯 가지 대표적 페르소나

지금부터 소개할 페르소나의 다섯 가지 유형은 서로 분명하게 구별되면서도 나름대로의 강점을 가지고 있습니다. 물론 여러분은 각자 자신의 상황에 맞는 페르소나를 창조해야겠지만, 이 다섯 가지 주요 유형을 알고 있으면 여러분 기업에 걸맞은 페르소나를 찾아내고 만드는 데 도움이 될 것입니다. 여기서 페르소나들을 소개하는 것은 페르소나가 무엇인지 보여주기 위한 것이지, 한 가지 유형을 골라 그것만을 추구하라는 뜻은 결코 아닙니다.

황제 페르소나 | 황제 페르소나는 다섯 가지 페르소나 가운데 가장 뚜렷하게 드러나며, 다른 사람들에게 거부감을 줄 가능성이 가장 높은 유형이기도 합니다. 역사적으로는 군사적 독재자들에게서 가장 흔하게 볼 수 있는 페르소나이죠. 황제 페르소나를 만들어갈 때 가장 중요한 것은, 약점으로 보일 수 있는 특성이라면 그것이 뭐가 됐든

없애버리는 겁니다.

　나폴레옹이나 알렉산더 대왕 같은 사람들이 추구했던 것이 바로 황제 페르소나입니다. 몸집이 왜소한 일개 하급장교로 출발해 황제 칭호까지 받은 나폴레옹의 경우, 젊어서부터 철저하게 황제 페르소나를 구축하였기에 그 자리에 오를 수 있었겠죠.

　황제 페르소나를 구축한 기업으로는 벤츠, IBM, 코카콜라, 디즈니 등을 꼽을 수 있습니다. 이들에게서는 찾을 수 있는 공통점은 바로 스스로의 문화와 이미지에 대한 흔들림 없는 믿음입니다. 이들은 모두 막강한 경쟁자들로부터 끊임없는 도전을 받고 있지만 지난 수십 년 동안 업계 선두를 내준 적이 없죠. 한때 렉서스나 펩시와 같은 브랜드들이 급부상하면서 이들의 위상을 흔든 적도 있으나, 벤츠와 코카콜라는 원래부터 굳건하던 황제 페르소나를 꾸준히 강조하며 선두를 지켜나가고 있습니다.

　그러나 오늘날 개인이나 기업이 황제 페르소나를 잘못 사용했다가는, 거만하다는 평가와 함께 다른 이들로부터 배척당할 위험이 큽니다. 한때 컴퓨터 업계의 황제로 군림하던 IBM의 경우 일반 소비자들로부터 오만하다는 평판을 들었으며, 이와 동시에 애플, 델, 컴팩, 선 등 신설 경쟁사들의 공격을 방어하느라 진땀을 흘려야 했습니다. IBM은 그 위기를 극복하는 과정에서 전문가 페르소나로 자신의 페르소나를 재정립함으로써 재기에 성공했습니다.

　이제 막 사업을 시작한 신설 기업은 물론, 대부분의 기업이 황제의 이미지가 어울리는 경우는 드뭅니다. 하지만 황제의 이미지를 적절히 혼합한 페르소나를 기획할 수는 있겠죠. 특히 다음의 조건을 충족시킬 수 있다면 황제 페르소나를 고려해볼 수 있습니다.

· 해당업계의 두드러진 선두기업이다.

· 몇 년 동안 업계의 선두자리를 지켜왔다.

· 업계 최초로 신제품을 만들었거나 새로운 시장을 개척해, 다른 기업
  들이 모방하는 정도에까지 이르렀다.

· 최고의 품질과 적절한 가격을 갖췄다는 평이 나 있다.

· 자신과 자신의 회사를 사랑할 뿐 아니라 도도할 만큼 배짱이 있다.

　　마지막 조건은 결코 재미있으라고 드리는 말씀이 아닙니다. 자기 자신과 자신의 제품을 절대적인 자부심을 가지고 사랑하지 않는 기업은, 황제의 이미지를 성공적으로 구축할 수 없습니다. 황제는 자신의 기업에 무조건적인 확신을 가지고 있어야 합니다.

　　황제 페르소나를 가진 기업은 독점적 위상으로 시장에 군림하지만, 영원한 것은 아닙니다. 누구도 넘볼 수 없었던 AT&T 같은 전화회사도 그 독점적인 지위가 무너져 자신의 페르소나를 새롭게 만들어나가야 하는 상황에 처해 있습니다. 따라서 지금까지 황제 페르소나를 추구하던 대부분의 기업들이 이제는 전문가 페르소나 쪽으로 방향을 바꾸는 추세입니다.

영웅 페르소나　│　영웅 페르소나는 그야말로 영웅 한 사람의 능력을 토대로 만들어집니다. 기업 전체가 황제 같은 위상을 구축하기 위해 애쓰기보다 유능한 지도자 한 명을 내세움으로써 경쟁력을 발휘합니다. 예를 들어 애플은 창업자 스티브 잡스 한 명에 의해 기업의 거의 모든 이미지가 만들어졌다고 해도 과언이 아닙니다. 우리나라의 경우, 정주영 회장의 현대그룹이나 이병철 회장의 삼성그룹처럼

창업자의 이미지가 강한 재벌그룹들이 여기에 속하겠지요.

창의성이 중요한 광고회사의 경우, 오길비 앤드 매더Ogilvy and Mather, 제임스 월터 톰슨James Walter Thompson, 리오 버넷Leo Burnett 등과 같이 전설적인 광고인의 이름이 회사명으로서 신화적 명칭처럼 사용되기도 합니다. 다음과 같은 경우 영웅 페르소나를 고려해볼 수 있습니다.

· 스스로에 대해 자부심이 있고, 그 사람의 이름 자체가 사람들의 존경심을 불러일으킨다.
· 기업의 대표가 업계 최고의 실력자임을 사람들이 알고 있다. 그저 최고의 실력을 지닌 것만으로는 불충분하다. 그 사실이 사람들에게 알려져 있어야 한다.
· 자신이 가진 능력을 사람들에게 부각시킴으로써 영웅의 위상을 만들어갈 수 있다.
· 기업의 대표가 아니더라도, 업계 최고의 실력자라고 정평이 나 있는 사람이 회사에 존재한다.

하지만 유명해지고자 하는 개인의 욕심으로 영웅 페르소나를 추구해서는 안 됩니다. 반드시 업계 최고의 실력을 갖춰야 하며, 동시에 일반 대중도 그 사실을 알고 있어야 한다는 점을 잊지 말기 바랍니다. 그게 아니라면 차라리 전문가 페르소나를 추구하는 편이 낫습니다.

영웅은 전문성 외에 사람들이 좋아할 만한 매력을 갖춰야 합니다. 부정적인 요소가 있다면 영웅 페르소나는 성공할 수 없습니다. 영웅은 흠잡을 데가 있어서도 안 되고, 평범한 삶을 살고 있다는 인상을 주어서도 안 됩니다. 회사의 이미지는 영웅을 중심으로 돌아가므로, 샤넬의 코코 샤넬이나 KFC의 커널 샌더스처럼 영웅이 더 이상 현존하지 않더라도 사람들이 기억한다면 효과를 볼 수 있습니다.

또한 영웅의 이름만으로도 충분히 세계적인 기업을 일굴 수 있습니다. 엔터테인먼트 산업의 3대 거인인 스티븐 스필버그, 제프리 카젠버그, 데이비드 게펜은, 1995년 영화제작사 '드림웍스'를 설립했습니다. 이들 세 영웅의 이름만으로도 드림웍스의 성공은 보장된 것이나 다름없었죠. 이만한 회사라면 마케팅을 위해 돈을 쓸 필요가 거의 없을 겁니다. 이처럼 영웅 페르소나를 추구하는 회사의 가장 소중한 자산은 바로 그 영웅의 이름입니다.

전문가 페르소나 | 전문가 페르소나도 기업주나 임직원들의 능력을 강조하기는 하지만, 영웅 페르소나만큼 한 명의 개인을 화려하게 부각시키지는 않습니다. 대신 전문가 페르소나는 신뢰를 구축하기 위한 마케팅에 힘을 쏟습니다. 다음과 같은 경우, 전문가 페르소나를 고려해볼 만합니다.

· 회사 대표가 이미 업계의 전문가라는 평판을 얻고 있다.
· 업계 최고의 전문가 5인을 꼽을 때 항상 포함된다.
· 특정 제품이나 서비스에 대해 확실한 자신감을 갖고 있다.
· 시장 전반에 대한 폭넓은 지식을 갖고 있다.
· 기억만으로 자유롭게 동원할 수 있는 전문지식을 가지고 있다.
· 이름이 널리 알려진 대기업에서 명성을 쌓았고, 이제는 자신의 사업을 하고 있다.
· 전문가라고 평판이 나 있는 다른 사람과 파트너 관계를 맺을 수

있다.

· 스포트라이트를 받기는 하지만, 겸손한 자세를 잃지 않는다.

전문가 페르소나라면, 가수의 길을 과감히 접고 가수들을 양성하는 엔터테인먼트 매니저의 길로 들어선 이수만 대표가 떠오릅니다. 보아, 소녀시대, 동방신기 등 수많은 스타들을 발굴하고 전문적으로 교육시키는 SM 프로덕션을 설립하고 해외에 K-Pop 열풍을 일으켜, 오늘날 한국의 문화를 대표하는 벤처 기업가가 되었죠.

미래에셋의 박현주 회장도 전문가 페르소나의 대표적 인물이라 할 수 있겠습니다. 국내 최초로 뮤추얼펀드 '박현주 1호'를 탄생시키며, 대한민국 자본시장의 패러다임을 뒤바꾼 최고의 금융전략가이죠. 그의 전문성에 힘입어 미래에셋은 창업 10년 만에 자산규모를 7,000배 성장시켜 업계의 리딩 기업이 되었습니다. 그가 가장 닮고 싶은 금융CEO로 꼽히는 걸 보면 사람들에게 전문성을 인정받는 것 같습니다.

바디샵Body Shop은 창업자인 애니타 로딕Anita Roddick의 유능함에 힘입어 지금까지 성장해왔습니다. 애니타는 존경할 만한 기업 이미지와 철저한 원칙으로 회사를 키워왔습니다. 천연화장품 원료의 비밀을 찾겠다며 아시아와 아프리카를 헤집고 다닌 그녀의 열정은 소비자들 사이에서 거의 전설이 되었을 정도입니다. 그렇지만 그녀는 언론에 자신을 드러내기를 꺼려합니다.

애니타의 전문가적 이미지는 바디샵의 제품에 녹아들어 있습니다. 사람들은 바디샵의 제품을 보며 사회문제 해결을 위한 그녀의 헌신적 노력과 함께 전문지식을 기대합니다.

친구 페르소나 | 모든 사람을 친절하고 공평하게 대하며 그들로부터 존경받는 친구 같은 페르소나는 최근 많은 경영자들과 정치인들이 추구하는 페르소나입니다. 더 이상 사람들이 범접할 수 없는 부류가 되기를 거부하는, 새로운 타입의 경영자와 정치인들 말입니다. 트위터 등 소셜 미디어를 통해 회장이나 사장의 고압적인 이미지를 벗어나 친한 친구같은 모습을 보여주는 것도 이러한 페르소나의 일환이죠. 물론 이들이 친구처럼 행동한다고 해서 일반 사람들이 쉽게 다가갈 수 있는 것은 아닙니다. 이들은 세심하게 짜인 각본으로 사람들에게 신념을 불어넣는 데 매우 유능한 역할 연기자들이니까요.

수평적인 기업문화가 빠르게 정착되는 상황을 보면, 권위적인 경영자들은 머지않아 사라질지도 모릅니다. 얼마 전까지 영웅 페르소나를 추구하던 CEO들 중에도 자신의 자리를 지키기 위해 친구 페르소나로 이미지 변신을 꾀하는 사람들이 많습니다. 전에는 자신이 하고 싶은 대로 업무를 처리하던 이들이 설득이나 미소, 논리적 설명 등의 방식으로 일을 추진하는 거죠.

실제 오늘날 많은 기업들이 다양한 종류의 친구 페르소나를 이용하고 있습니다. 친구 페르소나의 가장 큰 장점은 정서적 반감을 극복할 수 있다는 점인데요. 상냥한 미소와 평범한 사람들과 다르지 않은 말투로 여러분을 유혹하는 TV 광고를 보고 있다면, 친구 페르소나에 현혹되고 있는 것입니다.

친구 페르소나는 소비자들에게 다가가는 매우 강력한 수단이지만, 이를 사용할 때는 각별한 주의를 기울여야 합니다. 자칫하다가는 진실하지 못한 가식적인 기업이라는 이미지를 줄 수 있기 때문입니다. 다음의 경우 친구 페르소나를 고려해볼 수 있습니다.

- 사람들을 좋아하지만, 잠재 고객들과 감상적인 관계가 되지 않도록 절제할 수 있다.
- 지역사회의 여러 가지 활동에 겉으로 드러나는, 혹은 실질적인 지원을 해준다.
- 재활용 원료를 사용하고 포장을 최소화하는 등, 사회적으로 책임을 다한다는 인상을 주고 있다.
- 매우 개방적인 기업문화를 지녔고, 경영진에 외향적인 성향을 지닌 사람들이 많이 포진되어 있다.
- 기업의 사회적 가치를 중시하는 잠재 고객들이 많다.

풀무원처럼 엄선된 원료를 쓸 것 같은 이미지를 창출할 수 있다면, 친구 페르소나가 어울립니다. 또한 웅진코웨이나 방문판매 화장품 브랜드의 경우에도 친구 페르소나가 많은 도움이 되겠죠.

의인 페르소나 │ 의인義人 페르소나를 제대로 사용하기 위해서는, 우선 어떤 대의명분에 대해 신앙심에 가까운 집착을 가지고 있어야 합니다. 그리고 그 대의大義는 고스란히 회사의 목표가 될 수도 있습니다. 이 페르소나는 현재 자신의 이야기를 듣고 있는 사람들의 마음에 공감대를 형성하면서 상황에 맞는 적절한 말과 행동을 취할 줄 알아야 합니다.

의인(righteous person) 페르소나를 가장 효과적이자 두드러지게 활용한 전설적인 광고가 있습니다. 바로 애플 매킨토시의 출시를 알린 광고입니다. 1983년 슈퍼볼 경기 도중 단 한 차례만 내보냈을 뿐인데 소비자들의 상상력을 강력하게 사로잡은 나머지, 매킨토시는 단순한 상품이 아니라 하나의 문화로 받아들여졌습니다. 매킨토시는 일반 사용자의 편의성을 철저하게 고려했을 뿐 아니라, 여러 면에서 혁명적이었음이 그 광고에 잘 드러나 있습니다.

광고를 보면 외톨이 여자 운동선수가 경비원에게 쫓겨 방 안으로 들어가게 되는데, 그 방에서는 똑같은 흰색 옷을 입은 사람들이 커다란 스크린에 비치는 영상을 아무 생각 없이 바라보고 있습니다. 그때 스크린에 독재자와 같은 어떤 남자(IBM을 의미)가 나와서 정보화 시스템은 모두 똑같아야 한다고 강조합니다. 그러자 그녀가 한마디 말도 없이 자신이 들고 있던 해머를 힘껏 던져 커다란 스크린을 부숴버립니다. 이는 뭔가 새로운 혁명을 암시합니다. 도스DOS의 세계를 부수는 것입니다. 아무 모양도 없고 사용하기도 어려운 PC의 시대가 끝나고, 사용하기 편하면서 모양도 예쁜 PC의 시대가 왔음을 상징하는 겁니다. 부패한 귀족사회의 틀을 깨고 성령의 부름을 받았다며 국민을 위해 싸우다 의롭게 산화한 잔다르크를 연상시키는 이 광고는 도스 방식의 PC에 싫증난 많은 소비자들에게 즉각적인 반향을 불러일으켰습니다. 이 한 편의 광고로 애플은 사람들에게 공감대를 형성하였고, 극히 단시간에 호감을 선사하는 페르소나를 구축할 수 있었죠.

종종 의인 페르소나는 한 기업의 독특한 문화로 받아들여지기도 합니다. 애플이라는 브랜드는 너무나 강력한 문화를 가지고 있어서 모든 마케팅 전략이 거의 종교에 가까운 신념에 의해 추진되었습니다. 심지어 판매를 담당하는 외부 직원까지도 회사의 문화를 신앙처럼 따랐을 정도입니다. 의인 페르소나를 취하기에 앞서 여러분의 회사가 다음의 사항들을 충족시키고 있는지 살펴보시기 바랍니다.

· 임직원들이 기업활동에 사명감을 갖고 적극적으로 참여하려는 열정을 가지고 있다.
· 제품 및 서비스가 고객에게 가져다줄 이로움에 대해 절대적인 확신을 가지고 있다.
· 시시각각으로 변하는 소비자들의 욕구를 간파하고, 그것을 충족시키기 위해 최대한 노력한다.
· 대고객 서비스를 위주로 기업을 운영한다.

의인 페르소나를 가지려면, 이랜드와 같이 스스로가 추구하는 대의에 대해 신앙심에 가까운 신념을 지니고 있어야 합니다. 그러려면 이루려는 목표에 대한 투철한 사명의식과 분명한 기업문화가 형성되어 있어야겠지요.

지금까지 소개한 다섯 가지 페르소나는 예시에 불과하며 모든 기업에 일률적으로 적용되는 것은 아닙니다. 각 기업은 다양한 페르소나의 요소와 법칙들을 기반으로 저마다의 페르소나를 개발해야 합니다.

사람들과의 관계에서 우리의 페르소나는 상황에 따라 시시각각 변합니다. 회사에서 동료들과 지낼 때는 그렇게도 점잖고 깍듯한 사람이 친구들과 한잔 할 때는 무척 편한 사람이 될 수 있습니다. 또 집에서는 다정한 아빠인 사람이 회의시간에는 매섭게 상대방을 몰아붙일 수도 있습니다.

그렇지만 다양한 페르소나를 가지고 있다고 해서 감정적으로 위험하거나 혼란스러운 것은 아닙니다. 자신의 의사를 잘 전달하기 위해 상대방에 맞춰 겉모습을 바꾸는 것뿐이니까요. 사람들이 상황에 따라 거의 자동적으로 다양한 페르소나를 보이는 것처럼, 소비자를 마주하는 기업도 브랜드의 페르소나를 민활하게 관리할 필요가 있습니다. 브랜드도 마치 살아 있는 인간처럼 다양한 성격을 가지고 있기에 관리를 게을리하면 안 되는 것이죠.

미국의 사상가이자 시인인 랠프 월도 에머슨Ralph Waldo Emerson은 자기 본연의 모습과 남에게 보여지는 모습을 별도로 관리할 수 있어야 한다고 말했습니다. 결국 우리는 타인에게 보여지는 이미지만큼 대접받고 살기 때문입니다.

2부를 마치며

보이지 않는 요소에
눈을 돌려라

지금까지 고객들이 구매한 브랜드를 구체적이고 효과적으로 체험하게 하는 일곱 가지 요소에 대해 살펴보았습니다. 아래의 표는 각각의 체험요소인 7E를 정리한 것입니다. 고객들에게 얼마만큼 브랜드 체험을 잘 선사하고 있는지, 스스로를 점검해보는 기회로 삼으시기 바랍니다.

체크리스트

· 이제는 특성이나 효익과 같은 제품의 중심요소에서 벗어나, 그 제품을 사용하는 사람의 심리를 만족시킬 수 있는 주변요소를 파악하는 것이 중요합니다. 중심요소는 필요(needs)를 충족시키고, 주변요소는 욕구(wants)를 충족시킵니다.

따라서 21세기 마케팅에서는 필요나 결핍, 즉 '니즈'의 관점이 아니라 '욕구'의 관점에서 바라보는 것이 중요합니다. 니즈의 관점에서만 보면 시장이 제한적입니다. 니즈와 관련된 제품으로 받을 수 있는 가격에는 한계가 있습니다. 새로운 수요를 창출하기도 어렵습니다. 그러나 욕구의 관점으로 눈을 돌리면 블루오션이 펼쳐집니다.

"우리 회사는 고객의 다양한 '욕구'를 자극할 만한 아이디어를 가지고 있는가?" 점검해보시기 바랍니다.

· 마케팅적 관점에서의 정서란, 초점을 머리(head)에서 마음(heart)으

표 2-12 브랜드 체험의 7E

	관점의 변화	From	To
EXTRINSIC **비본질적 요소**	기업의 초점변화	중심 요소 CENTRAL	주변 요소 PERIPHERAL
	변화의 의미	필요 NEEDS	욕구 WANTS
EMOTION **감성 요소**	기업의 초점변화	머리 HEAD	마음 HEART
	변화의 의미	선호할 이유 PREFER	구매할 이유 PURCHASE
EMPATHY **공감 요소**	기업의 초점변화	남성적 문제해결 MASCULINE	여성적 이해 FEMININE
	변화의 의미	당연한 기대 EXPECT	연결고리 CONNECT
ESTHETICS **심미적 요소**	기업의 초점변화	기능 FUNCTION	느낌 FEEL
	변화의 의미	효용 UTILITY	감각 SENSE
EPISODE **스토리텔링 요소**	기업의 초점변화	인식 AWARENESS	갈망 ASPIRATION
	변화의 의미	기억되는 REMEMBERED	찾게 되는 SOUGHT OUT
ENTERTAINMENT **엔터테인먼트 요소**	기업의 초점변화	소비자 CONSUMERS	사람 PEOPLE
	변화의 의미	산다 buy	산다 live
EGO **자아 요소**	기업의 초점변화	정체성 IDENTITY	페르소나 PERSONA
	변화의 의미	식별 RECOGNIZE	매력 ATTRACT

로 옮기는 것을 뜻합니다. 머리는 좋아하는 이유들을 분석적으로 평가하지만, 마음은 실제 구매행동을 유발하는 가교 역할을 하기 때문입니다. 마음이 끌리거나 땅긴다는 표현이 정작 사람을 움직이는 요소 아닐까요.

"우리 회사는 고객의 이성뿐 아니라 '정서'에도 적절히 호소하고 있는가?" 점검해보시기 바랍니다.

· 기업경영에서 공감과 배려가 새삼 중요한 키워드로 떠오르고 있습니다. 마케팅에서는 특히 따뜻한 공감능력을 보여주는 것이 대단히 중요한데요. 웬만한 기업은 반품이나 환불 등 남성적인 문제해결 시스템은 비교적 잘 갖추고 있습니다만, 그것만으로는 고객과의 연결고리가 완전하지 않습니다. 여성적 이해와 공감이 필요하지요. 특히 최전방에 있는 판매직원일수록 공감능력을 소홀히 여겨서는 안 될 것입니다.

"우리 회사는 과연 고객과의 접점에서 '여성적 공감'을 잘하고 있는가?" 점검하시기 바랍니다.

· 지금까지는 계층(class)을 따지는 세상이었습니다. 즉 누가 더 큰가, 높은가, 많은가 하는 잣대를 적용해왔습니다. 하지만 오늘날은 컬러(color)를 달리 하려 합니다. 남들과 다른 컬러, 즉 개성은 느낌에서 옵니다. 그러므로 효용에 맞추었던 초점을 감각으로 옮길 필요가 있습니다. 하이테크를 뛰어넘는 하이터치의 감각이 없이는 소비자의 마음을 사로잡을 수 없는 것이죠.

그러한 감각은 디자인으로 가시화됩니다. 고객들에게 우리 회사가 고객의 감각변화에 맞추려고 끊임없이 애쓰고 있다는 인식을 심어줘야 합니다. 디자인상을 받은 제품이 모두 상품화되는 것은 아닙니다만, 부단히 그런 상을 받으려고 애쓰는 것은, 사람들에게 우리 회사가 노력을 계속하고 있고 디자인에서도 앞서가는 회사라는 인식을 심어주기 위해서입니다.

"우리 회사는 디자인에 각별히 신경 쓰는 회사로 '인식'되고 있는가?" 점검해볼 필요가 있습니다.

· 어느 기업에나 이야깃거리는 있습니다. 그것을 잘 찾아 가공해 입소문을 내는 것이 에피소드 마케팅의 핵심입니다.

온라인 홍보의 세계적인 전문가인 쉘 이스라엘Shel Israel은 "제품을 팔려 하지 말고 이야기를 하십시오(tell, don't sell)."라고 말합니다. 요즘은 온라인이나 모바일을 통해 이야기가 순식간에 퍼져나가는 세상입니다. 오늘날 브랜딩은 기업이 일방적으로 하는 것이라기보다 사람들에 의해 자연스럽게 이루어진다는 점을 유념하시기 바랍니다. "우리 회사는 과연 고객의 심금을 울리는 '스토리'를 가지고 있는가?" 점검해야 할 것입니다.

· 엔터테인먼트란 단순히 소비자를 재미있게 해주려는 노력이 아닙니다. 소비자를 진짜 즐겁게 하려면 소비자와 희로애락을 같이해야 합니다. 즉 고객과 기쁨뿐 아니라 노여움, 슬픔, 즐거움까지 함께 나눌 수 있어야 진정한 엔터테인먼트인 것이죠.

그러려면 고객을 상품을 구매해주는 소비자로만 볼 게 아니라, 하루하루를 진지하게 살아가는 한 사람의 인간으로 보는 관점이 중요합니다. 먼저 그 사람의 일상과 생각 및 가치관을 잘 파악해야 합니다. 서로 다른 고객의 다양한 VALS에 대한 성찰 없이, 무작정 고객에게 접근하면 마케팅 효율이 떨어지는 것은 당연하죠.

"우리 회사는 과연 고객의 '가치관과 라이프스타일'을 잘 파악해 기뿜을 주고 있는가?" 점검해보시기 바랍니다.

· 브랜드를 살아 있는 생명체로 본다면, 인간과 마찬가지로 자아 (ego)란 개념을 불어넣어야 합니다. 예전에는 브랜드가 정체성을 드러내는 데 주로 이용되었다면, 이제는 개성을 보여줘야 하기 때문입니다. 예컨대 지금까지 브랜드가 SKT나 KTF, LG U+ 등을 구별하는 수단이었다면, 이제는 인간적인 매력과 개성을 표현해야 사람들을 끌어당길 수 있습니다.

이때 기업이 원하는 모습을 잘 가꾼 자아를 페르소나라고 합니다. 원하는 페르소나를 잘 만들어가려면 전략적으로 접근해야 합니다. "우리 회사는 과연 고객들에게 어떠한 '페르소나'를 보이고 있는가?" 점검해볼 필요가 있습니다.

지식을 뛰어넘어 상상하고 실천하라

이제까지 마케팅의 핵심인 브랜드 체험과 관련된 접근방식들을 정리해보았습니다. 7E, 즉 비본질적(extrinsic) 요소, 감성(emotional) 요소, 공감(empathy) 요소, 심미적(esthetic) 요소, 스토리(episode) 요소, 엔터테인먼트(entertainment) 요소, 자아(ego) 요소가 이에 해당됩니다. 7E라는 큰 틀을 생각해내는 데는 마크 고베Marc Gobe의 《감성 브랜딩(Emotional Branding)》이라는 책이 단초가 되었습니다. 관심이 있으신 분들은 이 책도 한번 읽어보시기 바랍니다.

하지만 아무리 새로운 접근방식이라 해도 마케팅에 대한 지식만으로는 소비자에게 다가가는 데 한계가 있습니다. "상상력이 지식보다 훨씬 더 중요하다(Imagination is much more important than knowledge)."는 아인슈타인의 말처럼, 7E에는 상상력이 필요합니다. 결국 마케팅 종사자가 가져야 할 가장 중요한 능력은 '상상력'과 그 상상력을 실천으로 옮기는 '실행력' 두 가지입니다.

기발함과 모험정신의 상징인 버진 그룹의 CEO 리처드 브랜슨은 '내가 상상하면 현실이 된다'는 모토 아래 '상상력'을 몸소 실천하는 선두주자입니다. 버진 그룹에서는 일반인도 우주여행을 할 수 있도록 우주관광업체인 '버진 갤럭틱'을 설립, 우주여행 상품을 판매하고 있습니다. 아직 시작되지도 않은 우주여행이지만 무려 20년이나 대기해야 할 정도로 폭발적인 인기를 누리고 있다고 합니다. 기발한 상상력을 토대로, '브랜슨'으로 대표되는 브랜드 페르소나(ego)와 그들만의 스토리(episode)에 엔터테인먼트 요소(entertainment)를 가미하고, 실제 아름다운 디자인(esthetics)을 보여줌으로써 사람들의 욕구를 자극하는(extrinsic) 훌륭한 마케팅을 실행하는 것이죠. 그는 사람들이 꿈과 미래를 마음속에 떠올리게 함으로써, "내가 상상하면 현실이 된다."는 신조를 실현해나가고 있습니다.

이쯤에서 보지도 듣지도 말하지도 못했던 헬렌 켈러의 이야기로 마무리할까 합니다. 그녀를 가르쳤던 설리번 선생님의 글을 읽어보겠습니다.

"점심을 먹고 우리는 우물가로 갔다. 거기서 나는 한 손으로 펌프질을 하며 다른 한 손으로 헬렌의 손을 잡아 그 입구에 손을 갖다 대게 했다. 그리고 헬렌의 손바닥에 w-a-t-e-r라는 글자를 써주었다. 헬렌은 손바닥 위 물의 차가운 느낌과 water라는 단어가 연관되어 있음을 알았는지 불현듯 모든 동작을 멈추었다. 헬렌은 땅에 뿌리라도 박힌 듯 한참을 가만히 서 있었다. 그러고는 내 손바닥 위에 water라는 단어를 여러 번

반복해 썼다. 그러더니 갑자기 웅크리고 앉아 땅을 만지작거리며 그 이름이 무엇인지 물었다. 그다음에는 펌프와 울타리의 이름을 물었다. 그러고는 나를 만지더니 내 이름을 물었다. 나는 아이에게 내 이름을 써주었다. 나도 모르게 울컥 눈물이 솟았다."

설리번 선생님은 이전에도 여러 번, 컵에 담긴 물을 헬렌에게 설명하려 애썼죠. 그러나 그때는 헬렌이 아무런 관심도 갖지 않고 심지어 짜증을 냈습니다. 아마 컵과 물을 별개로 생각하기 힘들었는지 모릅니다. 그러나 우물가에서 물의 차가운 감촉을 체험했을 때, 헬렌은 비로소 water라는 '물질'과 water라는 '글자'와의 연관성을 깨달았던 것입니다. 그것은 헬렌에게 새로운 세상이 열리는 감동적인 순간이었죠.

깨달음(awakening)! 여러분, 이제는 마케팅이 고객의 니즈를 충족시키는 좋은 품질의 '제품'을 판매하는 데 그쳐서는 안됩니다. 원츠를 자극하는 브랜드의 '체험'을 파는 시대가 도래했다는 점에 대해 눈을 뜨시기 바랍니다. 그런 변화를 머리만이 아니라 가슴으로 받아들이는 데 이 책이 조금이나마 도움이 되길 희망합니다.

마케팅은
행복한 마술이다

지금까지 마케팅(marketing)의 핵심인 브랜딩(branding)에 대해 말씀 드렸습니다. 이 책은 크게 두 가지 관점으로 나뉘어 있습니다. 1부는 브랜드 컨셉을 만들어가는 과정입니다. 오늘날 소비자의 마음을 사로잡으려면 좋은 품질만으로는 부족합니다. 좋은 품질에 상응하는 브랜드 이미지를 심어주어야 하지요. 그러기 위해서는 제대로 된 브랜드 컨셉을 만들어야(conception) 하는데, 1부에서는 그에 필요한 일곱 가지 요소(7C)를 살펴보았습니다.

　2부는 브랜드 컨셉의 체험입니다. 소비자들은 특정 제품을 구매하기 위해 고심하거나 구매해 사용하는 동안, 브랜드 컨셉을 체험(experience)하게 됩니다. 2부에서는 브랜드를 좀 더 효과적이고 강력하게 체험할 수 있는 일곱 가지 방법(7E)을 살펴보았습니다. 이들을 정리하는 차원에서 대표적인 브랜딩 성공사례를 하나 더 소개할까 합니다.

　여러분은 '후터스Hooters'라는 레스토랑을 생각하면 무엇이 가장 먼저 떠오르십니까? 우리나라에서는 미국만큼 임팩트 있는 마케팅을 하지는 못했지만, 미국인들이라면 대번에 서빙을 하는 여종업원들의 풍만한 가슴을 떠올릴 겁니다. 그렇습니다. 이곳은 대중적인 레스토랑이지만 여성의 큰 가슴을 상징으로 삼고 있습니다.

　하지만 섹시 컨셉만을 내세웠다면 많은 사람들이 등을 돌렸을 겁니다. 후터스는 햄버거와 샌드위치 등 일반적인 음식을 팔지만, 맛은 결코 뒤처지지 않습니다. 특히 치킨 윙이 유명한데, 바싹 튀긴 닭날개는 그들의 대표상품(signature item)으로 세계 어디에 내놓아도 손색 없는 맛이죠. 게다가 그 맛있는 음식들을 후터스 걸Hooters Girls이라 불리는 섹시하고 예쁜 여종업원들이 가져다줍니다.

미국 대학생들에게 봄방학은 남다른 의미가 있습니다. 가을학기부터 시작된 1년을 마무리하기 전의 마지막 휴식이기 때문입니다. 많은 학생들이 플로리다나 캘리포니아 해변을 찾는데, 함께 서핑을 즐길 수 있는 건강미 넘치는 멋진 여성을 만나는 것이 그들의 꿈이죠. 바로 그 모습이 후터스 걸의 표상입니다. 그들의 마케팅 철학을 설명하는 문구가 홈페이지에 나와 있어 그대로 옮겨봅니다.

"후터스는 단순한 레스토랑이 아닙니다. 이것은 모험이죠(Hooters, It's not just a restaurant. It's an adventure)."

자신들의 브랜드를 '레스토랑'이라는 제품이 아니라 '모험'이라는 컨셉으로 소개합니다.

"섹시함을 내세우는 것은 합법이며, 이것이 판매를 해줍니다(Sex appeal is legal and it sells)."

사람들에게 논란이 되는 섹스어필에 대해 당당하게 선포합니다.

"신문이나 잡지, 토크쇼, TV 드라마들도 판매를 증진시키려고 끊임없이 다양한 성적性的 토픽을 다룹니다(Newspapers, magazines, daytime talk shows, and local television affiliates consistently emphasize a variety of sexual topics to boost sales)."

듣고 보니 그렇지요?

"후터스는 후터스 걸과 그들의 섹시함을 강조하지만, 품질향상을 위해 헌

후터스 걸
섹스어필을 강조하는 후터스가 천박한 음식점과 다른 점은 무엇일까요?

신적인 노력을 아끼지 않기에 지속적인 성공을 이루어가고 있습니다
(Hooters marketing, emphasizing the Hooters Girl and her sex appeal, along
with its commitment to quality operations continues to build and contributes to
the chain's success)."

후터스에게 맛 좋은 음식은 필요조건입니다. 그리고 후터스 걸은 충분
조건이죠. 이때 후터스 걸은 '브랜딩 도구(branding tools)'의 역할을 합니
다. 그들은 후터스 걸의 사진을 담은 달력과 잡지, 심지어 한때는 후터스
걸이 승무원으로 탑승하는 항공사(Hooters Air)까지 운영했습니다.

이 책에 나온 성공한 기업들은 바로 이 브랜딩 도구를 잘 갖추고 있습
니다. 그것이 독특한 디자인이든(앱솔루트 보드카), 자기만의 페르소나
든(자이 아파트의 이영애), 흥미진진한 스토리든(복분자), 모두가 브랜딩

도구를 효과적으로 활용해 그들만의 브랜드 체험을 만들어낸 기업들입니다. 여러분의 회사가 가진 브랜딩 도구는 무엇입니까? 한번 곰곰이 생각해보시기 바랍니다.

결국 모든 것은 마음에 달려 있다

마케팅 전략의 핵심은 한마디로 '어떻게 차별성을 인정받느냐'라고 볼 수 있습니다. 그 차이는 실제적인 차이(real difference)에 근거를 두긴 하지만, 결국 인식상의 차이(perceptual difference)라는 점을 간과해서는 안 됩니다.

유전자 염색체인 게놈genome의 구조를 보면, 인간과 고릴라의 차이가 2.3%밖에 안 된다고 합니다. 인간과 침팬지의 차이는 불과 1.5%이고, 여자와 남자의 차이는 놀랍게도 0.1%가 채 안 됩니다. 여자와 남자는 손가락 모양에서 심장의 형태, 소화기관, 직립보행을 하는 면까지 본질적으로 동일합니다. 하지만 아주 작은 DNA의 차이가 여자와 남자를 매우 달라 보이게 만드는 것이죠.

마찬가지로 오늘날 기술적으로 큰 차이가 나는 제품은 찾아보기 쉽지 않습니다. 웬만한 TV나 휴대폰의 품질수준은 꽤 잘 관리되고 있으며 성능도 비슷합니다. 그런데 거의 동일한 DNA 구조임에도 0.1%의 차이 때문에 남녀가 확연하게 구별되듯이, 제품의 작은 차이나 특징을 두드러진 차이로 '인식'시키는 것이 마케팅 차별화의 포인트일 것입니다. 하지만 이 책에서 여러 차례 말씀드렸다시피 '좋은 품질'이라는 실질적인 차이만으로는 충분치 않습니다. 브랜딩이란 그 차별성을 소비자들에게 어떻게 인식시키느냐 하는 게임입니다.

동일한 제품을 '인식'만 바꾸어 성공한 사례는 드물지 않습니다. 그 대표적인 브랜드로 진로소주를 들 수 있는데요. 진로소주는 서민들의 스트레스를 날리고 마음을 달래주며 사랑을 받아온, 한국을 대표하는 술이었습니다. 희석식 소주에 알코올 함량이 20도가 넘어 건강에 좋지 않을 거라는 인식에도 불구하고, 톡 쏘는 술맛과 저렴한 가격 덕분에 국민의 술로 자리매김할 수 있었죠.

그런데 두산경월이 '부드러운 맛'을 강조한 그린소주를 탄생시킵니다. 주정酒精을 활성탄으로 처리해 맛을 순화시킨 무사카린 알칼리 소주인 그린은 진로의 입지를 위협합니다. 여기에 김삿갓이 가세해 '소주 위의 소주'라는 슬로건과 함께 '프리미엄 소주'라는 새로운 카테고리를 만들어갑니다. 가격이 진로의 2배나 되었지만, 꿀이 첨가된 고급스러운 검은 라벨의 김삿갓은 건강에 덜 해롭다는 이미지를 주는 동시에 목넘김이 좋아 대번에 인기를 끌게 되죠.

위기를 느낀 진로는 고심 끝에 차별화된 개념의 고급소주인 참나무통 맑은 소주(일명, 참통)를 출시합니다. 오크통에 몇 개월간 저장한 증류식 소주를 섞은 참통은 '숙성된 맛'이란 차별성으로 김삿갓의 대항마가 됩니다. 참통은 성공을 거두지만, 아이러니컬하게도 진로의 고유 시장을 위협하는 결과를 초래하지요. 게다가 보해양조의 곰바우 등이 프리미엄 소주 시장에 가세하면서 진로의 매출은 심각하게 위협받기 시작합니다.

위아래로 협공을 받던 진로소주는 텃밭을 지키기 위해, 백지상태에서 마케팅 활동을 하나하나 점검해나갑니다. '도대체 처음에 왜 진로란 이름을 붙였을까?'라는 것이 그들의 첫 번째 점검사항이었습니다. 진로라는 이름은 소주를 증류할 때 술방울이 이슬처럼 맺힌다 하여, 이슬 로(露)를 생산지인 진지(眞池)와 합성한 것입니다. 한자의 뜻이 참 진(眞) 이슬 로

회생
이름 외에 크게 달라진 게 없는 참이슬이
히트 치게 된 참 이유를 혹시 아세요?

(露)이기에, 그대로 브랜드로 활용한 것이죠. 위의 사진에서 보시다시
피, 진로라는 글자는 연두색 한자로 처리해 눈에 덜 띄게 만들고, 참이
슬이란 글자는 진한 녹색에 한글로 써서, '참이슬'로 읽도록 유도한 셈입
니다.

진로소주는 기존의 빨간 뚜껑을 파란 뚜껑으로 바꾸고 알코올 도수를
조금 낮추었을 뿐인데, 빅 히트를 치게 됩니다. 동일한 소주병에 동일한
원료와 생산방식을 택했는데 말이죠. 사람들은 '참이슬'이라는 이름에서
건강에 좋지 않을 것 같은 소주가 아니라 이슬을 마시는 기분을 느낍니
다. 마치 한 마리 사슴처럼요.

여기서 원효대사의 해골에 담긴 물 이야기가 생각납니다. 여러분도
다 잘 아시는 얘기죠. 당나라 유학길에 동굴에서 주무시던 원효스님은

목이 말라 물을 마셨다가, 깨어난 후 잠결에 마신 물이 해골에 괸 물이었음을 알게 됩니다. 어젯밤 어두운 데서 맛있게 마셨던 물인데, 아침에는 토할 듯이 역겹게 느껴졌습니다. 원효스님은 결국 모든 것이 마음에 달렸음을 깨닫고 그 길로 유학을 포기하고 돌아왔다는 이야기죠. 이 일화에서 비롯된 일체유심조一切唯心造라는 불교용어는, 모든 것은 마음이 지어내는 것임을 말해주고 있습니다. 그렇습니다. 마케팅도 결국 사람들이 브랜드에 대해 어떤 마음을, 즉 어떤 인식을 갖게 하느냐가 핵심이 아닐까요?

얼마 전 이은결 마술사의 공연을 볼 기회가 있었습니다. 마술은 언제 봐도 신기합니다. 빈 모자에서 비둘기가 나오는가 하면, 종이를 찢어 물컵에 넣으면 먹을 수 있는 국수가 되기도 합니다. 사람을 두 동강내기도 하고 눈 깜짝할 사이에 사라지게도 합니다. 그런데 무에서 유가 창조되듯이 정말 아무것도 없었는데 비둘기가 생겨난 것일까요? 사람이 진짜 두 동강난 걸까요?

세계적인 마술사의 반열에 오른 이은결님의 말을 직접 들어보시죠. "마술을 처음 시작했을 때 누군가 제게 그랬습니다. 마술은 사기 아니냐고, 눈속임에 불과한 거짓말 아니냐고요. 네, 마술은 분명 눈속임입니다. 하지만 그 마술을 통해 사람들이 행복해진다면, 그래서 세상을 좀 더 아름답게 볼 수 있고 꿈꿀 수 있게 된다면 저는 영원한 거짓말쟁이가 되겠습니다."

저는 그의 말에서 '마케팅'의 본질을 다시금 떠올렸습니다. 마술은 사람들의 인식(perception)을 조종하는 기술입니다. 마케팅도 사람들의 인식을 만들어간다는 면에서 마술과 같습니다(Marketing is Magic). 그리고 두 가지 모두 사람들에게 행복감을 안겨줍니다.

중요한 공통점
마케팅과 마술의 공통점은 무엇일까요?

브랜딩 궁극의 지향점 | 가령 '먹는 일'이 단순히 생존만을 위한 것이라면, 인간의 삶은 동물의 그것과 다를 바 없을 것입니다. 소비에 의미를 부여하고 재미를 느끼는 것이야말로 인간답게 살아가는 모습이 아닐까요? 그렇게 본다면 마케팅과 브랜딩이야말로 사람들의 생활을 더욱 풍성하고 윤택하게 해줄 수 있는 소중한 경영활동이라는 생각이 듭니다. 그래서 마케터는 '소비자 행동론'의 끊임없는 연구자가 되어야 합니다. 기업이 개발하고 생산한 제품의 브랜드는 결국 소비자의 것이기 때문입니다(brand of the people).

브랜딩이 단순히 기업의 주도만으로 이루어지지 않는 것도 같은 맥락입니다. 이제 기업은 소비자들의 생활에 동참해 그들의 욕구를 함께 고민하고, 더불어 즐길 거리를 만들어내고 있습니다. 유튜브나 페이스북과 같은 소셜 미디어에 퍼나를 거리를 만들어줌으로써 이슈화하는 것은 더 이상 낯설지 않은 방식입니다. 따라서 브랜딩에도 스마트 시대를 특징짓는 개념, 즉 생각을 개방하고 공유함으로써 소비자들을 자발적으로 참여시킨다는 시대적 지침을 적용해야 할 것입니다(brand by the people).

브랜드는 기업이 만드는 것이지만, 고객이 그 주인이 되었을 때 성공한 브랜드라 말합니다. 배우이자 감독인 로버트 레드포드가 인터뷰에서 자신은 할리데이비슨에서 인격이 느껴진다고 말하는 것을 본 적이 있습니다. 자이 아파트에 사는 주부가 이영애스러움을 느끼며 행복해하고, 브랜드 로고를 자신의 몸에 평생 남는 문신으로 새길 만큼 친근하게 밀착된다면, 기업은 그 브랜드를 만든 보람을 느낄 것입니다. 마치 애완견을 자신의 가족처럼 느끼듯 브랜드가 가까운 사람처럼 느껴진다면, 브랜딩의 역할을 잘한 것 아닐까요(brand for the people).

그러한 의미에서 여러분의 브랜드도 사람들을 진정으로 이해하고, 참여시키며, 밀착되는 브랜드로 자리매김하기를 바라며, 링컨 대통령의 게티즈버그 연설을 인용한 말로 이 책을 마무리하려 합니다.

"사람들의, 사람들에 의한, 사람들을 위한 브랜드라면 지상에서 결코 사라지지 않을 것입니다(Brand of the people, by the people, for the people, shall not perish from the earth)."

찾아보기

모든 비즈니스는 브랜딩이다

2012년 7월 15일 초판 1쇄 | 2025년 1월 22일 56쇄 발행

지은이 홍성태
펴낸이 이원주

기획개발실 강소라, 김유경, 강동욱, 박인애, 류지혜, 이채은, 조아라, 최연서, 고정용
마케팅실 양근모, 권금숙, 양봉호, 이도경 **온라인홍보팀** 신하은, 현나래, 최혜빈
디자인실 진미나, 윤민지, 정은예 **디지털콘텐츠팀** 최은정 **해외기획팀** 우정민, 배혜림, 정혜인
경영지원실 강신우, 김현우, 이윤재 **제작팀** 이진영
펴낸곳 (주)쌤앤파커스 **출판신고** 2006년 9월 25일 제406-2006-000210호
주소 서울시 마포구 월드컵북로 396 누리꿈스퀘어 비즈니스타워 18층
전화 02-6712-9800 **팩스** 02-6712-9810 **이메일** info@smpk.kr

ⓒ 홍성태 (저작권자와 맺은 특약에 따라 검인을 생략합니다)
ISBN 978-89-6570-078-4 (03320)

쌤앤파커스(Sam&Parkers)는 독자 여러분의 책에 관한 아이디어와 원고 투고를 설레는 마음으로 기다리고 있습니다. 책으로 엮기를 원하는 아이디어가 있으신 분은 이메일 book@smpk.kr로 간단한 개요와 취지, 연락처 등을 보내주세요. 머뭇거리지 말고 문을 두드리세요. 길이 열립니다.